Katrin Biber
Larissas Vermächtnis

Zu diesem Buch

Den schmerzvollsten Tag ihres Lebens muss Katrin Biber im September 2013 erleben, als ihre damals 21-jährige Schwester Larissa verschwindet. Zwei Wochen später erfährt die Familie, dass Larissas Freund sie erwürgt und anschließend in den Inn geworfen hat. Mord. Eine Art des Verlustes, die die meisten nur aus Filmen kennen, wurde schlagartig zu Katrins Realität. Heulattacken, Angstzustände, Einsamkeit und Schuldgefühle werden in der Zeit danach zu ihren ständigen Begleitern. Doch nach und nach schafft die junge Frau es, ihre Trauer anzunehmen, auf ihre Bedürfnisse zu achten und wieder positiv in die Zukunft zu blicken. In diesem Buch erzählt sie, wie ihr das gelungen ist und plädiert zugleich für einen offeneren, weniger tabuisierenden Umgang mit den Themen Trauer und Verlust.

Katrin Biber, Jahrgang 1985, wuchs als älteste von vier Schwestern in Reutte/Tirol auf. Im Herbst 2013 wurde ihre Schwester Larissa von deren damaligem Freund ermordet. Nach einer langen Trauerphase fand Katrin schließlich ihren Weg zurück ins Leben. Eine Schlüsselrolle dabei spielte Bewegung. Heute ist sie mit ihrem auf Emotionen abgestimmten Trainingskonzept *SeelenSport*® als Sport- und Trauerbegleiterin erfolgreich.

Katrin Biber

LARISSAS VERMÄCHTNIS

Der schreckliche Mord an meiner Schwester
und mein Weg zurück ins Leben

Mehr über unsere Autoren und Bücher:
www.piper.de

Dieses Werk wurde vermittelt durch die lit.media agency, Germany.

Originalausgabe
ISBN 978-3-492-31588-3
April 2020
© Piper Verlag GmbH, München 2020
Umschlaggestaltung: Zero Media GmbH, München
Umschlagabbildung: FinePic®, München
Satz: Kösel Media GmbH, Krugzell
Gesetzt aus der Minion Pro
Druck und Bindung: CPI books GmbH, Leck
Printed in the EU

INHALT

Für Larissa
Für Anna und Mara
Eine für alle, alle für eine

»AUFRAFFEN, KLARKOMMEN, LOSLEGEN«
Prolog oder: Warum ich dieses Buch geschrieben habe

Als ich mit siebzehn am Wiener Westbahnhof in einer kleinen Buchhandlung stand und versuchte, etwas Lesbares für die kommenden sieben Stunden Zugfahrt nach Tirol zu finden, ahnte ich nicht, dass mich ein Buch so faszinieren könnte. Als Teenager hatte ich die Werke des Kinderbuchautors Thomas Brezina regelmäßig verschlungen. Im Jugendalter waren dann andere Dinge interessanter geworden, weshalb sich das Lesen bei mir auf schulische Pflichtlektüre reduziert hatte. Doch an jenem Tag fiel mir das Buch *Weg der Träume* von Nicholas Sparks in die Hände. Manch einer mag nun die Augen verdrehen. Seine Bücher zählen wohl zu den kitschigsten Lektüren auf der ganzen Welt. Aber diese Geschichte hat die 17-jährige Katrin, die sich nach Emotionen und Liebe sehnte, zutiefst berührt.

Das Buch handelt von einem tödlichen Verkehrsunfall mit anschließender Fahrerflucht. Ein Mann, dessen Frau bei einem Unfall ums Leben gekommen ist, begibt sich auf die Suche nach dem flüchtigen Fahrer. Das Ganze ist verknüpft mit einer berührenden Liebesgeschichte.

Die komplette Zugfahrt hindurch verschlang ich diesen spannenden Roman. Mit ihm wurde meine Lust aufs Lesen wieder entfacht. Mehr noch: Ich verspürte nach und nach den Drang, selbst einen Roman zu schreiben. Nur bei der Frage, worum es gehen sollte, war ich ziemlich hin- und hergerissen – ob eine fiktive Geschichte oder doch etwas Historisches, schließlich studierte ich später selbst Geschichte. Dennoch war ich fest davon überzeugt, dass ich einmal ein Buch verfassen würde.

Ich unterhielt mich viel mit meinen drei jüngeren Schwestern Larissa, Anna und Mara darüber und fragte sie um Rat. Meine Schwester Anna träumte davon, dass ich mit einer romantischen Liebesgeschichte die Herzen der Menschen berührte, doch für mich war klar: Mein Buch sollte nicht nur eine schöne Geschichte sein. Ich wollte die Menschen zum Nachdenken bringen. Ja, für mich sollte die Geschichte etwas Sinnvolleres bewirken, als nur die Zeit zu füllen.

Jedes Mal, wenn ich als frischgebackene Studentin zu dieser Zeit in meiner neuen Heimatstadt Innsbruck unterwegs war, zog es mich in eine ganz bestimmte Buchhandlung. Dort stellte ich mir vor, wie mein Buch unter all den anderen liegen würde und darauf wartet, in die Hand genommen zu werden, um vielleicht das Leben dieses Menschen zum Positiven zu verändern. *Ob ich das wirklich schaffen könnte?*

»Du wirst das so was von schaffen, Katrin! Nicht mit romantischer Literatur, aber vielleicht mit einem historischen Roman. Das könnte ich mir bei dir gut vorstellen«, bestärkte mich Larissa eines Nachmittags, als wir zusammen in einem Buchladen standen und ich meine Träume mit ihr teilte. »Und dann stehst du dort an der Wand. Und ich kann ganz stolz sagen, dass das meine Schwester ist. Ganz sicher! Das wird toll!« Sie zeigte an die Bestseller-Wand und grinste schelmisch, während sie ihre Brust stolz rausstreckte und sich groß machte.

»Du spinnst doch total. Komm, lass uns gehen!«, lachte ich und zog sie zu mir heran, um den Laden zu verlassen.

»Ich weiß doch, wie sehr du ständig darüber nachdenkst, deinen Roman zu schreiben. Deshalb möchte ich dir das hier schenken. Vielleicht inspiriert es dich.« Mit diesen Worten reichte mir Anna wenig später ein wunderschönes Notizbuch, in dem ich meine Gedanken, meine Pläne und Überlegungen zu meinem Buch aufschreiben konnte.

»Wow, Danke!«, sagte ich überrascht und umarmte sie kurz.

»Du schaffst das! Ich glaube an dich!«, zwinkerte sie mir zu. Lange Zeit blieb es leer.

Es ist tragisch, dass schließlich Larissa der Grund für mein Buch sein sollte. Sie wurde 2013 von ihrem Freund ermordet.

2014 habe ich auf einem kleinen Balkon auf der wunderschönen Insel Sri Lanka mein Thema gefunden. Nach einem langen, schmerzvollen Jahr war ich hierhergereist, um Zeit für mich und meine Gedanken zu haben.

Ein Jahr zuvor war meine Schwester gestorben.

Meine Schwester Larissa mit dem ständig lachenden Gesicht und der positivsten und lebensbejahendsten Einstellung, die mir in dieser Form bei keinem anderen Menschen jemals mehr begegnet ist. Doch ausgerechnet sie musste jung sterben.

Mit dabei auf Sri Lanka war meine Großcousine Miriam, gemeinsam wohnten wir bei einer herzlichen singhalesischen Familie. Die tiefsinnigen Gespräche in diesen Tagen mit Miriam haben mich an den Traum, ein Buch schreiben zu wollen, erinnert.

Ich hatte das Notizbuch dabei, das Anna mir geschenkt und in dem ich seit dem Tod Larissas meine Gedanken und Gefühle niedergeschrieben hatte. Es waren so viele Dinge, die mir in dieser Zeit durch den Kopf gegangen waren. Und in jenem November auf Sri Lanka beschloss ich, aus diesen Gedanken ein Buch zu machen. Das erste Kapitel von *Larissas Vermächtnis* ist dort entstanden.

Warum?

Stephen King erklärt in seinem Buch *Das Leben und das Schreiben*: »Eigentlich geht es nur darum, das Leben derer, die Ihre Bücher lesen, und Ihr eigenes Leben zu bereichern. Es geht darum, sich aufzuraffen, klarzukommen und loszulegen. Es geht darum, glücklich zu werden, okay?«

Ich möchte das Schicksal meiner Schwester und meinen Umgang damit in die Welt hinaustragen. Weil sie mein großes Vorbild war, wenn es darum ging, das Leben in seiner Vollkommenheit zu genießen. Sie liebte jede Sekunde des Lebens, und ich hoffe, dich als Leserin oder Leser mit Larissas Lebensfreude anstecken zu können. Denn es ist diese Freude, die auch mich wieder ins Leben zurückgeholt hat.

Lies dieses Buch wenn möglich nicht einfach nur durch. Ich würde mich freuen, wenn du es durchfühlst, dich deinen eigenen Gefühlen hingibst und durch dieses Buch hindurchwanderst. Gefühle sind das Großartigste, was wir Menschen besitzen, auch wenn sich manche von ihnen, wenn wir sie zum ersten Mal spüren, gar nicht so angenehm anfühlen. Sie alle haben ihren Grund, ihren Nutzen, und erst wenn wir sie durchleben, können wir wachsen, uns selbst in einer Tiefe begegnen, die uns lebendig werden lässt. Und glücklich.

Auch Trauer ist wie ein großer Topf an Gefühlen. Sie kommen plötzlich mit einer Intensität, die dir zuvor nicht bekannt war. Manchmal sind es zwanzig Gefühle gleichzeitig. Sie reichen von Traurigkeit, Wut, Angst, Sehnsucht über Liebe, Schuld, Zorn und Bitterkeit bis hin zur totalen Verzweiflung und Leere. Dann scheint es plötzlich nur das eine Gefühl zu geben, wenn nur die Wut allein dich beherrscht und du alles zerstören willst oder die Sehnsucht alles überschattet, so sehr, dass du dir dein Herz herausreißen willst, um sie zu stoppen. An anderen Tagen wieder spürst du nichts als Leere und Gefühllosigkeit. Du bist taub. Meine Geschichte soll trauernden Menschen helfen, sich nicht allein mit diesem Topf zu fühlen, sie darin bestärken, dass der Schmerz da sein darf, und ihnen zeigen, dass die liebevolle Erinnerung für immer bleibt. Niemand hat Einfluss darauf, wann der Tod zuschlägt, aber wir haben in der Hand, welche Erkenntnisse wir für uns daraus ziehen, was wir mitnehmen und welche Entscheidungen wir treffen. Ich möchte nicht sagen, dass meine Art zu trauern die einzig richtige ist, doch für manche bietet sie vielleicht einen ersten Ansatz, mit der eigenen Trauer umzugehen.

Diese Trauerreise aufzuschreiben war auch für mich Selbstreflexion und Therapie. Es hat mir geholfen, meine eigene Trauer und meine Gedanken besser zu begreifen. Und nicht nur mir. Auch meiner Familie hat es gutgetan, sich aus einer neuen Perspektive selbst zu betrachten und die eigenen Schritte zu verstehen, auf die jede und jeder von ihnen so unendlich stolz sein darf.

Dabei war das Schreiben in vielen Momenten nicht leicht für mich. Immer wieder dieselben schrecklichen Geschehnisse durchzulesen, zu korrigieren, neu zu schreiben hat viel in mir bewegt. Doch diese Auseinandersetzung war es auch, die mir geholfen hat, zu begreifen, was geschehen ist. Am Ende konnte ich so die schmerzvollen Erlebnisse, die mit dieser Tat in Verbindung stehen, loslassen und die schönen Momente mit meiner Schwester in Erinnerung behalten. Und das wünsche ich mir auch für dich.

Dieses Buch ist für mich auch mein Weg, um Danke zu sagen. Danke für die Anteilnahme der vielen Menschen, die der Tod meiner Schwester so schwer getroffen hat. Gleichzeitig soll das Buch über Trauer und diesbezügliche Verhaltensmuster in unserer Gesellschaft aufklären sowie zum Nachdenken und zum Verändern anregen. Außerdem möchte ich zeigen, wie unser Staat und unsere Gesellschaft mit dem Thema Mord umgehen. Hier gibt es aus meiner Sicht noch großes Verbesserungspotenzial.

Neun Monate: Das ist die Zeitspanne, die das Buch umfasst – beginnend mit dem Todestag meiner Schwester, endend mit der gerichtlichen Verhandlung gegen ihren Mörder. Ein Zeitraum, bei dem es ums Überleben ging und darum, sich wieder lebendig zu fühlen. Monate, in denen Gefühle aufkamen, für die der Begriff »Trauer« nicht ausreicht. Zeit, die oftmals stillzustehen und gleichzeitig rasend schnell zu vergehen schien. Tage, an denen ich glaubte, kein Morgen zu erleben, und an denen ich mich sogar von meiner Familie im Stich gelassen fühlte. Denn am Ende musst du allein den Schmerz tragen und aushalten.

Doch gibt es Hoffnung auf ein neues Leben.

Voller Liebe und Lachen, trotz dieser unerbittlichen Sehnsucht.

MONAT 1

»WO BIST DU?«

Die Suche nach meiner Schwester
Larissa und die grausame Wahrheit

EINE GANZ NORMALE PARTY

Die Kälte der Untersuchungsliege sorgte dafür, dass sich die Haare auf meinen Beinen aufstellten.

Ich sollte mir mal wieder die Beine rasieren, na ja, falls ich den Strumpf nicht mehr tragen muss, sonst ist es ja egal, ging mir durch den Kopf, während ich den Arzt beobachtete, der gerade ein Ultraschallgerät gegen meine Wadenmuskulatur drückte.

Vier lange Monate. Bitte lass es etwas gebracht haben.

»Und? Kann man schon was sehen?«, fragte ich ihn ungeduldig.

»Moment. Hmmm. Mhhh … Prima!« Er legte das Gerät zur Seite und schaute mich endlich an. »Sieht gut aus. Alles frei. Du hast keine Thrombose mehr.«

»Echt jetzt? Juhu! Keine Spritzen und keinen Strumpf mehr?« Ich konnte es kaum glauben.

»Keine Spritzen und keinen Strumpf mehr«, wiederholte er.

Vor dem Krankenhaus schnappte ich mein Handy und schrieb meiner Schwester Larissa: »Juhu, ich bin thrombosefrei! Endlich! Das muss gefeiert werden!«

»Wah! So toll. Ich freu mich volle, hey! Na klar!«

Auf dem Heimweg schrieb ich noch meinen beiden anderen Schwestern, Anna und Mara, und meinen Eltern. Alle freuten sich mit mir. Zu Hause setzte ich mich auf die Couch in meinem WG-Zimmer und begann, meine Thrombosestrümpfe auszusortieren. Mein Mitbewohner Christoph kam kurz rein und gratulierte mir zur Genesung, nachdem ich ihm das Ergebnis der Untersuchung mitgeteilt hatte. Ich wohnte mit zwei Jungs in einer Wohngemeinschaft im Zentrum von Innsbruck.

Als er gerade gehen wollte, hielt ich ihn zurück: »Hey, ich überlege, am Wochenende eine Party zu veranstalten. Ist das okay für dich? Eher Freitag als Samstag.«

»Na klar, ich bin vielleicht eh nicht da. Kann es aber noch nicht genau sagen. Viel Spaß«, wünschte er mir noch und verließ das Zimmer.

Mein Handy vibrierte. Eine neue Nachricht von Larissa: »Denk grad an die geilen Partys, die wir zukünftig wieder haben werden. Jetzt, wo du doch endlich gesund bist! :P«

»Jaaaa!!! Ich freue mich auch sooo!«, schrieb ich zurück.

»Und ich mich erst, hey. Hab dich lieb. Bussi«

Ich machte mich daran, die hässlichen weißen Strümpfe ordentlich zusammenzufalten, und ließ in Gedanken die vergangenen Monate Revue passieren.

Im März hatte ich einen Skiunfall gehabt, bei dem mir mein vorderes Kreuzband gerissen war. Der Zeitpunkt war so ungünstig, wie er nur sein konnte. Ich war noch mitten im Studium der Geschichtswissenschaften und jobbte nebenbei als Kellnerin in einem Irish Pub. Mit einem Kreuzbandriss, der sechs bis acht Monate Bewegungseinschränkung bedeutet, war das aber nicht mehr möglich. Noch am Tag des Unfalls wurde ich gekündigt. Und das, nachdem ich mein Studium doch fast ausschließlich selbst finanzieren musste. Bei drei Kindern blieb meinen Eltern, die seit zwei Jahren geschieden waren, nicht viel Geld, um jede von uns groß zu unterstützen. Vor allem, nachdem meine Mutter erst vor kurzer Zeit eine hartnäckige Krebserkrankung besiegt hatte.

Doch jetzt musste ich erst einmal an meinen Körper und nicht ans Geld denken. Im Mai wurde ich schließlich operiert. Die Operation verlief ohne Komplikationen – allerdings nicht die Zeit danach. Ich bekam eine tiefe Beinvenenthrombose und musste mir vier Monate lang Blutverdünner spritzen. Deshalb war ich gezwungen, zu meiner Mutter in meinen Heimatort Reutte in Tirol zurückzuziehen, wo sie mit meinen zwei jüngeren Schwestern Larissa und Mara und unserem Mops Milow in einer kleinen Vierzimmerwohnung wohnte.

Meine Schwester Anna und ich waren bereits ausgezogen und hatten dort keine Zimmer mehr. Mit 26 Jahren zurück nach Hause und wieder neben meiner Mama schlafen zu müssen – was für eine Überwindung für mich! Dennoch war ich froh, diese Möglichkeit überhaupt zu haben.

Vor allem, weil ein Sommer in Reutte auch einiges an Abwechslung versprach! Ich hatte ja meine Schwestern. Seit unseren Kindheitstagen waren wir wie Pech und Schwefel und erlebten alle Abenteuer gemeinsam – oder erzählten uns davon. Geheimnisse hatten wir kaum voreinander. Wir waren Schwestern durch Zufall, aber beste Freundinnen aus Wahl. Eine solche tiefe und bedingungslose Liebe empfand ich sonst für niemanden. Natürlich liebte ich meine Eltern, aber meine Schwestern waren der Spiegel meiner Seele. Manchmal hatte ich das Gefühl, unsere Herzen schlügen im gleichen Takt.

Als wir ein Jahr vor Larissas Tod gemeinsam für ein Wochenende in den Europapark fuhren und im Themenland »Norwegen« eine kleine hölzerne Kirche sahen, blickte Anna zu mir und rief: »Denkst du dasselbe, was ich gerade denke?«

»Sister Act, hey, woohoo!«, unterbrach Larissa und stürmte hinein.

»Jaaaa«, schrie Mara und folgte ihr.

»Geil! Los geht's!«, rief ich hinterher. In der Kirche begannen wir laut und euphorisch zu singen: »I will follow him, follow him wherever he may go …« *Sister Act* war einer unserer Lieblingsfilme, als wir noch klein waren. Egal, ob es die Musik war, Filme, die wir gemeinsam schauten, Spiele, die wir spielten, Reisen, die wir zusammen unternahmen, oder Erfahrungen, die wir austauschten. Wir teilten nicht nur unser Leben, wir hatten ein gemeinsames Leben und waren oft wie ein verwobenes Geflecht, das nur zusammen existieren konnte.

Im August 2013 wurde ich auf eine dreiwöchige Reha nach Kärnten geschickt. Doch ich haderte nicht mit meinem Schicksal, tankte Kraft und kam voller Energie zurück nach Innsbruck. Mein Knie hatte sich deutlich verbessert. Und nun war ich auch endlich diese Thrombose los. Wenn das kein Grund zum Feiern war!

Als ich mit den Strümpfen fertig war, warf ich einen Blick auf den Kalender. Wir hatten schon Mittwoch. Der kommende Freitag war der 13. September. Ein seltsames Datum.

Gut, dass ich nicht abergläubisch bin, dachte ich.

An jenem Abend sollte es eine große Clubparty im Kongresshaus, einem Veranstaltungsort direkt in Innsbruck, geben. Einige bekannte DJs aus der Elektroszene würden kommen. Weil meine Wohnung nicht weit davon entfernt lag und die Veranstaltung erst spät starten würde, wollte ich davor bei mir zu Hause mit einer kleinen Warm-up-Party beginnen.

Ich lud meine engsten Freunde ein und fragte auch meine Schwestern. Anna und meine jüngste Schwester Mara konnten leider nicht kommen. Mara war erst 17 und Anna, 25, hatte am nächsten Morgen einen Gesangsauftritt. Einzig meine 21-jährige Schwester Larissa konnte kommen. Übernachten wollte sie aber nicht bei mir, denn vor einigen Wochen hatte sie einen Mann kennengelernt, der in Innsbruck wohnte und mit dem sie gerade viel Zeit verbrachte. Sie standen ganz am Anfang der Beziehung, und ich hatte ihn bis zu jenem Abend noch nicht gesehen. An diesem Freitag sollte ich ihn aber kennenlernen und war schon ganz gespannt auf ihn. Bisher hatte ich von Larissa nur Gutes über ihn gehört. Und doch klang sie noch nicht hundert Prozent überzeugt, weil sie eigentlich allein bleiben wollte. Wir beide wollten nämlich zusammen nach Wien ziehen, sobald ich mein Geschichtsstudium beendet hätte. Keine Liebe solle dem Umzug im Wege stehen, sagte sie mehrmals. Sie wollte in der Bundeshauptstadt Technische Physik studieren, ich Archivwissenschaften. Larissa hatte die Matura mit Auszeichnung gemacht und anschließend eine Lehre zur Werkstoffprüferin absolviert. Sie gewann noch im September 2013 den Lehrlingswettbewerb in Tirol. Ihre Urkunde und den Preis dafür hat sie jedoch niemals gesehen.

Ich selbst hatte mich vor meiner Reha ebenfalls verliebt. Lustigerweise hieß mein Auserwählter genau wie Larissas Freund Dominik. Ich nannte ihn aber Domi.

Am Nachmittag bereiteten Domi und ich alles für die Party vor. Gegen 20 Uhr tauchten die ersten Gäste auf. Viele meiner Freunde waren gekommen. Larissa und Dominik wollten sich vorher noch Pizza besorgen, weshalb sie sich verspäteten.

Ich kann mich noch genau an den Moment erinnern, als es klingelte und ich ihnen öffnete. Larissa stand vorn in der Tür. Ihre langen braunen Haare trug sie offen, nur von ein paar kleinen Spangen zurückgehalten. Eine dunkle Bluse, die in eine beige Hose gesteckt war, schmeichelte ihrer zierlichen Figur. Eine Kette und zwei lange Ohrringe funkelten mich an. Wir freuten uns so sehr, uns nach vier Wochen endlich wiederzusehen, dass wir gleichzeitig zu lachen begannen. Sie begrüßte mich mit einem herzlichen, tirolerischen »Seawas« und umarmte mich kurz und fest.

Wir lösten uns wieder voneinander, und mein Blick richtete sich auf ihren Freund. Er reichte mir seine Hand und begrüßte mich mit einem Lächeln und festem Händedruck.

Netter Kerl, ging mir durch den Kopf, und ich bat ihn herein. Sein Jeanshemd, die vergoldete Armbanduhr und der Ring im linken Ohr fielen mir sofort ins Auge.

Schick, der junge Mann, lautete mein Urteil nach der ersten Musterung. Er war etwa so groß wie ich, doch sein Undercut ließ ihn größer erscheinen. Die beiden tänzelten in die Küche, wo die Party bereits in vollem Gange war.

Larissa und Dominik aßen ihre Pizzen, ich saß dabei. Wir quatschten, lachten und tranken viel. Durch die lange Abstinenz während der Thrombose spürte ich den Alkohol schnell und war bald ziemlich betrunken. Es war ein unbeschwerter, lustiger Partyabend. Larissa und ich lachten zusammen und tanzten uns die Seele aus dem Leib. Weil mein Alkoholpegel immer weiter anstieg, fehlen mir Erinnerungen aus den letzten ein bis zwei Stunden in der Wohnung. Mich dermaßen zu betrinken war ein Fehler, der mir bis heute nachgeht. Dabei war es in jener Zeit, meiner Studienzeit, und in meinem Freundeskreis keine große Sache, ab und zu mal einen über den Durst zu trinken. Es war schlichtweg normal. Heute denke ich anders darüber …

Kurz vor Mitternacht machten wir uns in Richtung Irish Pub auf, in dem ich die letzten Jahre gearbeitet hatte und das deshalb zu unserer Stammkneipe geworden war. Weil es auf dem Weg zur Elektroparty lag, mussten wir unbedingt noch einen Abstecher in das Pub machen. Auf dem Weg alberte Larissa mit meinem Kumpel Stefan herum. Sie war ein Mensch mit einem strahlenden Lächeln und offenem Herzen, sodass sie viele Freunde hatte und immer für einen Spaß zu haben war. Das liebte ich so sehr an ihr und wünschte mir manchmal, ein bisschen mehr von ihrer Leichtigkeit zu haben. Dominik jedoch schien es nicht zu gefallen, dass Larissa sich jemand anderem zuwandte, denn sein Gesicht wurde immer finsterer. Im Irish Pub zogen wir an die Bar, um unsere Bestellungen aufzugeben. Mittlerweile waren wir nur noch zu sechst: Stefan, Anja, Dominik, Larissa, mein Freund Domi und ich. Im Pub traf ich alte Freunde und gesellte mich zu ihnen, sodass ich von den anderen gar nicht mehr viel mitbekam.

Plötzlich setzte sich Larissa neben mich an die Bar. Ich bemerkte, dass sie weinte, drehte mich sofort zu ihr und fragte besorgt:

»Hey, was ist denn los, meine Kleine? Was ist passiert?«

»Ach, der Dominik ist grad voll eifersüchtig und nervt mich wegen Stefan.«

»Ach Gott, ja, ich hab es vorhin schon mitbekommen, dass er ein wenig unglücklich dreinschaut. Aber warum denn nur? Er weiß doch ganz genau, dass Stefan ein Kumpel von mir ist. Rede noch mal in Ruhe mit ihm. Du hast nichts falsch gemacht, hey. Wenn du Hilfe brauchst, bin ich da, gell?«, versuchte ich sie zu trösten.

Aus den Augenwinkeln sah ich, wie Dominik uns beobachtete. Larissa wandte sich um, um nach ihm zu sehen. In diesem

Moment stürmte er aus dem Pub. Larissa wischte sich die Tränen aus den Augen, rutschte von ihrem Barhocker und wollte ihm nach. Ich ergriff eilig ihre Hand:

»Hey, was hast du denn jetzt vor?«

»Lass mich. Ich rede mit ihm, und wir werden dann heimgehen. Danke dir. Bis morgen.«

»Du meldest dich, wenn du was brauchst, okay?!«

Sie nickte, löste ihre Hand aus meiner und stürmte nach draußen. Was ich in diesem Moment noch nicht wissen konnte: Das war das letzte Mal, dass ich meine kleine, wundervolle Schwester sah. Meine Freundin Anja sprach sie draußen noch und erzählte mir später, dass Larissa und Dominik zu ihm nach Hause gegangen seien. Wir anderen machten uns auf den Weg ins Kongresshaus. Es war etwa zwei Uhr morgens. Ich schickte Larissa noch eine SMS, um sicherzugehen, dass alles in Ordnung war. Sie antwortete mit einem kurzen »Ja, sicher« und einem Smiley dahinter. Das beruhigte mich für den Moment, ich plante jedoch schon, sie am nächsten Tag noch mal auf diesen Abend anzusprechen.

Wir tanzten bis in die frühen Morgenstunden und machten uns anschließend erschöpft auf den Heimweg. Ich schlief sofort ein.

DIE VERZWEIFELTE SUCHE

Am nächsten Tag, Samstag, den 14. September, wachten Domi und ich gegen zehn Uhr auf. Mir brummte der Schädel. Ich griff nach meinem Handy und entdeckte eine Facebook-Nachricht von Dominik:

»Hey, Katrin, weißt du, wo die Larissa is? Sie ist gestern raus bei mir und hat alles bei mir gelassen und ist nicht zurückgekommen. Meld dich mal bei mir.«[*]

Schlagartig war ich wach, setzte mich auf und las die Nachricht bestimmt noch fünf Mal. Wortfetzen schwirrten durch meinen Kopf: *Die Wohnung verlassen … mitten in der Nacht … alleine … mich nicht angerufen … nicht mehr zurückgekommen.* Ich öffnete meine WhatsApp-Nachrichten, nichts von Larissa. Im Chatverlauf selbst sah ich, dass sie das letzte Mal um 4:39 Uhr online gewesen war. Ich rief sie an – keine Antwort. Hier stimmte etwas nicht. Mein Magen zog sich zusammen, und Panik breitete sich in mir aus. Domi wachte ebenfalls auf und versuchte mich ein wenig zu beruhigen. Sofort rief ich meine Schwester Mara an. Sie hob ab:

»Hey, hast du was von Larissa gehört?«

»Naa, wieso denn? Sie ist doch in Innsbruck?«

Ausführlich berichtete ich vom Vorabend und Dominiks Nachricht. Meine Stimme zitterte.

»Wie jetzt, sie ist einfach so gegangen? Ohne was zu sagen?

---

[*] Im Sinne der besseren Lesbarkeit wurden die Nachrichten von Dominik sprachlich leicht verändert.

Aber wohin denn? Sie kennt sich doch nicht einmal aus?«, hörte ich Mara panischer werden.

»Gib mir mal Mama bitte, oder stell das Handy auf laut!«

Auch ihr schilderte ich die Situation und erklärte mehrere Male hintereinander, was Dominik geschrieben hatte.

»Ja, Katrin, das kann doch aber echt nicht sein, oder? Wo soll sie denn bloß sein? Vielleicht weiß Anna mehr, und sie hat sich bei ihr gemeldet? Ich verstehe grad gar nichts.«

»Okay, ich ruf Anna an und sag euch dann noch mal Bescheid.«

Meine Hände zitterten, als ich Annas Nummer wählte. Auch sie hob sofort ab:

»Hey, Anna, sag mal, hast du etwas von Larissa gehört oder gelesen, heute Morgen oder gestern Nacht noch?«

»Nein, warum fragst du?«

Scheiße, verdammt!

Ich erklärte ihr die Situation.

»Sie ist gegangen und nicht wiedergekommen? Aber warum? Haben sie gestritten? Wohin soll sie denn gegangen sein? Was sagt Dominik genau? Warum sollte sie denn einfach so gehen?«, versuchte auch Anna ihre Gedanken zu ordnen und wurde mit jedem Wort hektischer.

Die Angst erfüllte inzwischen meinen ganzen Körper. Was zum Teufel war hier gerade los? Ich beendete das Gespräch mit Anna, um Mara und Mama Bescheid zu geben, dass auch Anna nichts von Larissa gehört hatte. Inzwischen hatte Mama mit Papa telefoniert und ihm alles erklärt. Wir alle wussten, dass das nicht zu Larissa passte, einfach abzuhauen und sich bei keinem von uns zu melden. Dafür war unsere Beziehung viel zu eng.

Nur *ein* Mensch konnte mir nun näher Auskunft geben: Dominik selbst. Ich nahm ein paar Schlucke Wasser und atmete einmal tief durch, bevor ich nervös seine Nummer wählte. Mit ruhiger, aber besorgter Stimme erklärte er mir, was geschehen war.

»Nachdem wir heimgekommen sind, haben wir noch mit

meinem Mitbewohner und seiner Freundin rumgealbert. Dann sind wir ins Bett gegangen. Dort hatten wir auch noch Sex. Danach bin ich duschen gegangen. In der Zwischenzeit hat sich Larissa wohl angezogen, denn kurz darauf hat sie ins Bad geschaut und gesagt, dass sie kurz rausgeht und gleich wieder da ist. Ich dachte, sie will was vom Auto holen, aber sie kam irgendwie nicht mehr. Eine Weile hab ich gewartet, aber mich dann mit dem Gedanken beruhigt, dass sie bestimmt zu dir gegangen ist. Ich bin dann irgendwann eingeschlafen. Ich war echt ziemlich müde. Aber nachdem ich heute Morgen noch immer nichts von ihr gehört habe, dachte ich, ich meld mich mal bei dir.«

Ich war wie erstarrt, als ich versuchte, seinen Worten zu folgen. Kaum einen klaren Gedanken konnte ich fassen, und die wildesten Vorstellungen schossen mir durch den Kopf. Ich hakte nach, und er erklärte mir immer wieder dieselbe Abfolge. Wo sollte sie bloß sein? Was war passiert? Das alles ergab einfach keinen Sinn.

Wir verblieben so, dass ich mich bei ihm melde, sobald ich von ihr hören sollte, und umgekehrt.

Mittlerweile war Mittagszeit. Noch immer kein Lebenszeichen von Larissa! Wieder starrte ich auf den WhatsApp-Verlauf. Keine Nachricht, die ich ihr schickte, kam an. Ein Haken war zu sehen, der zweite fehlte, egal wie oft ich es versuchte. Permanent kreisten zwei Fragen in meinem Kopf: *Wo bist du, Larissa? Und warum meldest du dich nicht?* Für mich war klar, dass Larissa niemals freiwillig abgetaucht wäre und uns solche Sorgen bereitet hätte. Allerdings konnte ich den Grund – ob Entführung, ein Unfall oder Sonstiges – gedanklich nicht einordnen oder fassen.

Ich musste mit irgendjemandem reden und rief noch einmal meine Mama an. Auch in ihrer Stimme konnte ich die große Sorge und Angst um Larissa spüren.

»Und was hat er dir gesagt? Irgendetwas Neues?«, wollte sie wissen.

Ich gab ihr Dominiks Erzählung wieder.

»Aber das passt doch so gar nicht zu Larissa. Ich kann das einfach nicht verstehen.«

»Mama, was mach ich denn jetzt nur? Ich will wissen, wo sie ist, verdammt.«

»Du solltest zur Polizei gehen, Katrin. Du musst eine Vermisstenanzeige aufgeben. Vielleicht können sie dir weiterhelfen.«

Vermisstenanzeige. Polizei. Die Worte dröhnten in meinem Kopf, dass er schmerzte. Ich begann zu weinen.

Nachdem ich das Gespräch mit Mama beendet hatte, machte ich mich auf den Weg zur Polizeistation. Ich wurde freundlich empfangen und erklärte einem Beamten die Umstände. Er hörte aufmerksam zu und notierte sich ein paar Worte.

»Seit dem Verschwinden Ihrer Schwester ist leider zu wenig Zeit verstrichen, um eine aktive Suche zu starten. Die Polizei kann erst nach 48 Stunden mit der Suche beginnen.«

Ihm waren die Hände gebunden. Mein Verstand wusste zwar, dass die Polizei richtig reagierte und noch nichts unternehmen durfte. Mein Herz allerdings schrie voller Angst um meine Larissa, dass sie doch bitte etwas tun sollten. Aber aus meinem Mund kamen kaum Worte. Der freundliche Polizist nahm meine Daten auf und verabschiedete mich: »Ich werde die Meldung auf jeden Fall trotzdem an meine Kollegen weiterleiten. Kommen Sie doch bitte um 18 Uhr noch einmal vorbei. Vielleicht habe ich bis dahin Neuigkeiten von meinen Kollegen. Mehr kann ich im Moment noch nicht anbieten, so leid es mir tut.«

Drei lange Stunden des Wartens. Domi war inzwischen zu sich nach Hause gefahren, um sich für die Arbeit fertig zu machen. Er musste am Abend bei einem Konzert die Abendkasse betreuen. Auf dem Rückweg von der Polizei schrieb ich Larissas Dominik eine Nachricht, um ihm Bescheid zu geben, dass ich bei der Polizei gewesen war. Seine Antwort kam sofort: »Ich mach mir wirklich Sorgen. Treffen wir uns morgen vielleicht, dann bring ich dir die Tasche? Die hat Larissa nämlich in der Wohnung gelassen. Fuck, hey. Ich weiß nicht, wie ich helfen kann.«

Ich setzte mich auf eine Bank in die Maria-Theresien-Straße, keine fünf Minuten von meiner WG entfernt. Doch dort wollte ich gerade nicht hin. Die Erinnerungen an die letzte Nacht würden mich in meinen vier Wänden erdrücken.

Es war ein lauer Herbsttag, sodass es sich draußen gut aushalten ließ. Die Straße war voll einkaufswütiger Menschen. Doch ich war so sehr mit mir selbst beschäftigt, dass ich die Menge um mich herum kaum wahrnahm. Im Kopf malte ich mir alle möglichen Szenarien aus. Um dieses Gedankenkarussell zu stoppen, nahm ich mein Handy und schrieb einigen meiner Freunde. Außerdem postete ich einen kurzen Satz auf meinem Facebook-Profil: »Hat irgendwer letzte Nacht nach zwei Uhr meine Schwester in Innsbruck beim Ausgehen gesehen? Oder heute irgendwo? Danke für jeden Hinweis!«

Irgendjemand muss ihr doch begegnet sein!, dachte ich.

Die Leute waren schockiert und versuchten, mich mit Nachrichten zu trösten. »Bestimmt taucht sie wieder auf.« »Vielleicht ist sie bei jemand anderem oder hat noch wen getroffen, von dem sie dir nie erzählt hat.«

Bullshit, dachte ich. *Was wissen die schon. Die kennen sie doch nicht wirklich.*

Mir war bewusst, dass nur ihre eigene Hilflosigkeit aus ihnen sprach, aber ich kannte meine Schwester, und die Reaktionen taten mir weh. Ich wollte keinen Trost, ich wollte sie nur finden.

Stefan, der mit auf der Party gewesen war, meldete sich ebenfalls bei mir. Er erzählte, dass er am Abend ein Video gemacht hatte und es mir gleich schicken würde. Im ersten Moment konnte ich mich an kein Video erinnern. Ich öffnete es. Die Kamera schwenkte abwechselnd zu Larissa und mir, aber auch Stefan selbst filmte sich und sang lauthals ins Objektiv. Wir tanzten zu einem Lied von Macklemore & Ryan Lewis. Das Video zeigte nur uns drei, was bei fast zwanzig Gästen äußerst seltsam war. Diese wenigen Minuten waren so voller Lebensfreude und Liebe zwischen uns beiden. Ununterbrochen schaute ich es mir an, mit jedem weiteren Mal verspürte ich einen verzweifelten Drang, meine Schwester einfach wieder im Arm halten zu können.

»Wo, verdammt noch mal, bist du nur, Larissa?«, weinte ich auf meiner Bank zwischen all den Menschen. Der Text des Lieds durchfuhr meinen ganzen Körper: »*And we danced, and we cried, and we laughed and had a really, really good time.*«

Endlich.

18 Uhr, und ich konnte erneut zur Polizei gehen. Auf dem Weg spürte ich die kurze Nacht und die Anspannung in meinem Körper. Ich hoffte so sehr, nun endlich Hilfe zu bekommen.

Wieder nahmen sie mich auf der Station freundlich auf und brachten mich in ein helles Büro, wo bereits ein Polizeiinspektor auf mich wartete. Ich erzählte ihm, was mir Dominik über die Geschehnisse der letzten Nacht gesagt hatte. Der Polizist hörte aufmerksam zu und fragte, ob Larissa schon öfter einfach abgehauen sei. Ich schluckte.

»Eine Situation fällt mir schon ein, ja. Aber das war nur für eine Stunde am letzten Geburtstag meiner anderen Schwester Anna. Wir feierten gemeinsam und tranken viel. Es war ein heißer Sommertag, und wir saßen draußen auf Bierbänken. Larissa war aufgedreht und alberte wieder mal rum«, erinnerte ich mich zurück und lächelte kurz, bevor ich dann ernster fortfuhr. »Dann hat sie sich einfach so aus dem Staub gemacht. Keiner wusste, wohin sie gelaufen ist. Wir dachten uns nichts dabei, feierten weiter, und schlussendlich kam sie nach knapp einer Stunde auch wieder daher. Sie wusste selbst nicht, warum sie das gemacht hatte, lachte nur laut und blödelte weiter herum mit uns.«

Der Polizeibeamte sah mich prüfend an und hämmerte zwischendurch in die Computertasten, um alles zu notieren.

Scheiße, warum hast du davon bloß erzählt? Jetzt glaubt er dir nix mehr, ärgerte ich mich.

»Jeder macht doch mal so einen Blödsinn, oder? Sie ist wirklich verlässlich und läuft nicht einfach so weg. Ich kenne sie doch. Wir haben ein total enges Verhältnis, und niemals würde sie sich so lange nicht bei mir melden«, fügte ich hastig hinzu.

Sein Gesichtsausdruck verhieß nichts Gutes.

»Hören Sie. Ich verstehe Ihre Angst, aber ich kann Sie beruhigen. Von 20 Vermisstenfällen lösen sich 19 nach nur wenigen Tagen wieder auf. Vielleicht ist sie diesmal durchgebrannt und bei Freunden untergekommen. Das passiert häufig. Ihre Schwester ist bereits 21 Jahre alt. Das bedeutet, sie ist für sich selbst verantwortlich und erwachsen. Daher können wir erst nach 48 Stunden mit einer offiziellen Suche beginnen. Es tut mir sehr leid. Ich bin sicher, das geht gut aus.«

O Mann. Das kann doch nicht wahr sein, verdammt noch mal!, wollte ich rausschreien, verkniff es mir aber.

»Okay. Ich bin mir aber trotzdem sicher, dass etwas passiert sein muss. Sie macht das wirklich *nie* sonst.«

»Wie gesagt, mir sind noch die Hände gebunden, um eine aktive Suche zu veranlassen. Warten wir ab, und Sie kommen einfach morgen Mittag noch mal, einverstanden? Vielleicht hat sie sich bis dahin ja schon gemeldet.«

»Okay. Vielen lieben Dank für Ihre Hilfe«, verabschiedete ich mich und schaffte es kaum mehr, höflich zu bleiben.

Als ich draußen war, überkam mich Verzweiflung. Ich fühlte mich vollkommen im Stich gelassen. Emotional und körperlich erschöpft schleppte ich mich in meine Wohnung zurück.

Daheim benachrichtigte ich Dominik kurz per SMS, was inzwischen geschehen war.

»Ich kann und will nicht mehr. Ich denke die ganze Zeit an Larissa und was mit ihr passiert sein muss«, antwortete er.

Meine jüngste Schwester Mara rief mich am Abend an und erklärte, sie komme noch an diesem Tag mit zwei Freunden nach Innsbruck, weil sie das Nichtstun nicht mehr aushalte. Ursprünglich war geplant gewesen, dass Larissa und ich ge-

meinsam für ein Konzert, an dem auch Anna gesanglich mit-
wirkte, zurück nach Reutte fahren sollten. So aber konnte ich
nicht fort aus Innsbruck. Anna sang an jenem Abend bei dem
Konzert, und meine Eltern waren als Zuschauer dort. Wir versuchten irgendwie einen klaren Kopf und Ruhe zu bewahren.

Um etwa 23 Uhr wollte Mara in Innsbruck sein. Bis dahin
versuchte ich mich abzulenken, indem ich mit einer Freundin
in ein kleines Stadtlokal ging. Trotzdem kreisten meine Gedanken nur um Larissa, und meine Sorgen um sie wurden von
Minute zu Minute größer.

Als Mara mit den beiden Freunden in Innsbruck angekommen war, gabelten sie mich in der Nähe der Bar auf, und wir
fuhren in Richtung Rum, die Ortschaft, wo Dominik wohnte.
Wir erhofften uns, Hinweise bei Larissas Auto zu finden, das
sie auf dem Parkplatz vor seiner Wohnung zurückgelassen
hatte. Außerdem wollten wir mit Dominik sprechen und Larissas Tasche abholen.

Als wir vor dem Auto auf dem Parkplatz standen, spekulier-
ten wir darüber, was Larissa passiert sein konnte. Egal in welche
Richtung wir dachten, wir kamen einfach nicht weiter. Kurz zuvor hatte ich Dominik geschrieben, dass er bitte meinen Post auf
Facebook teilen solle. Das hatte er gemacht und mir geantwortet, ich könne mich jederzeit melden, falls ich noch etwas wissen
wolle. Er könne ohnehin nicht schlafen. Deshalb rief ich ihn an,
als wir nun vor seiner Wohnung standen.

»Dürfen wir hochkommen?«

Der Türöffner summte, und wir gingen in die Wohnanlage.
Sie erinnerte an einen großen Motelbau, wie man ihn aus ame-
rikanischen Filmen kennt. Der gesamte Innenbereich war offen, und die Wohnungen reihten sich aneinander. Statt eines
Flurs gab es einen langen, balkonartigen Gang mit einem Geländer davor. Eine Art Glasbedachung schützte bei Schlecht-
wetter. In der Mitte waren Aufzüge und Treppen. Dominiks
Wohnung lag nicht im Erdgeschoss, vielleicht im ersten oder
zweiten Stock, ganz genau weiß ich es nicht mehr. Er empfing
uns an der Wohnungstür.

Wir traten nacheinander ein, und meine Blicke scannten weiter die Umgebung. Sofort fiel mir Larissas Reisetasche ins Auge. Auch Mara musterte den Raum auf der Suche nach irgendeinem Hinweis. Ich kniete mich neben die Tasche und stöberte kurz darin herum. Es schien nichts entnommen worden zu sein.

Wir unterhielten uns ruhig miteinander, und Dominik erzählte uns noch einmal den Ablauf des Abends. Mara bohrte nach jedem Satz nach und hinterfragte alles. Egal, wie oft wir die Ereignisse durchgingen, es ergab keinen Sinn. Wir kamen einfach nicht weiter.

»Wo ist denn die Bettwäsche?«, fragte Mara, als sie in Dominiks Schlafzimmer schaute. Die einzelnen Bettdecken und Kissen lagen ohne Laken und Überzug da.

»Ach, heute ist Samstag. Da hab ich immer Waschtag«, entgegnete er schnell.

Waschtag. Das ist das Letzte, woran ich jetzt denken könnte, ratterte es durch meinen Kopf.

Wir fragten weiter, Dominik antwortete, und dennoch blieben wir ratlos zurück.

»Vielleicht ist sie betrunken irgendwo gestürzt. Ich kenne mich hier in der Gegend nur schlecht aus. Welche Möglichkeiten hatte sie denn, um zu Fuß in meine Richtung zu kommen? Ist nicht auch der Inn gleich in der Nähe?«, erkundigte ich mich bei ihm.

Was, wenn sie dort hineingefallen ist?, stieg plötzlich eine neue Angst in mir auf.

Doch für Dominik schien das keine Möglichkeit zu sein: »Ja, der Inn ist gleich da drüben«, zeigte er mit seinem rechten Arm, »aber da wird sie sicher nicht hin sein. Eher die andere Richtung. Da vorne gibt es nämlich eine Bushaltestelle. Vielleicht wollte sie von da aus zu dir fahren?« Mit dem anderen Arm wies er energisch in die entgegengesetzte Richtung.

Aber für Larissa war diese Gegend genauso fremd. Deshalb ging ich eher davon aus, dass sie überallhin gelaufen sein konnte. Vor allem, weil sie wahrscheinlich betrunken war.

Darüber zu reden brachte uns auf jeden Fall nicht weiter.

»Wir müssen endlich was tun. Wir sollten die Gegend absuchen«, schlug ich Mara und ihren Freunden vor.

Dominik blieb in der Wohnung. Wir bedankten uns bei ihm und kehrten mit Larissas Tasche auf den Parkplatz zurück. Diese hievten wir in das Auto von Maras Freunden. Es war bereits ein Uhr und stockdunkel, doch wir mussten unbedingt etwas tun. Wir konnten nicht untätig bleiben. Schritt für Schritt näherten wir uns zu Fuß dem Inn. Die zwei jungen Männer arbeiteten sich direkt am Ufer entlang, das dicht mit Büschen und Sträuchern bewachsen und noch dazu sehr steil war. Mara und ich liefen über die Brücke und hielten von dort aus Ausschau.

Wir lehnten uns gegen das Geländer und blickten in die tiefschwarze Nacht. Ich konnte nicht mal zehn Meter weit sehen. Mit gebrochener Stimme begann Mara zu sprechen:

»Katrin, warum passiert so was immer nur uns? Können wir nicht endlich mal Ruhe haben? Als hätten der Krebs von Mama und die Scheidung nicht schon gereicht. Ich mag nicht mehr. Wir sollten hier und jetzt einfach hinunterspringen, dann wäre das alles endlich vorbei.«

Obwohl ich in diesem Moment genau das Gleiche dachte und am liebsten sofort gesprungen wäre, sagte ich stattdessen: »Ich weiß es nicht, Mara, ich hab keine Ahnung, warum wir ständig auf die Probe gestellt werden, und ich mag auch nicht mehr. Aber ich weiß, dass wir weitermachen müssen. Erinnere dich, was Larissa mal gesagt hat: Gemeinsam können wir es schaffen. Und dann müssen wir kämpfen, wenn wir sie finden wollen.«

Lebendig, hoffte ich insgeheim.

ZWISCHEN BANGEN UND HOFFEN

Die letzten Jahre waren nicht leicht gewesen für unsere Familie. Während wir an der Brücke standen und das Plätschern des Flusses hörten, musste ich an diese schwere Zeit zurückdenken.

Im März 2011 rief mich meine Mutter eines Nachmittags an. Sie erzählte mir von einem Besuch beim Augenarzt. Der hatte ein Aderhautmelanom bei ihr entdeckt. Erst nachdem wir unser Gespräch beendet hatten, begriff ich die Tragweite ihrer Aussage. Meine Mutter hatte Krebs! Dadurch konnte ich sie verlieren!

Einen Monat später folgte eine Augenoperation in Innsbruck, bevor es für sie für drei Wochen nach Berlin ging, um dort den Tumor zu bestrahlen. Dazwischen fand die Scheidung meiner Eltern statt. Diese war schon vorher geplant gewesen, und auch der Krebs hatte nichts daran geändert. Für mich war die Scheidung eine Erleichterung gewesen, Mara allerdings war damals erst 14 Jahre alt und litt sehr darunter.

Diese Zeit schweißte meine Schwestern und mich noch enger zusammen. Wir gingen gemeinsam durch Höhen und Tiefen, stützten meine Mutter oft und motivierten sie, weiterzukämpfen. Es war grausam und schmerzvoll, die eigene Mutter so leiden zu sehen. Vor allem die Reise nach Berlin – Anna und ich begleiteten Mama – war eine große Herausforderung für mich als Tochter, aber auch als Schwester. Wir fühlten uns oft hilflos und kraftlos, und Streit und Verzweiflung waren vorprogrammiert – vor allem, weil Anna und ich in unseren

Persönlichkeiten und unseren Lebenswelten so grundverschieden sind, dass es schon früher hin und wieder zu Reibereien zwischen uns gekommen war. Gleichzeitig machte ich mir – so widersprüchlich das klingt – schreckliche Sorgen um meine Schwester. Anna litt besonders unter Mamas Diagnose. Sie verbrachte fast jeden Tag mit ihr, und sie sah sie nicht nur als ihre Mutter, sondern auch als ihre Freundin und Ansprechpartnerin. Als Älteste spürte ich nun den Druck, keine Schwäche zu zeigen. In den Tagen in Berlin fehlte mir Larissa schrecklich, mit der es mir so viel leichterfiel, stark zu sein.

Noch vor Berlin hatte es einen Abend gegeben, an dem wir Geschwister ausgegangen waren. Anna saß an der Bar und schluchzte laut, sie wolle nicht weiterleben, wenn Mama sterben würde, und sie könne die Situation nicht mehr ertragen. Larissa und ich versuchten ihr gut zuzureden und sie aufzubauen. Dabei betonte Larissa immer wieder, dass wir nicht aufgeben dürften: »Hörst du, Anna, gemeinsam können wir das schaffen! Wenn du dir was antust, dann tust du doch auch uns was damit an, und das geht doch bitte nicht. Das ist doch dann unfair, gemein und egoistisch. Egal was passiert, wir haben doch noch uns!«

Ich konnte Larissas Angst um Anna trotz ihrer kraftvollen Rede spüren.

Als Anna und ich unsere Koffer für Berlin gepackt hatten, standen wir im Schlafzimmer meiner Mutter und sprachen das Thema noch mal an. Wieder schärfte uns Larissa ein: »Wir geben nicht auf! Wir kämpfen weiter, komme, was wolle. Eine für alle, alle für eine. So wie die Musketiere. Nur sind wir die Muskeschwestern! Schießt uns das Leben ins Bein, schießen wir eben zurück!«

Wie sie es nur immer schafft, mitten in einer schmerzvollen Situation derart viel Kraft aufzubringen, wunderte ich mich leise und stimmte laut zu.

Anna und Mara ebenso, und wir sangen unseren neuen Leitspruch: »Eine für alle, alle für eine!«

Nach außen hin hatte ich immer den Eindruck gehabt,

Larissa käme mit der Diagnose meiner Mutter gut klar. Sie wirkte derart stark. Doch während einer schriftlichen Latein-prüfung, in der sie einen medizinischen Text aus der Zeit des Römischen Reiches übersetzen musste, begann sie, die doch eigentlich eine sehr gute Schülerin war, leise zu weinen. Weil sie die Übersetzung des Textes an die schlimme Krankheit meiner Mama erinnert hatte, war die Traurigkeit über sie her-eingebrochen.

Komischerweise musste ich, als wir auf der Brücke über dem Inn standen, an dieses Ereignis denken. Und es zeigt mir noch heute, dass sogar die stärksten Menschen schwache Momente haben, in denen sie traurig sind. Aus Larissas Beispiel habe ich gelernt, dass weinen vollkommen okay ist, solange du danach wieder aufstehst und weiterkämpfst.

Die Tränen liefen über mein Gesicht. Larissa fehlte mir in diesem Augenblick so sehr. Ich war erschöpft. In der Dunkel-heit war ohnehin nichts zu finden. Wir alle hatten kaum et-was gegessen, und so beschlossen wir, den nahe gelegenen McDonald's aufzusuchen, der bis vier Uhr morgens geöffnet hatte. Wir befragten dort das Personal, ob es irgendwas gehört oder gesehen hätte, und zeigten ein Bild meiner Schwester. Leider konnte uns niemand weiterhelfen.

Nach dem Essen beschlossen die zwei Freunde von Mara, wieder nach Reutte zurückzufahren. Mara übernachtete bei mir.

In meinem WG-Zimmer ließen wir uns auf die Couch fal-len. Angst und innere Anspannung breitete sich aus, und wir weinten beide.

»Ich verstehe es einfach nicht. Wo soll sie nur sein, Katrin?«

»Dieselbe Frage quält mich genauso. Ich kann an nichts anderes denken.«

»Ich kann so nicht schlafen. Ich will sie einfach hierhaben, jetzt sofort.« Mara saß mit angezogenen Beinen neben mir, und Tränen liefen über ihre Knie. Ich strich ihr tröstend über den Rücken, wusste nicht, was ich noch sagen sollte.

Dann nahm ich mein Handy in die Hand und durchforstete die Kommentare unter meinem Facebook-Beitrag vom Nachmittag. Viele der Leute fragten nach Larissas Aussehen. Deshalb verfassten wir einen neuen Beitrag mit einem Bild von ihr.

»Wie schön sie doch ist, oder? Ich vermisse ihr Lachen«, flüsterte ich Mara zu, während ich das Foto betrachtete. Larissas nussbraune Augen strahlten mir direkt ins Gesicht, ihr Mund lächelte breit, ihre Zähne waren weißer als in jeder Zahnpastawerbung. Das lange dunkelbraune Haar umspielte glänzend ihr gebräuntes Gesicht. Das Foto hatte ihre Lebensfreude perfekt eingefangen. Am Brustbereich war es abgeschnitten, wodurch ihr Gesicht und ihre Ausstrahlung noch mehr in den Fokus rückten.

Nachdem wir passende Worte für den Beitrag gefunden hatten, ging er um drei Uhr früh am 15. September online. Ich forderte meine Freunde auf, den Post zu teilen und die Augen offen zu halten. Kurze Zeit später ging er viral. Mara und ich legten uns ins Bett. Wir waren erledigt und weinten uns in den Schlaf.

Unmittelbar nach dem Aufwachen spürte ich, wie die Angst und der Schmerz wieder in mir hochstiegen. Ich öffnete meine Lider, und sofort begannen die Tränen zu fließen. Weil meine Augen schmerzten, stand ich auf und ging ins Badezimmer. Mein Spiegelbild erschreckte mich: »Scheiße, Katrin, so fertig hast du noch nie in deinem Leben ausgesehen.«

Zurück im Zimmer, wachte Mara langsam auf. Sie sah ebenso fertig und blass aus. Wir sahen uns an, mussten gleichzeitig weinen und lachen.

Was passiert hier bloß?, fragten wir uns beide.

Wir versuchten uns langsam zu sortieren, durchzuatmen und einen Happen zu essen. Nachdem wir die neuen Kommentare und Nachrichten gelesen hatten, war es bereits Mittag. Zeit, um ein weiteres Mal die Polizeistelle aufzusuchen. Mit Taschentüchern in den Händen trafen wir dort kurze Zeit später ein und schilderten einem mir noch unbekannten Beamten am Eingang die Situation. Er tauschte sich im Nebenraum mit einem Kollegen aus, bevor er dann zurück zu uns kam: »Alle Streifenwagen haben die Meldung erhalten und halten Ausschau nach ihr, doch mehr können wir gerade nicht tun. Wir haben alles Notwendige aufgenommen.«

»Kann man denn nicht vielleicht eine Handypeilung veranlassen? Das könnte doch vielleicht auch helfen?«, versuchte ich, mich nicht so einfach abspeisen zu lassen.

»Ja, das können wir natürlich gerne beantragen. Es kann jedoch eine Weile dauern, bis wir da Ergebnisse bekommen. Wir werden uns auf jeden Fall telefonisch bei Ihnen melden, sobald wir dazu etwas wissen«, versicherte er mir.

Zum dritten Mal innerhalb von zwei Tagen stand ich vor diesem Gebäude, ängstlich, verunsichert, verwirrt, verzweifelt, hilflos, einsam und am Boden zerstört. Völlig außer mir schrie ich: »Wie können diese Menschen einfach nichts tun, wenn wir ihnen doch sagen, dass unsere Schwester verschwunden ist?«

Mara tobte mit mir mitten auf der Straße. Obwohl die Polizei nach Larissa suchte und ihre Arbeit tat, fühlte es sich für uns in unserer Angst noch immer nach zu wenig an.

»Verdammt, Mara, ich drehe echt bald durch, wenn wir sie nicht endlich finden. Was sollen wir denn jetzt tun?«

»Suchen!?«, schluchzte sie.

Also rief ich eine meiner engsten Freundinnen an, Patrizia. Sie war in Rum, in der Nähe von Dominiks Wohnung, aufgewachsen.

Mit ihrem Auto holte sie Mara und mich in der Stadt ab. Wieder standen wir am Parkplatz bei der Wohnung. Ich klingelte kurz bei Dominik, aber niemand antwortete. Wir überlegten, Larissas Bild in der Gegend aufzuhängen. Patrizia erwähnte eine Polizeistelle in der Nähe. Vielleicht wussten sie dort schon Bescheid, und wir durften den Facebook-Beitrag ausdrucken? Auf den Anruf des Polizisten bezüglich der

Handy-Ortung warteten wir noch immer vergeblich – inzwischen waren zwei Stunden vergangen.

Wir traten in einen kleinen, dunklen Raum, hinter dem Empfangstresen stand ein etwas älterer Polizist, vielleicht Mitte fünfzig. Ich erklärte die Situation. Er fand die Vermisstenanzeige in seinem Computer und befragte uns dazu.

»Und sie ist letzte Nacht verschwunden?«, fragte er noch mal nach.

»Nein, nein. Das war von Freitag auf Samstag«, korrigierte ich ihn.

»Heute haben wir, ähm, Sonntag. Nachmittag … Ach, du liebe Güte, das sind ja schon zwei Tage! Na, da müssen wir unbedingt etwas tun«, platzte es aus ihm raus. »Ich verständige sofort die Wasserrettung und einen Dienstwagen, um den Inn abzusuchen.«

Endlich! Ich konnte es kaum glauben. *Jemand nimmt mich ernst und tut etwas!*

Er teilte uns außerdem das Ergebnis der Handy-Ortung mit, das mittlerweile einzusehen war. In einem Umkreis von einem Kilometer von Dominiks Wohnung war das Handy zum letzten Mal aktiv gewesen.

Zutiefst dankbar und endlich mit einem Funken Hoffnung im Herzen marschierten Patrizia, Mara und ich in Richtung Inn. Dort sollten wir die Wasserrettung treffen.

Anna, Mama und Papa waren seit Larissas Verschwinden in ständigem Kontakt mit uns. Weil sie die Hilflosigkeit und Untätigkeit zu Hause nicht mehr ausgehalten hatten, fuhren sie Sonntagnachmittag nach Innsbruck. Zwischen Reutte und Innsbruck lagen eineinhalb Stunden Autofahrt. Während Mara, Patrizia und ich auf der Brücke am Inn standen und auf meine restliche Familie warteten, erreichten die Leute der Wasserrettung das Ufer und begannen das weitere Vorgehen durchzusprechen. Passanten spazierten vorbei und beobachteten das Ganze mit neugierigen Augen. Ich befand mich in einem Wechselbad aus Angst und Hoffnung. Angst, dass sie ihren leblosen Körper finden würden und ich mich dadurch mit Larissas Tod auseinandersetzen müsste. Hoffnung, dass sie sie lebend finden und ich sie fest in meine Arme schließen könnte. Dieser Gedanke ließ mich erneut weinen.

Aus der Ferne konnte ich meine Familie auf uns zugehen sehen. Der Anblick versetzte mir einen tiefen Stich, und ich fühlte mich plötzlich schrecklich schuldig.

Ich war die Letzte, die sie gesehen hat. Ich habe sie gehen lassen. Solche Gedanken blitzten in meinem Kopf auf, während ich meiner Familie entgegeneilte.

Das sind ganz typische Gedanken, die viele Trauernde haben. Wir empfinden Schuld, obwohl eigentlich klar ist, dass wir nichts für die Situation können. Heute weiß ich: Schuldgefühle sind ein wichtiger Bestandteil der Trauer, weil sie die Verbindung zum geliebten Menschen darstellen. Sie dürfen zu Beginn der Trauer sein, auch wenn sie unbegründet sind.

»Es tut mir so leid. Ich bin so froh, dass ihr da seid.« Ich umarmte jeden Einzelnen von ihnen fest. Dann klärte ich sie über die momentane Lage auf.

Plötzlich raste ein Polizeiauto auf die Brücke und blieb neben mir stehen. Der Fahrer kurbelte das Fenster runter: »Bist du Katrin Biber, die Schwester?«

Ich nickte nervös.

»Steig ein«, forderte er mich auf, »wir haben etwas am Ufer gefunden. Eine Tasche.«

Als ich eingestiegen war, fuhren wir den Inn entlang. Mir wurde übel. In der Nähe eines Sandbetts blieben wir stehen. Feuerwehrleute warteten bereits. Ich stieg aus, und sie zeigten mir eine braune Handtasche und ein Top. Beides war durch das Wasser und den Sand verschmutzt. Beim Oberteil war mir sofort klar, dass es sich nicht um Larissas handeln konnte. Doch die Handtasche machte mich stutzig, weil ich wusste, dass sie eine ähnliche besaß. Ich überlegte kurz, welche sie an jenem Abend bei sich getragen hatte, aber ich war panisch, konnte kaum atmen, und Magensäure versuchte nach oben zu gelangen. Nach außen ließ ich mir kaum etwas anmerken, zitterte aber am ganzen Körper. Ich machte ein Foto von der Tasche und schickte es Mara, die an der Brücke wartete.

»Ich kann mich einfach nicht mehr erinnern. Können wir bitte zu meiner Schwester zurückfahren? Ich muss sie fragen. Vielleicht weiß sie mehr«, bat ich die Polizei. Mara war sich relativ sicher, dass die Tasche nicht Larissas war. Außerdem glaubte sie sich daran zu erinnern, dass Larissa an besagtem Abend eine schwarze Handtasche getragen hatte. Das Fundstück war bräunlich. Mir fiel ein, dass ich viele Fotos von der Party gemacht hatte. Da musste doch bestimmt auch ihre Handtasche abgebildet sein. Schnell suchte ich die Bilder auf dem Handy raus. Tatsächlich. Die Tasche war schwarz.

SCHMERZ UND STREIT

Die restliche Suche am Inn verlief erfolglos. Feuerwehr und Polizei zogen sich bei Einbruch der Dunkelheit zurück. Die Sonne näherte sich langsam den Bergen. Meine Familie und ich spazierten zu einem Minigolfplatz mit einem kleinen Lokal am Ende der Brücke. Wir versuchten einen klaren Kopf zu bekommen und miteinander zu reden. Außerdem konnte ich dort mein Handy aufladen, um für die Polizei erreichbar zu bleiben.

Vor dem Gebäude begannen wir zu diskutieren, was passiert sein könnte. Meine Schwester Anna reagierte zunehmend aggressiver: »Das kann doch nicht sein, Katrin. Was zum Teufel ist an dem Abend passiert? Haben sie gestritten? Wo warst du?«

»Keine Ahnung. Ja, er war eifersüchtig, aber ich glaube nicht, dass er ihr was angetan hat. Er war echt voll nett. Und ihr ging's doch sonst gut. Ich weiß auch nicht, was da los ist. Ich bin genauso ratlos wie du«, versuchte ich mich zu verteidigen.

»Mit diesem Typen stimmt doch was nicht, oder?! Wir kennen ihn doch nicht mal. Vielleicht sagt er ja gar nicht die Wahrheit! Hast du daran schon mal gedacht? Du bist doch schuld, dass sie überhaupt was mit dem angefangen hat. Wer hat ihr denn vorgelebt, dass diese Datingseiten so toll sind. Das warst doch du, oder?«, ging sie mich weiter an und fuchtelte mit ihren Armen wild um sich.

Ich fühlte mich hilflos. In die Ecke gedrängt. Während Anna

mich erwartungsvoll anstarrte, breiteten sich die Gedanken in meinem Kopf aus: *Das darf nicht sein. Was, wenn er etwas damit zu tun hat? Was, wenn sie recht hat? Dann habe ich als große Schwester versagt, weil ich ein schlechtes Vorbild war. Nein, das kann so nicht sein. Auf keinen Fall!* Ich verdrängte die Gedanken und entgegnete mürrisch: »Was hat das denn jetzt damit zu tun, bitte? Er schien ganz nett zu sein, und er ist auch jetzt voll hilfsbereit. Ich glaube nicht, dass er lügt. Warum sollte er?«, versuchte ich, mich und Dominik zu verteidigen.

»Ach ja, dann sag mir doch mal, wo er jetzt ist? Warum meldet er sich gerade nicht, ha? Ich sage dir, hier stimmt was nicht, eindeutig!«, betonte sie.

Sie hatte recht. Seit Stunden hatte ich nichts von ihm gehört, was mich selbst wunderte.

Anna war schon immer der impulsive Part in unserer Familie gewesen, was ich eigentlich an ihr mochte. Ich hatte ein unglaublich schlechtes Gewissen. Zugeben konnte ich das allerdings nicht. Also brüllten wir uns weiter an.

Fremde Menschen umringten uns, doch wir nahmen sie nicht mehr wahr. Mara stand daneben und schluchzte laut. Mama ging dazwischen und versuchte den Streit zu schlichten: »Stopp. Aufhören. Es reicht jetzt. Das hilft uns im Moment auch nicht weiter. Wir müssen Ruhe bewahren. Niemand hier ist schuld!«

Anna trat ein Stück zur Seite und wurde still. Mama kam auf mich zu und schaute mich eindringlich an: »Nimm dir das nicht zu Herzen, Katrin. Du weißt, dass Anna aufbrausend sein kann. Sie meint das nicht so. Es ist nur ihre Art, ihre Wut und Verzweiflung auszudrücken. Du bist nicht schuld und kannst nichts dafür, okay?«

Im Gegensatz zu Anna spielte ich wirklich nicht mit dem Gedanken, dass Dominik selbst etwas mit Larissas Verschwinden zu tun haben könnte. Vielleicht war es die Hoffnung in mir, vielleicht wollte ich von allen Menschen nur das Beste erwarten. Ich hatte ihn als netten und lieben Kerl kennengelernt, und so behielt ich ihn vorerst auch in meinem Kopf. Für anderes war ich nicht bereit.

Nachdem wir uns beruhigt hatten, kauten wir Dominiks Aussage wieder und wieder durch. Nie kam eine neue Erkenntnis hinzu, die Geschichte wiederholte sich nur in Dauerschleife und ließ uns weiter ratlos zurück.

Ein Anruf der Polizei unterbrach unsere Spekulationen. Wir sollten auf die Wache in Rum kommen und eine neue Aussage über die Nacht von Freitag auf Samstag abgeben. Auch Dominik war vorgeladen worden. In den letzten Stunden hatte die Polizei bereits versucht, ihn zu erreichen. Wir erfuhren, dass er den Nachmittag in den Wörgler Wasserwelten verbracht hatte, einem Erlebnisschwimmbad in Tirol.

Unverständlich. Wie kann er jetzt nur ans Schwimmen denken, war mein erster Gedanke. Ich verwarf ihn jedoch schnell wieder.

Auf der Wache wartete meine Familie im Gang des ersten Stockwerks, während ich im Polizeizimmer noch einmal schilderte, was geschehen war. Dominik kam kurze Zeit später auf die Wache. Zum ersten Mal traf er auf meine Mama und meine Schwestern. Meinen Papa hatte er bereits im Sommer getroffen, als er mit Larissa für einen Besuch in Reutte gewesen war.

»Hallo, ich bin der Dominik. Es tut mir so leid, dass wir uns auf diesem Weg kennenlernen müssen«, sagte er und schüttelte meiner Mama und meinen Schwestern die Hände. Anna verzog das Gesicht und wandte sich von ihm ab.

Im Nebenzimmer musste er dann seine Aussage machen. Am Ende wurde ich dazugeholt. Er wiederholte die Geschichte so, wie er sie mir erzählt hatte. Sie waren heimgekommen und noch eine Weile wach gewesen, hatten miteinander geschlafen, und er war dann duschen gegangen.

Das kann doch nicht gelogen sein, sagte ich mir immer wieder, so kooperativ und freundlich, wie er war.

Nach dem Polizeigespräch fanden wir alle auf dem Parkplatz vor Dominiks Wohnung zusammen. Mittlerweile war auch meine Freundin Anja, die am Abend von Larissas Verschwinden mit uns unterwegs gewesen war, hinzugekommen, um mich zu stützen. Mit ihr hatte sich Larissa auch vor dem Pub noch kurz unterhalten.

Meine Mama zeigte Dominik ein Foto von Larissa und erzählte ein wenig von ihr. Seine Augen wurden feucht. Wir alle konnten es noch immer nicht fassen und weinten wieder. Dominik betonte noch einmal, dass ich mich jederzeit bei ihm melden könne, und verabschiedete sich.

Es war schon fast dunkel. Meine Familie musste nach Hause fahren. Der nächste Tag war ein Montag, also mussten sie alle arbeiten. Wie sollten sie das nur überstehen, ohne zu wissen, wo Larissa war? Ich war wegen meiner Knieverletzung zum Glück noch krankgeschrieben und versprach ihnen, mich voll und ganz auf die Suche zu konzentrieren. Aber ich war müde und ausgelaugt. Ich spürte, dass ich mich kaum noch auf den Beinen halten konnte, und sehnte mich nach Schlaf. Wann würde das alles bloß vorbei sein?

Nachdem meine Familie gefahren war, fuhr ich mit Anja und Patrizia in eine Pizzeria in der Innenstadt Innsbrucks. Vor lauter Aufregung hatte ich den ganzen Tag über vergessen, etwas zu essen. Beruhigen konnte ich mich jedoch auch dort nicht. Durch mein Facebook-Posting bekam ich im Minutentakt Nachrichten von Fremden und Freunden mit Fragen und Hinweisen. Ich arbeitete sie durch, beantworte sie und führte zahlreiche Telefonate, während ich gleichzeitig mit meinen Freunden sprach und aß.

Mein Herz raste wie wild, meine Augen zuckten hin und her. Vor lauter Anspannung atmete ich flach und schnell. Alles, was ich wollte, war, Larissa zu finden oder, im schlimmsten Fall, herauszufinden, was mit ihr passiert war. Und das so schnell als möglich. Doch an diesem Abend gab es weiter keine hilfreiche Spur.

Nach dem Essen fuhr ich mit dem Bus zu Domi, der den ganzen Tag über gearbeitet hatte. Ich war froh, an diesem

Abend bei ihm übernachten zu können und nicht allein sein zu müssen. Ein bisschen Abstand von meiner Wohnung und der Suche zu bekommen tat gut, sosehr meine Gedanken immer noch um Larissas Verschwinden kreisten.

EINE WELLE DER HILFSBEREITSCHAFT

Nach einer kurzen Nacht wurde ich am Montagmorgen von der örtlichen Polizei informiert, dass die Kriminalpolizei den Fall übernommen habe.

Dann ging alles Schlag auf Schlag. Durch meinen Eintrag auf Facebook, der bereits Tausende Male von Freunden und Freundesfreunden geteilt worden war, entstand eine große Welle an Betroffenheit. Freunde und wildfremde Menschen begannen, in ihrer Freizeit nach meiner Schwester zu suchen. Die meisten kannten Larissas Lachen, ihr Wesen, ihren Charakter gar nicht und hatten nie Zeit mit ihr verbracht. Trotzdem wollten sie nichts unversucht lassen, um sie wiederzufinden. Es wurde sogar eine eigene Facebook-Gruppe gegründet, mit der die Menschen darum gebeten wurden, uns bei der Suche zu unterstützen. Es keimte wieder Hoffnung in mir auf, sie wiederzufinden.

Ab Dienstag, den 17. September, trafen wir uns regelmäßig in organisierten Suchtrupps direkt neben Dominiks Wohnung. In der Nähe war ein großes Merkur-Lebensmittelgeschäft mit Restaurant, vor dem sich die einzelnen Sucher versammelten. Sie besprachen die Vorgehensweise, tauschten sich aus und stärkten sich für weitere Sucheinsätze. Dafür stellte das Geschäft eine bestimmte Anzahl an Getränken, Snacks und freien Parkplätzen kostenlos zur Verfügung.

Täglich saß ich auf der Terrasse des Restaurants und beobachtete das Geschehen. Ich war einerseits überrascht, wie viele fremde Menschen immer wieder auftauchten, um zu helfen.

Andererseits wollte ich am liebsten aufstehen und losrennen, ich wollte weinen und schreien. Doch ich saß da, beobachtete und versuchte zu tun, als würde ich zuhören und verstehen. In mir brannte aber jede Sekunde ein tiefer Schmerz, und ich fragte mich: *Wann hat das bloß ein Ende? Kannst du nicht einfach neben mir stehen, Larissa, jetzt und sofort, und alles ist wieder gut?*

Mit jedem Tag wurde es noch schwerer – so unglaublich es sich für mich anfühlte, dass sich ein Schmerz wie meiner noch steigern konnte. Ich konnte nicht mehr, ich wollte nicht mehr. Diesen lieben Menschen um mich herum war ich so dankbar, und gleichzeitig wollte ich sie verfluchen, weil es für sie nur eine gute Tat war. Am Ende des Tages gingen sie zu ihren Familien heim, und alles war gut, während ich nicht schlafen konnte, mir die Augen ausweinte und keine Kraft mehr hatte. Diese Zerrissenheit zwischen Neid und Dankbarkeit konnte ich selbst kaum ertragen.

Ich fragte mich, wie lange ich so weitermachen könnte, bevor ich zu Boden gehen würde. Eine Woche war beinahe vergangen, und es fühlte sich an wie eine Ewigkeit. Zwischen den Suchstunden trafen wir uns mit der Kripo, deren Ermittlungen auf Hochtouren liefen. Meine Familie nahm sich frei und fuhr beinahe täglich von Reutte nach Innsbruck und wieder zurück. Bis auf meine Mama. Sie hatte so kurz nach ihrer überstandenen Krebserkrankung kaum Energie dafür, und ihr war der Menschenauflauf bei der Suche einfach zu viel. Sie blieb allein daheim.

Bei der Kripo-Dienststelle in Innsbruck musste ich weitere Befragungen durchstehen. Sie ermittelten in alle Richtungen, weshalb auch Freunde von Larissa und sogar Mara vorgeladen wurden. Bis ins kleinste Detail durchleuchteten sie jeden von ihnen. WhatsApp-Nachrichten, Gespräche, Treffen, jeder noch so winzige Streit, alles wurde untersucht. Ein Polizeiteam kam sogar nach Reutte. Larissas Zimmer wurde bei der Suche nach möglichen Hinweisen auf den Kopf gestellt. Mara hatte mit der Situation schwer zu kämpfen, ich konnte ihr die Erschöpfung ansehen. Sie suchte Tag und Nacht mit vollem Einsatz und schlief kaum noch. Wir waren so weit von einer Normalität entfernt, dass ich mich manchmal fragte, ob ich das alles denn nur träumte oder in der Hauptrolle einer meiner geliebten Serien gefangen war. Konnte das hier wirklich Realität sein? Ich sehnte mich nach einem normalen Tagesablauf, nach Dingen, die Menschen eben machen, wie Lebensmittel einkaufen, arbeiten gehen, die Universität besuchen, sich mit Freunden treffen.

Es waren meine Freunde, die mir kleine Portionen an Normalität schenkten. Sie erinnerten mich immer wieder an die Welt außerhalb dieses verwirrenden Zustands und boten mir die Möglichkeit, für eine kurze Zeit dorthin zurückzukehren. Sie wichen mir nie von der Seite, und ich musste nicht allein sein, wenn ich nicht wollte. Marie-Christine, eine meiner engsten Freundinnen in Innsbruck, besuchte mich und hörte mir zu, oder wir spazierten stillschweigend über Wiesen und durch Wälder. Sogar Sarah, meine beste Freundin, die inzwischen in Berlin lebte, kam sofort für ein paar Tage vorbei, um für mich da zu sein. Wir gingen essen, erinnerten uns gemeinsam an frühere Zeiten, kochten, putzten, weinten und lachten.

So schmerzvoll und schrecklich die Situation war, schafften meine Freunde es, mich hin und wieder zum Lachen zu bringen. Daraus konnte ich die Kraft schöpfen, durchzuhalten und weiter zu hoffen. Denn niemand kann 24 Stunden am Tag nur dasitzen und weinen. Es ist wichtig, sich Pausen zu gönnen, um Kraft zu tanken. Ganz wichtig dabei: Das bedeutet keinen Verrat an dem vermissten Menschen, sondern ist schlichtweg überlebensnotwenig.

WENN ALLES ZU VIEL WIRD

Fast eine Woche lang hatten wir ergebnislos gesucht. Mein Facebook-Posteingang platzte aus allen Nähten. Täglich bekam ich mehr als 200 neue Freundschaftsanfragen, Nachrichten und Kommentare von fremden Menschen. Ich war maßlos überfordert und verlor den Überblick. Deshalb übernahm die Kripo den Zugang zu meinem Profil. Mein Handy klingelte pausenlos, und ich hatte Termine mit Radiosendern, die die Suche unterstützen wollten. Ich kann mich nicht mehr daran erinnern, ob und wann ich aß oder wie ich geschlafen habe. Ich funktionierte und hoffte, dass das alles bald ein gutes Ende nehmen würde.

Nicht jedes Hilfsangebot nahm ich dankend an, manche erschreckten mich. Selbst ernannte »Wahrsager« aus ganz Österreich strömten zu den Suchtreffpunkten und gaben abstruse Behauptungen von sich: »Ich weiß, wo sich Larissa derzeit aufhält. Sie wurde entführt und liegt in einem Keller. Aber sie lebt. Ich kann Ihnen helfen, sie zu finden. Ich spüre sie!«

Mara schenkte solchen Aussagen Glauben und wollte jeder einzelnen nachgehen. Doch nichts davon stellte sich als wahr heraus. Dafür boten diese Betrüger uns an, wenn sie falschlägen und Larissa doch tot sei, als Medium zu fungieren: »Ich werde euch dann natürlich einen Sonderpreis machen«, hieß es nicht selten. Ich war schockiert und verstand nicht, wie jemand versuchen konnte, aus unserem Leid noch Profit zu schlagen. Daher ging ich ihnen aus dem Weg.

Jeder weitere erfolglose Tag zehrte an meinen Nerven und an meinem Körper. Der Stress wurde schnell nach außen hin sichtbar. Etwa eine Woche nachdem wir die Suche gestartet hatten, stand ich morgens auf, um mich für einen erneuten Sucheinsatz fertig machen. Ich nahm eine warme Dusche und wusch mir meine schulterlangen, rot gefärbten Haare. Als ich das Shampoo ausspülte, sah ich meine Haare büschelweise die Wanne entlangfließen.

»Verdammt noch mal, was soll das denn jetzt?«, erschrak ich und stieg aus der Duschwanne. Ich trocknete meinen Kopf mit dem Handtuch und nahm meine Bürste. Mit jedem Durchziehen sammelten sich noch mehr Strähnen darin. Verzweifelt legte ich die Bürste zur Seite und zog meine Finger durch die Haare. Immer mehr einzelne Fäden lösten sich, bis ich eine kahle Stelle am Kopf entdeckte. Wie erstarrt blieb ich vor dem Spiegel stehen und blickte in das Waschbecken, voll mit meinen roten Haarsträhnen. Tränen tropften darauf, und ich hielt mich mit aller Kraft am Becken fest.

Ich hob meinen Kopf und schaute in den Spiegel: »Wer bist du? Wer verdammt noch mal bist du?!«

Leere Augen blickten mir entgegen, umringt von tiefen Augenringen, die durch die blasse Haut noch eine Spur dunkler wirkten, als sie es ohnehin schon waren.

»Was ist aus dir geworden? Ein Zombie. Ein Monstrum. Ich hasse dich!«, wurde ich zorniger und schlug gegen den Spiegel. Ich realisierte, dass mein Körper dabei war aufzugeben. Erschöpft setzte ich mich an den Rand der Badewanne. Ich zupfte noch mal an meinen Haaren und legte die Hände mit den Strähnen darin auf meinen Schoß. »Warum passiert mir das alles? Warum nur? Ich mag nicht mehr«, weinte ich lauter. »Was habe ich nur verbrochen, um diese Scheiße erleben zu müssen. Was? Ich verstehe es nicht. Womit habe ich das verdient?« Der Stress der letzten Woche und der Schmerz waren zu groß. Einige Minuten schluchzte ich noch, bevor ich meine Faust ballte und die ausgefallenen Haare fest umklammerte. Ich stand auf und schleuderte sie in den Mülleimer. Ich schaute noch einmal in den Spiegel, wischte meine Tränen aus dem Gesicht: »Nein, du sitzt jetzt nicht nutzlos in der Gegend rum. Du wirst sie finden! Wir finden sie, ganz sicher! Wir *müssen* sie finden!« Nichtstun und diesen Schmerz auszuhalten war an diesem Tag noch keine Option. Ich föhnte meine Haare und versuchte den letzten Rest am Kopf zusammenzubinden, atmete tief durch und machte mich auf den Weg zum Treffpunkt.

Der Wunsch, Larissa zu finden, war so groß, dass ich oft in Traumszenarien abtauchte, die mal ein gutes, mal ein böses Ende hatten. Abends, nach einem langen Tag der Suche, lag ich auf der Couch und träumte davon, wie meine Eltern oder die Polizei anriefen, um mir zu sagen, dass Larissa gefunden worden sei und es ihr gut gehe. Manchmal stellte ich mir vor, dass Larissa mich selbst kontaktierte, ins Telefon lachte und weinte, weil sie sich für ihr Verschwinden schämte und keinem hatte Sorgen bereiten wollen.

Ich steigerte mich in solche Tagträume hinein, wollte sie glauben, doch zugleich wusste ich, wie untypisch so ein Verhalten für Larissa wäre. Meine Vernunft verdrängte die Träumerei, und plötzlich stiegen die unterschiedlichsten negativen Ausgänge dieses skurrilen Verschwindens vor meinem geistigen Auge auf. Ich stellte mir grauenvolle Entführungsszenarien vor, in denen sie in einem Keller eingesperrt war. Ich hatte Angst, dass sie betrunken in den Inn gestürzt und ertrunken war. Mein Hirn sprang ständig von der noch lebenden Larissa zur bereits gestorbenen, was mir schrecklich zu schaffen machte. Aber in keinem dieser Szenarien spielte ich die Möglichkeit durch, dass Dominik etwas damit zu tun haben könnte. Noch nicht. Der Gedanke, dass er sie vielleicht getötet haben könnte, war nicht auszuhalten. Dieses Szenario würde zu viel Schmerz, Wut und Schuldgefühle auslösen, weshalb mein Kopf es gekonnt in die hinterste Ecke verbannt hatte.

Mit Dominik stand ich täglich in Kontakt. Mittlerweile über Facebook. Wenige Tage nach Larissas Verschwinden hatte ihm die Polizei sein Handy abgenommen. Er galt als verdächtig, weil er sie als Letzter gesehen hatte. Das machte ihm Angst, wie er mir über Facebook schrieb. Anfangs hatte er selbst noch bei der Suche geholfen. Doch immer mehr Menschen drückten in den sozialen Medien und den Kommentarspalten unter Zeitungsberichten ihre Skepsis aus. Er sage bestimmt nicht die Wahrheit, waren sich fast alle einig. Dominik zog sich also zurück und fragte stattdessen immer wieder mich nach dem neuesten Stand und teilte seine Sorgen mit mir. Ich versuchte ihn zu beruhigen. Noch immer glaubte ich fest an das Gute im Menschen, noch immer hoffte ich, Larissa lebend wiederzubekommen.

Anfangs antwortete ich Dominik noch regelmäßig, aber mit der zweiten Woche kam auch bei mir eine Unsicherheit auf, die ich ihn spüren ließ: »Natürlich zweifeln wir auch oft an deiner Aussage, vor allem meine Mama, die einfach nicht verstehen kann, warum Larissa gegangen sein sollte. Falls ihr also doch gestritten habt oder du sie vielleicht sogar rausgeschmissen hast, kannst du das doch zugeben. Das ist ja nicht strafbar, und meiner Mama würde es viel besser gehen damit.« Die Zweifel meiner Schwester Anna und meiner Mama dockten langsam auch in meinem Kopf an. »Du kennst doch Larissa, Katrin. Öffne deine Augen! Sie hat doch nicht einfach die Wohnung verlassen. Da muss doch etwas vorgefallen sein. Seine Geschichte kann nicht stimmen!«, redete Anna immer wieder auf mich ein. Jeden Abend grübelte ich nach. *Muss ich das Gute im Menschen wirklich loslassen und mich vielleicht auf einen Mord vorbereiten? Kann das wirklich möglich sein? So was passiert doch nur in Filmen!* »Nein, ich kann und will das nicht glauben, auf gar keinen Fall!«, sagte ich laut und schüttelte diese Gedanken wieder aus meinem Kopf.

Nachdem die Kripo meinen Facebook-Account übernommen hatte, beobachtete sie auch seine Nachrichten genau. Er wusste nichts davon. Am 24. September erhielt ich seine letzte Nachricht: »Hallo Katrin … gibt es was Neues bei dir? Gestern bin ich […] bedroht worden, und einer hat eine Aussage gemacht bei der Polizei. Eine echt fiese Geschichte, die von der Nase rausgelogen ist. Vielleicht weißt du es schon, und die Polizei weiß schon Bescheid. Bitte sag das keinem, der es nicht wissen soll, weil die Gerüchte, die hier grad so rumgehen, sind echt krass.«

Wenn ich mir heute den Chatverlauf ansehe, springen mir seine Nervosität und die krampfhafte Selbstdarstellung als Opfer regelrecht ins Auge. Damals jedoch hatte ich selbst mit so vielen Emotionen zu kämpfen, dass mir Dominiks schräge Gefühlswelt nicht weiter auffiel.

Auch nach zehn Tagen, die mir viel länger vorkamen, gab es noch keine Spur. Gerade noch hatten wir zusammen gelacht und getanzt. Im nächsten Augenblick stand ich hier und wusste nicht, wann und ob ich Larissa jemals wiedersehen würde. Jeden Tag verließ ich durch das große Eingangstor das Haus, in dem sich meine WG befand. Ich blieb einen Moment lang davor stehen und blickte zur anderen Straßenseite. Dort bildete ich mir eines Morgens ein, Larissa zu sehen, tanzend und lachend, wie im Sommer, als wir gemeinsam im Park gesungen und getanzt hatten. Diese wenigen Sekunden, in denen ich glaubte, sie würde dort stehen und vor Freude springen, gaben mir unfassbar viel Kraft und das Gefühl, sie wäre hier und lebendig. Voller Tatendrang machte ich mich auf den Weg – in der Hoffnung, sie an diesem Tag endlich zu finden.

Doch die Anstrengung wurde mir zunehmend zu viel. Der Menschenandrang, die Spekulationen von allen Seiten, die Neugier und die vielen Fragen zehrten an meinen Nerven. Ich musste weg und brauchte Ruhe. Spontan machte ich an einem sonnigen Herbsttag eine kleine Wanderung in die Sillschlucht in Innsbruck. Dort waren keine Menschen. Nur die Natur, das Wasser und die Wärme der Sonne. Ich beschloss, mich von der Suche zurückzuziehen, auch wenn ich mir nichts mehr wünschte, als Larissa zu finden. Aber ich war am Ende meiner Kräfte angelangt. Bevor ich auf offener Straße zu Boden ging, blieb ich doch lieber daheim oder für mich. Ich habe in diesem

Moment ganz deutlich gespürt, dass mir die Kraft ausging. Deshalb habe ich mich zurückgezogen und versucht, auf mich und meinen Körper zu achten. Gerade in einer solchen Krisensituation ist es unendlich wichtig, die eigenen Grenzen zu erkennen und nicht darüber hinauszugehen!

DAS GESTÄNDNIS

Am Freitag, den 27. September 2013, war meine Schwester bereits seit zwei Wochen verschwunden.

Ich hatte die Nacht bei Domi verbracht. Es war noch relativ früh, als ich ein paar Anrufe in Abwesenheit auf meinem Handy entdeckte, vorwiegend von meiner Familie, einer auch von der Kripo. Ich rief als Erstes meinen Vater zurück. Er hob beim ersten Läuten ab. Seine Stimme klang nervös: »Wo bist du denn? Die Kripo hat sich bei mir gemeldet. Wir sollen uns bei dir in der Wohnung treffen.« Mein Vater hatte an diesem Morgen einen Termin bei einer Versicherung in Innsbruck, deswegen war er schon in der Stadt. Ich sagte ihm, dass ich gleich da sein würde.

Auch Anna hatte bereits mehrmals versucht, mich zu erreichen. Sie war ziemlich aufgebracht, als sie abhob: »Was ist denn mit dir, Katrin? Wo bist du denn? Du sollst gefälligst zu deiner Wohnung kommen, weil die Kripo gleich kommt. Papa wartet dort auf dich!«

Irgendetwas in Annas Stimme, ein Beben vor Wut, vor Schmerz, schnürte mir die Kehle zusammen. Irgendetwas war passiert, das spürte ich. Die Kripo rief ich nicht mehr zurück, weil ich dachte, ich würde sie ohnehin gleich antreffen. In wenigen Minuten hatte ich mich fertig gemacht. Domi wollte mich begleiten. Die Gedanken kreisten wie verrückt in meinem Kopf. Ich fragte mich ununterbrochen, warum die Kripo denn so plötzlich zu mir nach Hause kommen wollte. Mein Inneres war gespalten in zwei Teile. Der eine hoffte, dass die

Polizei Larissa gefunden hatte. Der andere fürchtete sich davor, schreckliche Neuigkeiten zu erhalten. Um zehn kamen Domi und ich bei meiner WG an. Vor dem Haustor fand ich meinen Papa ungeduldig hin und her stapfen: »Wo warst du denn nur so lange?«

»Jetzt bin ich ja da, okay? Was ist denn nur los, warum kommen die denn jetzt plötzlich?«, antwortete ich ihm schnippisch.

»Ich weiß es auch nicht genau. Anscheinend gibt es Neuigkeiten«, erklärte Papa.

Doch weit und breit war noch niemand von der Kripo zu sehen. Wir gingen hoch in den ersten Stock, wo meine WG lag. Im Zimmer lief ich hin und her. Mein Herz pochte wie Trommeln eines Marschgefolges. Immer wieder trat ich ans Fenster, um das Eintreffen der Kripo nicht zu verpassen. Dann war es so weit. Ein großer Rettungswagen fuhr mit hoher Geschwindigkeit vor, und drei Leute stiegen aus. Auf dem Wagen erkannte ich die Aufschrift »Kriseninterventionsteam«. Tausend Gedanken überschlugen sich in meinem Kopf: *Warum sie, warum nicht die Kripo, was wollen sie von uns? Wer sind sie? Sind das nicht die mit den schlimmen Nachrichten? Wo ist die Kripo? Was machen die hier?* Ich bekam Panik, wollte wegrennen.

Dann klingelte es. Zu spät. Sie waren schon vor der Tür.

Ich machte ihnen auf, und sie begrüßten meinen Vater und mich freundlich. »Dürfen wir reinkommen? Und können wir uns irgendwo setzen? Ein ruhiger Raum wäre gut, Wohnzimmer oder Küche? Wir müssen mit Ihnen reden.«

»Klar. Wir können in die Küche gehen«, sagte ich wie ferngesteuert. Ich zitterte am gesamten Körper und spürte einen enormen Druck im Kopf. *Scheiße. Ich will das hier nicht. Was wollen die bloß mit mir reden?* Wir bewegten uns in die Küche und setzten uns um den Tisch. Links neben mir mein Vater, rechts neben mir Domi, uns gegenüber diese fremden Menschen in Rettungskleidung. Zwei Frauen und ein Mann waren es, wenn ich mich richtig erinnere. Eine der Frauen begann zu sprechen, dass sie uns etwas mitteilen müsse. In meinem Kopf tönte nur ein *Nein* in Dauerschleife. Vehement wehrte ich mich gegen das, was ich bereits ahnte.

Mir kommt es heute vor, als hätte die Frau diesen Satz in Zeitlupe ausgesprochen: »Larissa wurde von ihrem Freund Dominik in der Nacht auf den 14. September ermordet. Er hat sie erwürgt und ihren toten Körper im Inn entsorgt.«

Mein Vater begann sofort zu schluchzen: »Nein, nein, nein.«

Ich war wie gelähmt.

Die Leute von der Krisenintervention sprachen weiter, doch meine Ohren nahmen ihre Stimmen und Worte nur noch ganz dumpf und wie aus weiter Ferne wahr. Mir kam es vor, als säße ich im falschen Film. Ich weinte, sah zu Boden und wiederholte mehrere Male einen einzigen Satz: »Nein, das kann nicht sein!« So als ob ich versuchen wollte, diese Realität noch irgendwie abzublocken. Die einzelnen Wörter der Rettungsleute liefen durch meinen Kopf, und meine Antwort war immer wieder meine innerliche Verneinung und Verleugnung. Ich konnte und wollte es nicht glauben.

Meine nächsten Gedanken galten meiner Familie: »Was ist mit meiner Mama und meinen Schwestern? Ich will zu ihnen, jetzt sofort!«

»Sie wissen bereits Bescheid. Ein anderes Team kümmert sich gerade um sie. Wir können Sie natürlich hinbringen, das geht auf jeden Fall«, antwortete die Frau.

Anna wusste also beim Telefonat vorhin schon, was geschehen ist, dachte ich.

Sie durfte jedoch nichts sagen. *Aber ich habe es gehört …*

»Ich kann selbst fahren. Ich schaffe das. Ich bin mit dem Auto da«, warf mein Vater ein.

»Sag mal, spinnst du, Papa? Sicher nicht! Wir werden mit den Rettungsleuten fahren!«, entgegnete ich außer mir.

»Das würden wir Ihnen auch auf keinen Fall raten, selbst zu fahren. Wir übernehmen das gern, das ist kein Problem. Möchten Sie noch ein paar Sachen mitnehmen, brauchen Sie noch etwas?«, richtete die Frau ihre Fragen an mich.

»Keine Ahnung«, begann ich wieder zu weinen und nahm mein Handy in die Hand.

»Lassen Sie sich Zeit. Wir sind hier«, antwortete sie.

Ich starrte auf das Handy und sehnte mich nach meinen engsten Freunden, nach Halt: *Meine Freunde müssen es wissen. Ich brauche meine Freunde.* Als wäre es das Normalste der Welt, als würde ich schreiben, Larissa hat ein neues Auto gekauft, sie hat die Schule geschafft oder Ähnliches, tippte ich völlig abwesend eine WhatsApp-Nachricht in die Gruppe mit meinen engsten Freunden: »Larissa wurde von Dominik ermordet.« Ich konnte die Tatsache ihres Todes weder begreifen noch verstehen. Doch manche Freunde waren bereits informiert. Denn wenige Minuten nachdem wir die Nachricht erfahren hatten, war sie für die Medien freigegeben worden. Es war kurz nach elf Uhr und mein Posteingang füllte sich im Sekundentakt. Deshalb hatte das Kriseninterventionsteam es an diesem Morgen so eilig gehabt. Wir durften die Todesnachricht natürlich nicht aus den Medien erfahren, sondern direkt durch die Rettungskräfte.

Von jetzt an funktionierte mein Körper nur noch. Einer meiner Mitbewohner kam in die Wohnung, als ich, völlig neben mir, versuchte, irgendwelche Klamotten einzupacken. Ich steuerte auf ihn zu und wiederholte den Satz der Rettungshelferin, als würde es mich nicht betreffen. Ich fühlte mich leer und war zugleich sehr aufgewühlt. In mir tobten noch undefinierbare Emotionen. Mein Mitbewohner umarmte mich und sprach mir sein Beileid aus. In meinem neuen Zombiemodus machte ich mich unter Tränen zurück ans Packen.

Plötzlich drängten sich Fragen in meinen Kopf: *Wofür brauche ich eigentlich noch irgendwelche Dinge wie Kleidung? Meine Schwester ist tot. Ermordet. Benötige ich da denn jetzt noch ein T-Shirt, Unterwäsche, irgendetwas?*

So packte ich ohne Sinn und Verstand und machte mich auf den Weg zur Tür. Die andere Frau des Teams sprach mich kurz vor dem Rausgehen an: »Es tut mir so schrecklich leid. Ich kann nicht nachvollziehen, wie schlimm das gerade für Sie sein muss. Vor Kurzem war meine Katze verschwunden, und wir suchten sie zwei Wochen lang. Das war die Hölle. Zum Glück ist sie wieder aufgetaucht. Ich kann mir nicht vorstellen, wie das nun für Sie sein muss.«

Ich war fassungslos. *Vergleicht sie meinen Verlust gerade wirklich mit ihrer Suche nach einer Katze?*, dachte ich. Ich wusste nicht, was ich antworten sollte, und nickte nur.

Ich bin der Frau heute nicht mehr böse, weil ich glaube, dass sie selbst vollkommen überfordert mit der Situation war. Sogar wenn es ihr Job sein mochte, so etwas Schreckliches passiert nicht alle Tage, und ich hätte als Außenstehende selbst kaum damit umgehen können.

Als mein Vater und ich aus dem Haus traten, wurde ich von meiner weinenden Vermieterin überrumpelt. Sie umarmte mich und schluchzte laut: »Es tut mir so schrecklich leid, Katrin.«

Um uns herum nahm ich noch andere weinende Menschen wahr. Mir wurde schwindelig. Ich stieg mit meinem Papa, der neben mir Platz nahm, hinten in das Rettungsauto ein. Heulkrämpfe schüttelten meinen ganzen Körper. Mein Papa schluchzte ebenfalls. Die Sehnsucht nach Halt und Geborgenheit in diesem Schmerz war so groß, dass ich verzweifelt meine beste Freundin Sarah in Berlin anrief. Sie war selbst in Tränen aufgelöst. Doch ihre Stimme schenkte mir ein vertrautes Gefühl, in das ich meine Verzweiflung kurzzeitig betten konnte. Mein Vater saß zwar direkt neben mir, war mir aber zu nahe. Seinen Schmerz zu sehen und zu ertragen verstärkte meinen eigenen zusätzlich. Die Fahrt bekam ich gar nicht wirklich mit. Fast ohnmächtig schaute ich, nachdem ich aufgelegt hatte, aus dem Fenster und fühlte mich so unendlich leer. Der Schmerz in der Brust ließ mich kaum atmen.

Als wir nach knapp eineinhalb Stunden Fahrt vor Mamas Wohnung ankamen, stürmte ich nach oben. Ich trat in die Wohnküche und sah die verweinten Gesichter meiner Familie. Der Anblick durchfuhr mich wie ein Messerstich. Nacheinander standen alle vom großen Esstisch in der Mitte des Raumes auf und umarmten mich. Jede einzelne Berührung meiner Familienmitglieder löste einen erneuten Heulkrampf aus. Als Letztes hielt ich Mara fest und wiederholte die Worte: »Ich lass dich nie wieder los, ich halte dich fest, für immer! Es tut mir so unendlich leid! Ich beschütze dich!«

In diesem Moment keimten in mir zum ersten Mal die Schuldgefühle und der Gedanke auf, als große Schwester versagt zu haben. An den Mord selbst oder wie sich dieser abgespielt haben sollte, wagte ich in diesem Augenblick noch nicht zu denken.

ZU SCHRECKLICH, UM WAHR ZU SEIN

Da saßen wir drei Mädchen nun auf der Couch, nach Stunden immer noch am Heulen. Manchmal machten die Tränen eine kurze Pause, und wir waren wie erstarrt. Wir konnten kaum noch aus den Augen sehen, so geschwollen waren sie. Unsere drei Hunde, Mamas Mops Milow und die beiden Hunde von Anna, spürten den Schmerz und kuschelten sich an uns. Die Frage, wie es denn nun weitergehen würde, hing wie eine finstere Wolke über unseren Köpfen.

Meine Eltern waren währenddessen damit beschäftigt, abwechselnd Nachrichten zu schauen, Zeitungen zu lesen und mit der Kriminalpolizei zu telefonieren. Ich fühlte mich wie in einer surrealen Welt. Die Nachrichtensprecherin aus dem Fernseher hörte ich schockiert erzählen, dass Larissa B. von ihrem Freund ermordet worden war. Wie eine Zuschauerin, eine außenstehende Person, die einfach nur Nachrichten über ein schlimmes Ereignis hörte, saß ich teilnahmslos da. Als würde all das nicht den Kern meines Lebens betreffen. Ich musste teilweise sogar lachen, so unrealistisch wirkte diese Geschichte auf mich. Und doch war da dieser unerträgliche Schmerz, der zeigte, dass ich tatsächlich mehr betroffen war, als mein Gehirn in diesem Augenblick begreifen konnte.

Für uns alle war diese Realität nicht zu begreifen. *Wird hier über unsere Schwester und Tochter gesprochen? Ist hier wirklich ein Mord passiert? Lebt unsere Schwester nicht mehr, und werden wir sie nie mehr sehen?* Nein, ich wollte und konnte es einfach nicht glauben.

Dominik, ihr Freund, soll dafür verantwortlich sein? Ich habe ihm doch vertraut und geglaubt. Das ist doch unmöglich, das kann einfach nicht wahr sein alles. So was passiert doch nur in Filmen!, wehrte sich mein Kopf weiter gegen die Wahrheit.

Die ersten zwei Tage danach verbachte ich wie in einem Nebel. Ich telefonierte viel mit meinen engsten Freunden, die mir einfach zuhörten und meine Fassungslosigkeit aushielten. Mit meiner Familie saß ich die meiste Zeit stumm in der Wohnung, jeder für sich in einem anderen Raum. Uns fehlten die Worte. Die gemeinsame Traurigkeit zerriss fast mein Herz. Dieses jedoch konnte noch immer nicht erfassen, was geschehen war. Wie sollte es nun weitergehen? Was war der nächste Schritt? Keiner wusste es. Drei Tage nach der Schocknachricht überlegte meine Mama laut, während wir mittags gemeinsam in der Wohnküche saßen: »Ich möchte diese Stelle sehen. Ich möchte wissen, was genau passiert ist, und mit der Kriminalpolizei sprechen.«

»Ruf sie doch an und frag nach, ob sie uns da Auskunft geben können«, schlug Anna vor.

»Ich weiß nicht, ob ich das so genau wissen mag. Ich habe Angst davor«, warf ich ein und kauerte mich auf dem Sofa unter einer Decke zusammen.

Mara saß neben mir und weinte: »Ich will es wissen. Ich brauche Gewissheit darüber, was passiert ist, und ich will wissen, was sie durchleben musste.«

»Ich weiß nicht. Ich glaube schon, dass ich es wissen will. Die Stelle möchte ich aber auch sehen«, meldete sich mein Papa zu Wort, der mit Anna und Mama am Esstisch saß.

Kurze Zeit später rief Mama die Kripo an. Wir lauschten gespannt, und nach wenigen Minuten beendete sie das Gespräch. »Sie sind bereit, mit uns an die Stelle zu gehen und uns anschließend Auskunft über ihren Tod zu geben. Fahren wir alle zusammen morgen hin, oder?« Alle bejahten, so auch ich, trotz der Angst, die mir die Nackenhaare aufstellte: *Will ich das wirklich wissen? Was, wenn sie gefoltert wurde? Was, wenn sie lange leiden musste?*, pochte es noch den ganzen Abend in meinem Kopf nach.

Gemeinsam fuhren wir am nächsten Tag an den Tatort, der im Ortsteil Thaur, unweit von Rum und Dominiks Wohnung lag. Zahlreiche Kripoangestellte erwarteten uns an der besagten Stelle. Die Polizisten waren selbst vollkommen fassungslos und drückten nochmals ihr Beileid aus. Durch Absperrungen wurde die Stelle für uns allein zugänglich gemacht.

Ich hatte Angst vor der Konfrontation. Ich erwartete, in Tränen auszubrechen, den Schmerz zu spüren, ja vielleicht sogar laut schreien zu müssen. Doch es kam unerwartet anders.

Langsam spazierten wir den kurzen, sandigen Hang abwärts, bis wir auf eine Sandbank gelangten, die förmlich dazu einlud, sich dort hinzusetzen. Vergangene Urlaube am Strand kamen mir in den Sinn, und ich konnte den gerade vergangenen Sommer förmlich riechen. Zahlreiche Laubbäume standen entlang der Sandbank und raschelten laut im Wind. Der Inn floss in hoher Geschwindigkeit direkt an uns vorbei. Ich stand auf dem Sand und blickte flussaufwärts. Das helle Sonnenlicht glitzerte auf dem Wasser und zauberte mir plötzlich ein Lächeln ins Gesicht. Ein lautes Rauschen verwies auf einen Wasserzulauf, der in nächster Nähe in den Inn floss. Das Bächlein plätscherte lebendig und war durchsetzt von vielen Felsen, auf die ich mich am liebsten gesetzt hätte, um meine Füße im Wasser baumeln zu lassen. Dafür war es Ende September jedoch bereits zu kalt.

Wie wunderschön es hier doch ist, dachte ich.

Die Idylle beeindruckte nicht nur mich. Wir alle blieben stumm und mit unseren eigenen Gedanken, bis ich meine Mutter sagen hörte: »Larissa hätte diese Stelle geliebt. Sie hat die Natur und Flüsse geliebt. Ihr hätte es hier gefallen.«

Wir schlenderten noch eine Weile auf und ab und genossen dieses friedliche Gefühl in uns. Wir alle konnten Larissa in diesem Moment spüren. Sie war so nah bei uns und gleichzeitig so fern. Tief in meinem Inneren wusste ich, dass dies nicht mein letzter Besuch an dieser Stelle sein würde. Die Spaziergänge hierhin würden mir Kraft schenken, weil Larissa hier präsent war. Diese Stelle wurde von jenem Tag an zur symbolischen Grabstätte für mich.

Nachdem wir an der Uferstelle fertig waren, fuhren wir ins Büro der Kriminalpolizei in der Stadt, um dort den Tathergang zu besprechen. Bisher hatten wir nur wenige Details erfahren – mehr hatten uns die Leute vom Kriseninterventionsteam nicht zumuten wollen. Zu Recht – denn die Minuten in dem Besprechungszimmer zählen für mich bis heute zu den schlimmsten meines Lebens. Der Chef der Kripo schilderte uns detailgenau, anhand welcher Beweise sie dem Täter auf die Spur gekommen waren, wie sie ihn überführt hatten und welche Aussage Dominik dazu abgegeben hatte.

Laut seiner Aussage war Dominik auf einen Freund von mir eifersüchtig, wahrscheinlich meinte er Stefan. Als sie nach meiner Party bei Dominik zu Hause waren, sprach er Larissa direkt drauf an, ob sie ihm fremdgegangen sei. Larissa war angetrunken. In diesem Zustand kicherte sie generell viel, war überdreht und machte permanent Spaß. Ich glaube, fast jeder kennt dieses ausgelassene Gefühl der Trunkenheit.

Und so antwortete sie mit einem verschmitzten Lächeln, in quietschend hohem Ton: »Naa, naa.« Sie sagte das oft, wenn sie lustig drauf war. Ich kann diese zwei Wörtchen noch heute in meinem Ohr klingen hören. Und genau diese Wörtchen lösten bei ihm eine Kurzschlussreaktion aus, und er würgte Larissa bis zur Bewusstlosigkeit.

Als er von ihr abließ, begann ihr Körper automatisch nach Luft zu schnappen, was ein für ihn unangenehmes Röchelgeräusch mit sich brachte. Um dieses Geräusch zu stoppen, schüttete er ihr Bodylotion in den Hals, woran sie letztendlich erstickte. Nach der Tat ging er angeblich duschen. Anschließend verstaute er ihren leblosen Körper, ihre Kleidungsstücke und ihre Handtasche in einem Laken und zerrte alles in den Aufzug, weiter in den Kofferraum seines Autos und fuhr damit zum Inn an die Sandbank. Er beförderte ihren Körper und die dazugehörigen Sachen in den Fluss. Da er mit dem Auto nicht mehr aus dem Sand herauskam, musste er einen Abschleppdienst rufen. Dominik erzählte diesem, dass er mit seiner Freundin im Auto Geschlechtsverkehr gehabt habe, sie bereits nach Hause gegangen sei und er nun das Auto zurückbringen wolle. Seinen Anruf konnte die Kripo über die beantragte Anrufliste beim Handyanbieter zurückverfolgen. Auf dem Handy selbst hatte Dominik ihn natürlich gelöscht. Dieser Anruf überführte ihn am Ende, weil er nicht zur ursprünglichen Aussage passte, Larissa habe mitten in der Nacht die Wohnung verlassen. Als die Polizei seine Wohnung stürmte, war er sofort geständig.

Während der Kriminalpolizist den Tathergang beschrieb, spürte ich, wie mir zunehmend übel wurde. In meinem Kopf spielte sich eine Art Theatervorstellung ab, als hätte ich vor einer Bühne Platz genommen und würde das Erzählte Szene für Szene mit ansehen müssen. Ich saß wie gelähmt in meinem Stuhl, konnte mich nicht bewegen. Magensäure kroch langsam meine Speiseröhre hinauf: *Schlucken, Katrin, du musst schlucken und an etwas anderes denken.*
Ich atmete einmal tief durch.
Halte durch. Das kannst du deiner Familie jetzt nicht antun, redete ich mir zu, während die Schilderung ihren Lauf nahm.
Im Nachhinein kann ich sagen, dass es besser für mich gewesen wäre, mich dem in dieser Form nicht auszusetzen. Als wäre die Tat selbst nicht schon schlimm genug, half es meinem Trauerprozess nicht im Geringsten, mir jedes noch so kleine Detail anzuhören. Denn so ging ich aus diesem Raum und fühlte mich zerschlagen und gemartert, mein Körper war kurz vor einem Zusammenbruch. Und ich wusste, dass nicht nur ich dieses Gefühl hatte. Meiner Familie konnte ich ansehen, dass es ihr ähnlich ging. Ihretwegen versuchte ich, mich zusammenzureißen.
Heute weiß ich, dass es das Beste gewesen wäre, von Anfang an genau auf mich und meinen Körper zu hören und zu

achten. Vielleicht hätte mir geholfen, wenn eine psychologische Unterstützungskraft vor Ort gewesen wäre. Jemand, der einem deutlich gesagt hätte, dass ich mir nur so viel anhören muss, wie ich glaube ertragen zu können. Eine unabhängige Person, die mich hätte auffangen können. Andererseits: Vielleicht klärte uns sogar die Kriminalpolizei selbst darüber auf. An die Worte, bevor die Details losgingen, kann ich mich nicht mehr genau erinnern. Trotzdem fühlte ich mich der Situation hilflos ausgeliefert, und das war schlicht kräftezehrend.

Wir verabschiedeten uns, und ich fragte mich weiter, was in dieser Nacht wirklich passiert war. Denn die Aussage beruhte einzig auf Dominiks Erzählung. Larissas Version würden wir niemals erfahren.

Ziemlich schnell nach Larissas Tod bemerkte ich, wie viele Gedanken mir durch den Kopf gingen, die ich kaum noch sortieren konnte. Eines Nachmittags suchte ich mir deshalb das Notizbuch heraus, das mir Anna einmal geschenkt hatte. Ich setzte mich hin und betrachtete es ausgiebig, während ich mit meiner Handfläche über den harten Umschlag strich, der bedruckt war mit englischen Zitaten von Edgar Allan Poe.

Was diese Zeilen wohl bedeuten mögen?, fragte ich mich. Ich nahm mein Handy und recherchierte im Internet. Der Text auf dem Umschlag stammte aus dem Werk *Tamerlane*. Während ich die Informationen dazu las, stach mir plötzlich ein Zitat aus einem anderen Werk Edgar Allan Poes sofort ins Auge:

Die tiefste Tiefe von Elend, das Äußerste an Qual trifft immer den Einzelnen, nicht eine Anzahl von Menschen. Das unheimliche Schmerzensübermaß des Todeskampfes muß der Mensch einzeln ertragen, nie wird es der Masse der Menschen zuteil.

Ich versuchte mir vorzustellen, wie schrecklich dieser Todeskampf für Larissa gewesen sein musste und welche Gedanken ihr wohl zuletzt durch den Kopf gegangen waren. Doch diese Vorstellung zerriss mich beinahe.

Schnell legte ich das Handy beiseite, nahm das Buch und öffnete es. Was war wohl wirklich in jener Nacht geschehen? Warum wollte ich das unbedingt wissen?

Ich begann zu schreiben:

Wollen wir es wirklich wissen, oder kommen wir nur nicht mit der Ungewissheit klar, weil wir Menschen das generell so an uns haben? Das Ungewisse macht uns Angst und lässt uns grübeln. Doch macht uns das Gewisse, das Sichere, das Detail nicht noch mehr Angst und lässt uns erschaudern? Warum reicht uns die Tatsache allein nicht? Warum müssen wir all das, was der Tatsache vorausgeht, so genau wissen, obwohl uns dies nur unnötig quält?

Der Tag, an dem ich die Tatsache erfuhr, war schrecklich. Der Tag, an dem ich den Verlauf beschrieben bekam, noch schrecklicher. Er fügte dem Schmerz noch Übelkeit und Albträume hinzu. Und dennoch wissen wir noch immer nicht jedes Detail, jede Minute. Und obwohl wir wissen, dass es uns weiter schädigen wird, streben wir nach dieser minütlichen Wahrheit.

Warum also?

Weil der Mensch, der diese Wahrheit physikalisch mit all dem Schmerz durchleben musste, ganz allein damit war und wir genau diesen Menschen so sehr lieben, dass wir mit ihm fühlen wollen. Diese Pein der Wahrheit ist nur ein Millionstel von dem, was er erlebte. So tun wir es für Larissa, weil sie uns nicht egal ist, war und sein wird.

Doch ist die traurige Wahrheit eine ganz andere: Nämlich, dass wir diese Wahrheit niemals wissen, diese Fragen niemals beantwortet werden und sie uns bis zum Lebensende quälen werden.

Von diesem Tag an wurde das Büchlein mein ständiger Begleiter. In schweren Stunden konnte ich hier meinen Gedanken
Ausdruck verleihen. Nach und nach wurde es zu einer Möglichkeit, mit Larissa zu kommunizieren, die ich fast täglich
nutzte.

DIE SUCHE NACH LARISSAS KÖRPER

Nachdem wir uns nach dem Gespräch mit der Kripo einigermaßen erholt hatten, wurde uns eines bewusst: Die Frage, was passiert war, war nun geklärt. Jetzt ging es darum, Larissas Körper zu finden. Nur dann wäre eine Bestattung möglich.

Stundenlang mühte sich die Wasserrettung in den folgenden Tagen ab. Bis zum Damm in Kufstein, der sich über 70 Kilometer entfernt befand, konnte ihre Leiche überall sein. Die Trübheit des Wassers beeinträchtigte die Suche zusätzlich. Meine Eltern, meine Schwestern und ich konnten nichts tun als abwarten. Unsere Hoffnung war trotz der Schwierigkeiten groß, dass Larissa schnell gefunden würde. In Gedanken bereiteten wir uns auf die bevorstehende Beerdigung vor und überlegten, wie diese aussehen sollte.

Weil Larissa mit ihren 21 Jahren jung gewesen und einen Tod gestorben war, der landesweit für Aufregung gesorgt und viele berührt hatte, wollten zahlreiche Menschen an ihrer Beisetzung teilnehmen. Innerhalb der Familie hatten wir darüber gesprochen. »Wer soll denn überhaupt alles teilnehmen dürfen?«, fragte ich in die Runde.

»Keine Ahnung. Die ganze Familie? Unsere Freunde? Larissas Freunde?«, antwortete Mara mit fragendem Blick.

»Ich würde am liebsten niemanden dabeihaben wollen. Ich mag alleine sein und nicht so viele Menschen, die einen dann anstarren«, erklärte Anna.

»Ja, aber es haben so viele Menschen in den letzten Wochen geholfen, sich eingesetzt, waren da für uns. Das können wir doch nicht tun, oder? Die sollten doch auch die Möglichkeit bekommen, zu sehen, wer Larissa war. Als eine Art Dankeschön von uns an sie vielleicht«, versuchte Mama eine Lösung zu finden.

»Das sind dann aber wirklich viele Leute, Mama«, seufzte ich.

Schweigen.

»Keine Ahnung. Ich weiß es nicht. Ich musste mich bisher nicht um solche Fragen kümmern. Ich bin selbst total überfordert damit.« Damit stand Mama auf und verließ den Raum.

»Wir sollten das mit der Bestatterin klären, dann, wenn wir ihren Körper gefunden haben. Ich denke aber auch, dass wir das öffentlich machen sollten, weil so viele Menschen geholfen haben«, erwiderte mein Papa, und wir Töchter nickten stumm. Nachdem auch mein Papa den Raum verlassen hatte, blieben wir drei allein zurück.

»Eine Beerdigung mit Hunderten fremder Menschen. Das kann ich mir noch nicht vorstellen«, sagte ich zu meinen Schwestern.

»Das will ich mir nicht vorstellen!«, betonte Anna nachdrücklich.

»Ja, Mama und Papa werden schon wissen, was sie tun. Sie haben ja recht. Es haben echt so viele Menschen geholfen«, versuchte Mara zu beruhigen.

Eine gute Kommunikation ist bei der Beerdigungsvorbereitung die wichtigste Voraussetzung. Hinhören und jeden berücksichtigen. Aus heutiger Sicht hätten wir eine öffentliche Trauerfeier in der Kirche gemacht, aber eine private Beisetzung im engsten Kreis am Friedhof. Doch damals wussten wir selbst nicht so recht, welche Optionen wir überhaupt hatten. Wir hätten die Bestatter mit unseren Fragen löchern und alle Wünsche offen ansprechen sollen.

Es gab viel für uns zu organisieren. Menschen, die an der Suche beteiligt gewesen waren, oder weit entfernte Freunde und Bekannte wollten mit Bussen aus Innsbruck anreisen. Uns war wichtig, diesen Menschen einen Teil von Larissas Lebendigkeit und Fröhlichkeit zeigen zu können. Am Laptop arbeitete ich eine Präsentation aus, die wir in der Kirche abspielen konnten. Gemeinsam wälzten wir die Fotoalben der letzten Jahre, erinnerten uns an die schönen Momente mit ihr, weinten und lachten. Wir wählten die Bilder aus, die Larissas Strahlen am besten eingefangen hatten, und hinterlegten das Ganze mit der passenden Musik. Tagelang waren wir damit beschäftigt. Zum Glück, denn nur daheim zu sitzen und abzuwarten, den Schmerz auszuhalten und über die Geschehnisse nachzudenken hätte noch viel mehr Kraft gekostet.

Die Suche nach ihrem Körper brachte derweil weiter keine Ergebnisse.

Wir machten uns in der Zwischenzeit Gedanken über die musikalische Begleitung in der Kirche. Es sollte etwas sein, das Larissa gemocht hätte. Für ihr Alter hatte meine Schwester einen etwas eigenen Musikgeschmack.

»Was mochte sie besonders?«, fragte Mama in die Runde.

»Schlager, ganz klar. Bauernmusik«, musste Anna mit Tränen im Gesicht kichern.

»*Falla lassa* von Bluatschink. Das hat sie doch den ganzen Sommer gehört, auf und ab, immer wieder«, weinte Mara.

»Ja, stimmt. Ich war im Sommer noch auf dem Konzert mit ihr. Ich konnte kaum tanzen, wegen dem scheiß Knie, aber sie ist rumgesprungen wie ein Gummiball. Es war ihr egal, ob sie wer sieht und was die Leute denken. Den Moment vergesse ich wohl nie. Ich wünschte, ich hätte gscheit mittanzen können«, schluchzte ich.

»Ob die sich bereit erklären würden zu spielen? Ich kann es auf jeden Fall versuchen. Fragen kostet nix. Ich mach das«, stellte sich mein Papa zur Verfügung.

»Und mein Chor würde bestimmt auch singen. Ich werde mich gleich darum kümmern«, übernahm Mama.

Die Band und auch der Chor zögerten nicht eine Sekunde. Bluatschink würde Larissas Lieblingslied *Falla lassa* spielen. Im Song geht es ums Verliebtsein und sich mit dem neuen Partner fallen lassen zu können, auch wenn man Angst hat, wieder verletzt zu werden. Auch Larissa hatte nach der großen Liebe gesucht. Diesen Wunsch hatte sie oft überspielt, aber wir alle hatten Bescheid gewusst. Mein Vater sagte dazu in einem späteren Interview: »Sie suchte nach der Liebe und fand dabei den Tod.«

Die Vorbereitungen für eine Trauerfeier können im ersten Moment wie eine Belastung erscheinen. Doch sie können den Trauernden Halt geben und ihnen in diesem Schockzustand das Gefühl schenken, noch etwas für den verstorbenen Menschen tun zu können. Außerdem werden in diesem Rahmen viele Erinnerungen geteilt, die den Raum mit Liebe füllen.

Während die Wasserrettung noch immer nach Larissas Leichnam suchte, wuchs unsere Angst, sie nie zu finden. Anfang Oktober erklärte uns die Kripo, wegen des Wasserstands nur bis zum 6. des Monats suchen zu können, danach erst wieder im Frühjahr. Die Angst und die Unruhe, die ich durch die Beerdigungsvorbereitungen in einen hinteren Teil meines Gehirns hatte verbannen können, waren nun wieder deutlicher zu spüren. Einerseits wollte ich sie finden, um mich endlich verabschieden zu können. Auf der anderen Seite nagte eine innere Unruhe, die verquere Hoffnung in mir, dass sie vielleicht doch noch lebte. Weil noch keine Leiche gefunden worden und alles so plötzlich passiert war, fantasierte ich mir alle möglichen Geschichten zusammen. Erst mit dem Fund ihres Körpers glaubte ich begreifen und verarbeiten zu können.

Manchmal redete ich mir selbst ein, alles wäre wie zuvor. Sie würde noch leben, zur Arbeit fahren und auf den Berg gehen, um dort das Leben zu genießen. Der Umstand, dass ich seit Jahren nicht mehr in Reutte lebte, förderte diese Vorstellung. Ich lebte schon lange einen Alltag ohne sie. Manche glaubten, dass es dadurch vielleicht leichter für mich wäre als für Anna oder Mara. Doch darüber kann niemand urteilen. Darf man eine solche Situation überhaupt vergleichen? Ich finde das unzumutbar. Auch Larissa und ich hatten täglich Kontakt miteinander gehabt. Und der fehlte plötzlich. Das Wissen, dass ich sie nie wiedersehen würde, war vollkommen da. Ich versuchte es jedoch meistens zu verdrängen, um den Alltag durchstehen zu können.

Unmittelbar nach der Todesnachricht fing ich an, zwischen Innsbruck und Reutte hin- und herzupendeln. Wenn ich mir meine kleine Wunschwelt in meinem Kopf in Innsbruck aufbaute, um mich so irgendwie durch den Tag zu kämpfen, traf mich die Realität umso härter, sobald ich nach Reutte fuhr. Auf dem Weg dorthin hatte ich schon ein mulmiges, schmerzvolles Gefühl, das sich vom Herzen aus in alle Richtungen bewegte. Die Wohnung zu betreten, Larissas Zimmer zu sehen, das noch aussah, wie sie es zurückgelassen hatte, war für mich schrecklich. Noch schlimmer: Da ich in der Wohnung meiner Mutter schon lange kein eigenes Zimmer mehr hatte, musste ich in Larissas Bett schlafen. Es war die Hölle für mich. Wenn ich mich am Abend in ihr Zimmer bewegte, begann mein Herz schon davor wild zu pochen. Ich saß auf dem Bett, während mein ganzer Körper zitterte und vor Angst schwitzte. Denn jedes Mal wieder hatte ich das Gefühl, sie würde jeden Moment die Türe aufmachen und reinkommen. Hatte ich es nach einer Weile geschafft, mich ins Bett zu legen, erschrak ich beim kleinsten Knacksen: »Was war das? Bist du das, Larissa? Hallo? Ist da wer?«, fragte ich ängstlich in die Dunkelheit. Dann herrschte wieder Stille, und ich versuchte weiter einzuschlafen. Stundenlang lag ich so im Bett und war bis in die frühen Morgenstunden wach und durchgeschwitzt. Ich hörte ihre Stimme, ihre Schritte, ihr Atmen permanent in meinem Kopf und konnte nicht mehr zwischen Realität und Einbildung unterscheiden. Besonders als ihr Tod schon eine Weile her war, beobachtete ich meine Familie, die ganz normal, als wäre nichts gewesen, in dieser Wohnung lebte und sich mit der Situation langsam zu arrangieren schien. In diesen Momenten wollte ich nur laut schreien: »Was ist denn nur los mit euch allen? Merkt ihr denn nicht, dass Larissa fehlt, dass sie nicht mehr Teil dieser Wohnung ist, dass sie hier nicht mehr lebt, dass sie tot ist?«

Doch sie wurden täglich mit dieser Wahrheit konfrontiert, ich immer dann, wenn ich zu Besuch war.

Zu begreifen und zu akzeptieren, dass Larissa wirklich tot war, dauerte noch Jahre für uns alle. Gerade bei plötzlichen Todesfällen und wenn kein Abschied möglich ist, erschwert das den Prozess des Realisierens.

Während die Suche nach der Leiche in vollem Gange war, beschäftigte uns ein ganz anderer Tag. Am 3. Oktober war der Geburtstag meines Vaters. Er wurde 50 Jahre alt. Ursprünglich war eine große Geburtstagsparty geplant gewesen. Im Sommer davor hatte meine Mutter ebenfalls ihren 50. Geburtstag gefeiert. Wir hatten ein großes Fest veranstaltet mit vielen Gästen. Meine Schwestern und ich hatten Mama mit ein paar Liedern überrascht, die wir live vorgesungen hatten. Den Song *Hit the Road Jack* hatten wir mit neuem Text vorgetragen. Wir hatten so lachen müssen, dass wir kaum noch einen Ton herausgebracht hatten. Meine Mutter wurde davon angesteckt und ist vor lauter Lachen in Tränen ausgebrochen.

An Papas Geburtstag saßen wir an unserem Wohnzimmertisch und mussten alle an Mamas Feier zurückdenken.

»Wie verdammt unfair ist das denn! Ich kann das einfach nicht glauben«, heulte ich und schlug auf den Tisch.

Alle weinten. Mein Vater wimmerte. Er sah erschöpft und geschwächt aus, die Lippen zitterten. Mein Herz zerbrach bei diesem Anblick. Wir aßen ohne viele Worte den Geburtstagskuchen, den wir noch besorgt hatten. Als ich mit meiner Gabel mehr darin herumstocherte, als Stücke in meinen Mund zu führen, wurde mir eines plötzlich bewusst. Ich war mit dem 29. November die Nächste auf dem Geburtstagskalender.

»Verdammte Scheiße«, fluchte ich und bekam Angst.

Der 6. Oktober kam schneller als erwartet. Der letzte Tag der Suche, und noch immer gab es keine Spur. Wir saßen wie auf Kohlen. Mittags beschlossen wir deshalb, selbst den Inn abzufahren, um der Wasserrettung bei der Suche zuzusehen.

Ich wollte Larissa so sehr finden, und gleichzeitig hatte ich schreckliche Angst davor. Mehr als zwei Wochen trieb sie inzwischen in diesem Fluss. Sie würde nicht mehr aussehen wie am 14. September, als ich sie zum letzten Mal gesehen hatte. Bei dem Gedanken wurde mir wieder übel, und ich spürte einmal mehr die Magensäure aufsteigen. *Einfach nicht daran denken.*

Das Wetter war schön, die Sicht gut. Mit zwei Autos fuhren wir die Autobahn entlang Richtung Kufstein. Mein Onkel und Annas Freund Remo waren ebenfalls dabei. Bei Thaur hielten wir kurz an, um noch mal zu der Sandbank zu gehen, an der Larissas Körper ins Wasser gezogen worden war. Noch immer war diese Ruhe zu spüren. Schweigend blickten wir dem Fluss nach.

Wo bist du nur, Larissa?, surrte es in meinem Kopf.

Weit und breit war niemand von der Wasserrettung zu sehen. Wir fuhren weiter bis zum Staudamm in Kufstein, stiegen aus und spazierten den Damm entlang. Sehen oder finden konnten wir nichts. Auch hier keine Spur von der Wasserrettung. Wir gingen eine Kleinigkeit essen, doch der Appetit blieb aus.

Im Auto auf dem Rückweg hörte ich Mara plötzlich rufen: »Schau mal, da sind welche, da unten, ich sehe sie.«

Wir alle wandten uns in dieselbe Richtung und sahen Leute der Wasserrettung am Ufer arbeiten. Im Auto vor uns saß meine Mutter, die offenbar gerade einen Anruf erhielt. Gleich danach klingelte auch eines unserer Handys. Wir stellten auf Lautsprecher.

»Sie haben sie gefunden. Sie haben sie. Endlich. Sie wurde gefunden, jetzt gerade!«, schrie meine Mama. Gefühlschaos brach in mir aus. Erleichterung, Schmerz, Erschöpfung, Traurigkeit, Angst, Ekel, es waren so viele Emotionen, dass ich sie gar nicht mehr auseinanderhalten konnte. Ich musste weinen. Der letzte Funken Hoffnung war erloschen. Gleichzeitig war ich dankbar, dass wir sie endlich beerdigen konnten. Ich schaute aus dem Fenster gen Himmel und flüsterte: »Danke, dass du dich heute noch gezeigt hast. Danke!«

Der Leichnam wurde in die Gerichtsmedizin geschickt, um die Identität und die genaue Todesursache zu bestätigen. Das Tattoo an ihrem Hals, von dem die Retter gewusst hatten, ließ jedoch keine Zweifel offen. Es war eindeutig Larissa.

Der Tag der Beerdigung rückte immer näher. Damit verbunden waren hohe Kosten. Wir waren weder besonders arm noch reich, eine Durchschnittsfamilie eben. Die Ausgaben, die für die Überführung des Leichnams, das Grab, Equipment für die Zeremonie und das Essen danach zusammenkamen, waren jedoch in Summe nicht gering. Freunde eröffneten ein Spendenkonto, um uns in dieser Situation ein wenig zu unterstützen. Wir waren von der Großzügigkeit der Menschen zutiefst berührt. Diese Geste ließ uns, zumindest finanziell, kurzzeitig durchschnaufen.

Wir legten den Beerdigungstermin für den 12. Oktober fest. Musik und Inhalt der Zeremonie hatten wir bereits geplant. Nun mussten wir eine Traueranzeige erstellen und einen Sarg auswählen. Mit meinen Eltern und Mara zusammen übernahm ich diese Aufgabe. Ich fühlte mich zwar ganz schön überfordert, war aber gleichzeitig froh, etwas zu tun zu haben.

Niemals zuvor war ich in einem Bestattungsunternehmen gewesen oder so direkt mit dem Tod in Berührung gekommen. Als ich das Gebäude betrat, fielen mir sofort die Särge ins Auge. *Wie in einem Möbelhaus,* ging es mir durch den Kopf, und ich schauderte. Wie es sonst in den Räumlichkeiten des Unternehmens aussah, erinnere ich nicht mehr. *Bin ich wirklich gerade wegen meiner Schwester hier?,* dachte ich und schüttelte der freundlichen Bestatterin die Hand. Alles fühlte sich so surreal an. Mein Körper baute eine Art Schutzwand zwischen mir und der Außenwelt auf.

Auch beim Erstellen der Traueranzeige vergoss ich keine einzige Träne. Ich funktionierte, als ob ich bei der Post einen Brief aufgeben würde, und fühlte nichts außer einer unendlich großen Leere. Für uns war klar, dass ihr Lebensmotto *Lebe jeden Moment – Lache jeden Tag – Liebe unvorstellbar* auf der Anzeige stehen sollte. Links oben auf der DIN-A4-Seite platzierte es die Bestatterin. In die Mitte der Seite ließen wir sie ein kurzes Gedicht setzen:

> *Immer, wenn wir von dir erzählen,*
> *fallen Sonnenstrahlen in unsere Seelen.*
> *Unsere Herzen halten dich gefangen,*
> *so, als wärst du nie gegangen.*
> *Was bleibt, sind die Liebe und Erinnerung.*

Rechts davon fand Larissas Foto Platz, das auch schon für die Suche verwendet worden war. Der Hintergrund der Traueranzeige zeigte das Wasser des Inns, auf dem sich die Sonne spiegelte und ein Glitzern erzeugte. Eine weiße Rose schwamm auf der Wasseroberfläche. Mara hatte das Foto wenige Tage zuvor an der Stelle gemacht, wo Larissas Körper ins Wasser gezogen worden war. Alles, was ich sah, war Larissa. Sie war ganz nah bei mir, das spürte ich.

Nachdem alle Vorbereitungen abgeschlossen waren, wurde der Sarg mit Larissas Körper, der inzwischen für die Beerdigung freigegeben worden war, in die Kapelle des Friedhofs in Breitenwang gebracht. In diesem Ort in der Nähe von Reutte sollte Larissa wenige Tage später beerdigt werden.

In der Kapelle konnten die Menschen sich direkt und in Ruhe am geschlossenen Sarg verabschieden und ein paar Worte im Kondolenzbuch hinterlassen. Wir beschlossen, den Sarg gemeinsam zu besuchen. Im Vorfeld hatte ich Angst, ich würde nicht mehr aufhören können zu weinen. Doch als ich in die Kapelle eintrat und vor dem Sarg stand, spürte ich nichts. Allenfalls Verwirrung.

Vielleicht liegt sie ja doch nicht da drinnen. Vielleicht ist alles doch ein Irrtum, dachte ich. Etwas in mir wollte den Sarg öffnen, doch ein anderer Teil wehrte diesen Gedanken gleich wieder ab. Nicht nur mir ging es so.

»Könnt ihr glauben, dass sie da wirklich drin liegt?«, fragte Mara.

»Genau dasselbe habe ich auch gerade gedacht. Ich kann es einfach nicht glauben!«, stimmte ich ihr zu.

»Ich auch nicht«, berührte Mama das Holz des Sarges, »es ist einfach unbegreiflich, noch immer.«

Seitdem der tote Körper meiner Schwester gefunden worden war, wollte Mara ihn unbedingt sehen. Sie glaubte, sich erst mit diesem Anblick richtig verabschieden und alles begreifen zu können. Doch Larissas Körper war durch das lange Treiben im Wasser entstellt und kaum wiederzuerkennen, wie uns die Bestatterin nachdrücklich erklärt hatte.

»Glaub mir, sie war nicht mehr deine Schwester, wie du sie gekannt und geliebt hast«, so oder so ähnlich waren ihre Worte gewesen. Der Geruch der Leiche musste offenbar unerträglich gewesen sein.

Mara hat unserem Drängen schließlich nachgegeben. Aber ich glaube, sie brauchte Monate, um diese Entscheidung akzeptieren zu können. Vielleicht hadert heute noch ein Teil von ihr damit.

Ich selbst hatte Larissas Leichnam von Anfang an nicht sehen wollen. Nach der Beschreibung der Bestatterin stellte ich ihn mir derart grausig vor, dass ich mich fast erbrochen hätte. Nackt, die Haut modrig und blau, völlig aufgeschwemmt, keine Haare am Körper … wie ich es aus Horrorfilmen kannte.

Heute würde ich mit Mara zusammen für den Abschied kämpfen, für einen kurzen Anblick, sei es der Hand oder des Fußes. Ich würde nicht lockerlassen. In den letzten Jahren habe ich mich ausführlich mit dem Thema Abschied auseinandergesetzt. Ich bin auf Bestatter gestoßen, die sich für einen Abschied am leblosen Körper, egal wie er aussehen mag, einsetzen. Ich wollte Larissa nicht sehen, ja. Aber nur, weil ich es nicht besser wusste. Weil ich Angst hatte und eine blühende Fantasie. Dennoch frage ich mich auch heute noch: Hätte es nicht anders gehen können? Wäre es nicht irgendwie machbar gewesen? Mir fehlte damals eine ausführliche Aufklärung, ein direkter Ansprechpartner für mich persönlich, nicht nur für meine Eltern. In einer solchen Ausnahmesituation ist man immer abhängig von professionellen Menschen. Keinesfalls ist das ein Vorwurf an die Bestatterin, die wirklich toll und einfühlsam war. Trotzdem hätte ich mir ein ausführliches Gespräch gewünscht, das alternative Möglichkeiten eines direkten Abschiedes aufgezeigt hätte.

Mara war erst 17 Jahre alt, und meine Eltern mussten die Entscheidung, Larissa nicht mehr anzuschauen, für sie treffen. Ich glaube heute, dass genau diese nicht vorhandene Entscheidungsfreiheit Mara ohnmächtig zurückließ. Der Abschied hätte abscheulich und grauenvoll sein können, er hätte ihr aber auch helfen und Gewissheit bieten können. Wir werden es niemals wissen. Mara hatte keine Wahl, und das macht mich noch heute traurig.

Wie soll ein Elternteil hier wissen, was gut und was schlecht ist für jemand anderen? Meine Eltern wollten nur das Beste für ihre Tochter. Ich war froh, ihren Entschluss nicht tragen zu müssen.

Kleine und große Blumenkränze von Freunden und Familienangehörigen waren rund um den aufgebahrten Sarg drapiert. Der schönste und größte Kranz fiel uns allen sofort auf.

»Von wem stammt er denn?«, fragte Anna.

»›Von Patrick‹. Ihrem Ex-Freund?«, las Papa und staunte.

»Wahnsinn. Das hätte ich nicht gedacht. Wie schön«, sagte Mama berührt.

Im Jahr zuvor war er noch Larissas große Liebe gewesen, am Ende ist die Beziehung aber leider zerbrochen. Wir waren alle berührt von seiner Geste.

Ein zweiter Sarg stand Larissas gegenüber. Ich trat davor und blätterte das Kondolenzbuch durch. Es war ein junger Mann, den ich flüchtig gekannt hatte. Woran er gestorben ist, weiß ich nicht mehr.

Wie traurig, er auch noch. Immerhin ist sie nicht alleine, dachte ich mir und ging zurück zu Larissas Sarg.

Am Abend vor der Beerdigung fand ein Rosenkranzgebet in der Kirche statt. Ich ließ es über mich ergehen, obwohl ich keine Lust darauf hatte. Im Anschluss fuhren wir Schwestern gemeinsam mit Domi und Annas Freund Remo über die Grenze nach Deutschland in die kleine Stadt Füssen, um ein bisschen Abstand zu gewinnen. Wir wollten durchschnaufen und uns gemeinsam auf den nächsten Tag vorbereiten.

Auf unserem Weg kamen wir auf einer Brücke an einen kleinen Lieferwagen, der einen Unfall gehabt hatte. Wir hielten sofort an und liefen zum Unfallauto. Der Fahrer, ein koreanischer Mann mittleren Alters, konnte sich nicht aus dem Fahrzeug befreien.

Wir versuchten, ihn aus dem Auto zu hieven. Er sprach kein Deutsch, nur schlechtes Englisch und war auf der Durchreise nach Italien. Schließlich gelang es uns, ihn aus dem Auto zu befreien, und wir warteten mit ihm auf Hilfe. Ich konnte kaum fassen, was da gerade passierte. Einen Tag vor der Beerdigung standen wir plötzlich auf einer Brücke und halfen einem fremden Mann nach einem Unfall. Ich musste laut loslachen: »Hat denn unser Leben nicht genug an Ereignissen und Spannung gerade? Ernsthaft, was passiert hier?«

»Keine Ahnung, Katrin, keine Ahnung«, musste auch Anna lachen und schüttelte ihren Kopf. Weil der Mitarbeiter vom Abschleppdienst kaum Englisch sprach, übernahmen wir die Kommunikation und begleiteten den Koreaner zur Zentrale. Dort halfen wir ihm bei der Suche nach einer Unterkunft und erklärten ihm alles Wichtige. Er schüttelte uns mehr als einmal die Hände.

Verdammt, es gibt noch gute Augenblicke für mich auf dieser Welt, schoss es mir durch den Kopf, während ich in seine dankbaren Augen sah.

»Heute brauchen wir wohl nicht mehr nach Füssen zu fahren. Holen wir uns was von der Tankstelle und fahren in unsere Wohnung, oder?«, fragte Anna in die Runde und schaute dabei Remo an. Er nickte, und der Rest stimmte auch zu. Wir kauften uns ein paar Getränke und Snacks und fuhren in Annas Wohnung, die unweit der Pannenzentrale in der nächsten Ortschaft lag. Dort verdauten wir, was wir soeben erlebt hatten. An die Beerdigung dachten wir für einen Augenblick nicht mehr.

ABSCHIED VON LARISSA

Früh am Tag der Beerdigung kamen nach und nach meine Freunde aus Innsbruck angereist. Ich fühlte mich benommen, taub, leer, und alles um mich herum erschien seltsam unwirklich. Es war, als wäre ich in einem Dämmerschlaf gefangen, nicht wirklich im Hier und Jetzt, aber auch nicht ganz abwesend. Vor der Kirche in Reutte trafen Familie, Freunde und zahlreiche unbekannte Leute ein.

Nervosität breitete sich in mir aus.

Bitte lass niemanden zu mir kommen und mit mir reden. Bleibt mir alle fern!, wünschte ich insgeheim und setzte eine abweisende Miene auf. Mein Wunsch wurde nicht erfüllt. Nacheinander steuerten Menschen auf mich zu, begrüßten mich oder umarmten mich still. Meine Beine wurden immer weicher und schwerer.

Gute Miene zum bösen Spiel, dachte ich nur. *Jetzt bloß nicht zusammenbrechen. Stark sein.*

Endlich konnten wir in die Kirche. Die vorderste Reihe war für uns reserviert. Die Kirche, in der die Trauerfeier stattfand, ist eine der größten in meiner Heimat. Sie ist schlicht und einfach gebaut, einige Heiligenstatuen verzieren ihr Inneres. Langsam füllte sie sich, bis sie schließlich bis auf den letzten Platz besetzt war. Sogar draußen auf dem großen gepflasterten Kirchenvorplatz gab es Lautsprecher, die den Ton nach draußen übertrugen. Wir bereiteten die PowerPoint-Präsentation vor, sodass alles gut klappen sollte. Als die Messe begann, beachtete ich keinen anderen Menschen. Ich dachte nur an Larissa.

Wie du dich wohl verhalten hättest, wenn du heute hier wärst? Lebend. Bei deiner eigenen Beerdigung?, malte ich mir die Situation aus. *Wahrscheinlich hättest du dich beschwert. Alle sind schwarz gekleidet. Alle weinen. Du hättest gelacht und dich über so vieles lustig gemacht. Und ich hätte dann wohl mitgelacht.* Bei dieser Vorstellung musste ich lächeln und schmeckte das Salz meiner Tränen, die mir so in den Mund gelangten. Ich versuchte mir weiter vorzustellen, wie sie selbst am Altar gestanden und getanzt hätte, und verzog meine Lippen erneut zu einem Schmunzeln.

Einer meiner Cousins las einen liebevollen Text über sie vor, den wir zuvor zusammen verfasst hatten. Mein Lächeln verschwand, und der Schmerz kroch wieder hoch. Kurz vor dem Ende des Gottesdienstes lief die Präsentation auf einer großen Leinwand. In diesem Moment brachen bei mir alle Dämme. Ich musste wegsehen und drehte meinen Kopf zu Anna hinüber.

Wie versteinert, kam es mir in den Sinn.

Ich blickte zu Mara. Sie weinte. Meine Eltern schluchzten ebenso. Ich wandte mein Gesicht erneut zu Anna und wusste, dass sie innerlich genauso weinte. Der Anblick zerriss mir das Herz, ich musste wegschauen.

Ein Saxofon-Ensemble spielte anschließend Larissa zu Ehren, da sie kurz vor ihrem Tod das silberne Abzeichen mit ausgezeichnetem Erfolg erworben hatte. Die Blasinstrumente erweckten in mir die Erinnerung an ihre Zeit auf der Bühne, als sie in der Musikschule Teil der Bigband war. Ich hörte zu und träumte vor mich hin.

Dann spielte schließlich Bluatschink das Lied *Falla lassa* live. Die Melodie und der Gesang hallten durch die Kirche. Mit jeder gespielten Note hörte ich die Trauergäste immer lauter schluchzen. Ihr Schmerz war plötzlich so eng mit meinem eigenen verflochten. Ich barg das Gesicht in meinen Händen und heulte wie nie zuvor.

Die Zeremonie endete mit dem Lied *Und immer wieder geht die Sonne auf* von Udo Jürgens. Der Gesang des Chores meiner Mama brachte die Mauern zum Beben. Kein einziges Auge blieb trocken. Sogar Annas Augen waren glasig geworden. Wir verließen langsam das Gebäude, um auf dem Kirchplatz bunte Luftballons in den leicht bewölkten Himmel emporsteigen zu lassen. Sie waren mit lächelnden Fotos von Larissa und allgemeinen Trauersprüchen versehen. Ich trocknete meine Tränen und blickte jedem einzelnen nach.

»Das hätte dir bestimmt gefallen, Larissa«, flüsterte ich, und meine Mundwinkel zogen sich nach oben.

Auf dem Weg zum Friedhof begann mein Herz sich zu verschließen, und die Tränen wurden weniger. Ein ständiges Auf und Ab von Gefühlen, das ich selbst nicht verstand. Der Fußmarsch bis zum Friedhof und der Kapelle dauerte etwa 15 Minuten, und wieder kam mir alles schrecklich unwirklich vor.

Männer trugen den Sarg aus der Kapelle. Wir folgten ihnen, hin zu Larissas Grabstätte. Ich blickte kurz hinauf zum Himmel, konnte ein paar blaue Flecken zwischen den Wolken sehen. Es war kühl, aber ich fror nicht.

Wenigstens regnet es nicht, ging es mir seltsam pragmatisch durch den Kopf. Ich begann mich umzuschauen. Der ganze Friedhof war voll von Menschen. Meine Augen waren angeschwollen, und ich sah nur verschwommen. Es kam mir vor, als wären die Leute gesichtslos.

In der Nähe des Grabes stellten wir uns ein paar Meter vor dem Sarg auf. Um uns herum bildete die restliche Trauergemeinde eine Traube. Ein Mädchen begann das Lied *Angel* von Sarah McLachlan zu singen. Meine Kehle schnürte sich zu. Gleich darauf sang ein anderes Mädchen die deutsche Version von *The Rose*. Anna stand neben mir, noch immer wie versteinert. Ich hob den Kopf und blickte über die Gräber hinweg ins Leere.

Was ist das denn? Ich traute meinen Augen kaum und wischte meine Tränen weg. Ich blinzelte und schaute noch einmal genauer hin, um mich zu vergewissern. »Unfassbar! Was für ein Arschloch. Ernsthaft? Jetzt, in meinem schlimmsten Moment?«, hätte ich am liebsten laut gebrüllt. Ein Mann spitzte hinter einem Grabstein hervor und hielt eine große Kamera in der Hand, die genau auf mich gerichtet war. Fassungslos starrte ich ihn an, mein Mund weit aufgerissen. Ich stellte mir vor, wie ich zu ihm rannte und ihm den Schädel einschlug.

Nein, Katrin! Das bist du nicht!, verwarf ich den Gedanken und schüttelte meinen Kopf. Stattdessen resignierte ich und wandte mich von dem Mann ab. Meine Kraft ließ es nicht zu, mich nun damit zu befassen.

Jetzt geht es um dich, Larissa. Nur um dich, dachte ich und begann erneut zu weinen.

Ich habe mich lange danach noch gefragt, warum die Welt da draußen dieses Bild sehen wollte. Ja, es tat weh, ja, wir weinten, und es war schrecklich. Musste ich aber auf diese Weise in diesem Moment in der Zeitung zu sehen sein? In Tränen aufgelöst? Hat das noch mit Anteilnahme zu tun? Klar berührt es die Menschen, genauso wie dieses Buch hier. Nur bleibt es beim Anblick eines solchen Bildes dabei. Nur Schmerz und Mitleid, keine Hoffnung.

Vielleicht hätte ich gerichtlich gegen das Bild vorgehen können, mag sein. Aber ich hatte damals keine Kraft, mich zu streiten und mich darum zu kümmern. Ich brauchte meine Energie zum Überleben. Also ließ ich es sein. Heute habe ich dem Mann vergeben. Der Ärger über ihn und sein Handeln vergiftete nur mein Herz. Aber vielleicht wird so mancher Reporter beim nächsten Blick durch die Linse genau an meine Worte denken, den Finger vom Abzug, die Kamera nach unten nehmen und wahre Größe zeigen. Dann wäre doch schon etwas gewonnen.

Nachdem die Gebete auf dem Friedhof zu Ende waren, bekamen wir als Familie noch einige Minuten allein am Sarg. Wir alle zögerten, näher zu treten. Ich war nicht bereit, ich wollte mich nicht verabschieden. Alles sträubte sich in mir, mein Magen verknotete sich, Übelkeit stieg in mir auf, und ich spürte einen kaum auszuhaltenden Druck in meiner Brust. Ich wollte nur noch schreien.

»Aaaaaaaahhhhhhhh!!!«, riss mich ein Kreischen aus meinen Gedanken. Ich schaute um mich.

»Anna?!«, hauchte ich.

Ein zweiter Schrei ertönte, der mir das Blut in meinen Adern gefrieren ließ. Anna stand am Sarg und berührte ihn mit einer Hand. Sie ballte die andere zu einer Faust und hämmerte erst zögerlich, dann immer fester drauf ein.

»Nein, nein, nein!!! Das darf nicht sein, du musst wieder zurückkommen, bitte! Verdammt, steh auf und lebe! Steh auf, lebe! Bitte!«

Gänsehaut breitete sich über meinen Körper aus. Ich wollte zu Anna gehen, ihr beistehen. Doch meine Beine waren zu schwer. Wie angewurzelt stand ich da und weinte. Kraftlos sank Anna zu Boden. Meine Eltern bewegten sich auch nicht von der Stelle. Dann warf sich auch Mara auf den Sarg, weinte und schluchzte. Mir wurde schwindlig und schlecht. Ich konnte nur dastehen und wie gelähmt zuschauen. Minuten später, während meine Schwestern noch immer am Sarg hockten und weinten, schaffte ich es, mich langsam zu ihnen zu bewegen und das Holz zu berühren. Ich wollte schreien, konnte aber nicht. Der Schmerz nahm mir meine Stimme, und ich weinte still. »Lassen Sie sich alle zusammen Zeit. Wir haben keine Eile«, kam die Bestatterin dann auf uns zu.

Diese Zeit nahmen wir uns als Familie und standen noch eine ganze Weile schweigend am Sarg. Danach schleppten wir uns mit letzter Kraft vom Friedhof in Richtung Parkplatz. Ich fiel in die Arme einiger meiner engsten Freunde. Gleichzeitig wollte ich die Aufmerksamkeit nicht bei mir haben, die mich in diesem Moment nur erdrückte.

Was, wenn der Schmerz erneut hochkommt? Was, wenn ich keine Chance habe, dagegen anzukämpfen?, fragte ich mich still und dachte an den bevorstehenden Totenschmaus.

Ich war so erschöpft und versuchte von mir abzulenken, indem ich mich meiner Freundin, Marie-Christine, die sich, wie ich gehört hatte, am Morgen offenbar hatte erbrechen müssen, zuwandte.

»Wie geht es dir? Schon besser?«, fragte ich sie.

»Ach, du Spinnerin. Du sorgst dich um mich. Mann, bist du bescheuert. Komm her.« Sie drückte mich an sich. »Ich sorge mich eher um dich. Meinem Magen geht's schon gut, keine Angst. Du bist ein Wahnsinn. Komm her!« Sie drückte mich noch fester.

Eigentlich wollte ich nur ins Bett, mich verkriechen, verstecken und niemanden sehen. Marie-Christine schüttelte mich und holte mich aus meiner Benommenheit zurück. »Hey, wir sind da, okay? Wir lassen dich nicht allein, wir bleiben bei dir. Hab keine Angst! Das schaffen wir schon.«

Getragen von meinen engsten Freunden, saß ich wenige Minuten später in dem für uns als geschlossene Gesellschaft angemieteten Lokal. Meine Freunde gaben mir ein Gefühl von Schutz, wie eine Hülle aus Watte, die mich vor den Fragen der Menschen schützte. Durch ihre Liebe und Anwesenheit konnte ich den Tag durchstehen, sogar mit kurzen fröhlichen Momenten dazwischen.

Die erste Nacht nach der Beerdigung war die schlimmste meines Lebens. Wieder musste ich in Larissas Zimmer in ihrem Bett schlafen. Mein Freund Domi lag neben mir. Was für ein anstrengender, beschissener Tag. Ich war todmüde und schlief schnell ein. Doch ich träumte, glasklar.

Ich stand im Flur der Wohnung, es war Nacht, Larissas Zimmertür stand einen Spalt offen. Ich öffnete die Tür und blickte auf ihr Bett, auf dem sie nackt lag, als lebendiger Leichnam, wie aus einem Horrorfilm. Ich wollte wegschauen, doch mein Kopf bewegte sich nicht. Sie starrte mich an. Sekunden, die sich wie eine Ewigkeit anfühlten. Dann begann sie plötzlich zu weinen und zu schreien.

»Hilfe, ich kann nicht atmen. Es tut so weh, Katrin. Hilf mir, bitte!«, rang sie nach Luft und hielt sich die Hände an den Hals.

»Neeeeeinnnnn!«, brüllte ich und versuchte zu ihr zu stürmen, doch es ging nicht. Etwas hielt mich zurück, als wären meine Füße am Boden festgeklebt. Ich konnte mich nicht bewegen. Mir wurde schlagartig übel, und ich schmeckte Erbrochenes in meinem Mund. Meine Hände riss ich abwechselnd vor den Mund und meine Augen.

Plötzlich lag Larissa still mit geschlossenen Augen auf dem Bett. Anna und Mara erschienen wie aus dem Nichts an der Bettkante und knieten sich nieder. Sie weinten und schluchzten zutiefst.

»Was macht ihr da? Geht weg. Verschwindet! Seht ihr denn nicht, wie ekelerregend sie aussieht. Das ist nicht Larissa! Geht weg, schnell!«, rief ich ihnen zu.

Ruckartig katapultierte es mich aus dem Traum. Mein Oberkörper schoss hoch, und ich blickte abwechselnd nach rechts und links. Domi schlief ruhig neben mir. Mir war schlecht, mein Herz raste, und ich schnappte nach Luft. Kalter Schweiß lag auf meiner Stirn und rann in dicken Perlen meinen Brustkorb hinunter. Ich setzte mich an die Bettkante, schluchzte und weinte. Der Schmerz war kaum auszuhalten. Mein Körper bebte. Ein Weinkrampf folgte dem anderen, und ich spürte pure Verzweiflung.

»Wie soll ich dieses Leben nun bloß ohne dich schaffen, Larissa? Wie? Wie? Wie? Ich will das nicht. Ich will es einfach nicht, verdammt«, sagte ich ins Leere.

Erst Stunden später konnte ich mich beruhigen und wieder einschlafen.

Das Bild von Larissas totem Körper verfolgte mich danach weiter in Albträumen und auch im Alltag. Stand ich in der Nähe einer Badewanne, glaubte ich meine Schwester zu sehen, wie sie sich daraus erhob und auf mich zukam. An Flüssen bildete ich mir ein, sie darin treiben zu sehen. Erst nach über einem Jahr ließen diese Vorstellungen langsam nach. Ich lernte nach und nach, die Bilder durch die Kraft meiner Gedanken aus meinem Kopf zu vertreiben. Zu jenem Zeitpunkt aber war ich diesen Gedanken noch hilflos ausgeliefert.

MONAT 2

»WIE SOLL ICH LEBEN – OHNE DICH?«

Der Versuch, weiterzumachen

MEIN ERSTES THERAPIEGESPRÄCH

Wenige Tage nach der Beerdigung spürte ich, wie die Menschen um uns herum, aber auch wir selbst, erwarteten, dass nun endlich der Weg zurück in den Alltag beginnen müsste.

Doch wie sollte so etwas möglich sein? Wie sollte ich weitermachen, als wäre nichts gewesen, als wäre alles wie immer, wenn meine kleine Schwester doch nicht mehr da war? Diese Fragen stellte ich mir ständig und fand doch keine Antwort darauf. Jede noch so kleine alltägliche Handlung erschien mir sinnlos.

Ich wusste einfach nicht, wo ich anfangen sollte. Eines Nachmittags spazierte ich mit Marie-Christine den Inn entlang. Wir setzten uns auf eine Bank. Es war ein lauer Herbsttag, und das Laub der umstehenden Bäume leuchtete bunt.

»So ein schöner Tag, und doch kann ich ihn nicht genießen. Es tut so weh, immer und zu jeder Zeit. Wird das denn je wieder besser?«, fragte ich Marie-Christine verzweifelt.

»Ich weiß, es darf auch wehtun. Es ist doch gerade erst passiert. Gib dir Zeit, Liebes. Und ja, mit der Zeit dann wird der Schmerz auch weniger intensiv. Ganz weg sein wird er nie, aber es lässt sich damit leben.« Sie hatte einige Jahre zuvor ihren Papa ganz plötzlich durch eine Krankheit verloren. Bei ihr fühlte ich mich verstanden.

Ich seufzte und begann wieder zu weinen.

»Es ist so vieles, was ich nun zu regeln habe. Ich weiß einfach nicht, wo ich anfangen und wie ich das alles schaffen soll.«

»Hast du schon mal überlegt, dir professionelle Hilfe zu holen? Du weißt, ich habe Psychologie studiert. So ein Trauma allein zu stemmen ist schier unmöglich, Katrin. Auf jeden Fall viel zu anstrengend, und das muss auch gar nicht sein«, schlug sie sanft vor und reichte mir ein Taschentuch, weil meine aufgebraucht waren.

»Du hast womöglich recht. Ich schaffe das wirklich nicht allein. Kannst du denn jemanden empfehlen?«

»Ich schicke dir einen Link mit einer Liste an Therapeuten und Therapeutinnen. Und wenn es doch nicht passen sollte für dich mit der Therapie, dann hast du es wenigstens versucht.«

»Ja eh, so machen wir es. Danke dir, für alles.« Ich überlegte kurz und sagte weiter: »Ich kann mich auch noch erinnern, dass meine Mama, glaube ich, kurz erwähnt hat, dass wir Anspruch auf Therapiehilfe haben, die wir gar nicht selbst bezahlen müssen. Ich frag sie noch mal danach.«

»Mach das.« Marie-Christine drückte mich kurz, und wir saßen noch eine Weile schweigend auf der Bank und blickten auf den Fluss.

Als ich später zu Hause war, rief ich sofort meine Mama an.

»Hey, sag mal, du hast doch mal irgendwas von kostenloser Therapie erzählt, oder täusche ich mich?«, fragte ich sie.

»Ja, genau. Die von der Kriminalpolizei haben erzählt, dass der Weiße Ring und das Bundessozialministerium dafür aufkommen würden. Möchtest du das in Anspruch nehmen?«, fragte sie. Ich konnte in ihrer Stimme wahrnehmen, dass sie besorgt war.

»Ja, ich habe heute mit Marie-Christine gesprochen. Ich glaube, es ist eine gute Idee. Mama, ich schaff das allein alles nicht. Es überfordert mich so.« Meine Stimme begann zu beben, und ich musste die Tränen runterschlucken.

»Ja eh, ich versteh dich. Dann melde dich doch mal bei der Susi Stark. Die kenne ich, und sie soll ganz nett sein. Ich schick dir ihre Nummer. Sie praktiziert, soviel ich weiß, in Reutte, aber an manchen Tagen auch in Innsbruck.«

»Danke dir, Mama. Vielleicht sollten wir auch gemeinsam etwas tun? So eine Art Familientherapie, wie damals, als wir einmal mit Larissa dort waren?«, fragte ich vorsichtig und war gespannt auf ihre Antwort.

»Okay. Hm, ja, lass uns darüber doch in Ruhe sprechen, wenn du wieder in Reutte bist, dann sehen wir weiter. Du kommst dann in ein paar Tagen wieder, oder? Ich muss langsam Schluss machen, Katrin«, antwortete sie hektisch.

»Okay, passt. Ja, ich komm dann wieder in ein paar Tagen, sag dir aber noch genau Bescheid. Bis dann, Mama.«

Ich legte auf und begann zu zweifeln: *Ob es eine gute Idee war, ihr das vorzuschlagen? Damals hatte es ja nicht wirklich gut geklappt.*

Etwa zehn Jahre zuvor hatten wir schon einmal als Familie eine Therapeutin aufgesucht. Larissa hatte damals mit unterschiedlichen Ängsten zu kämpfen, und wir beschlossen, uns gemeinsam anzuschauen, was da los war. Denn leidet ein Familienmitglied, betrifft es schlussendlich meist die gesamte Familie. In der ersten Sitzung kamen einige Konflikte ans Licht, über die wir aber nicht bereit waren zu sprechen. Deshalb brachen wir die Therapie ab, und Larissa wurde weiter allein behandelt. Niemand stellt sich gerne seinen Dämonen. Das braucht viel Mut, den wir damals schlichtweg nicht besaßen.

Ob wir ihn nun aufbringen konnten? Denn würden in dieser Ausnahmesituation nicht all die Dämonen von früher verstärkt hervorkommen?, grübelte ich weiter nach.

»Aber vorerst mal ich allein. Wer weiß, wie anstrengend und intensiv das bereits werden wird«, sagte ich mir laut.

Noch im Oktober bekam ich einen Termin bei der Therapeutin, die Mama vorgeschlagen hatte. Nervös zappelte ich mit meinen Füßen, als ich in ihrem Wartezimmer im zweiten Obergeschoss des Ärztehauses saß und die Uhr beobachtete. *Vielleicht sollte ich wieder gehen. Noch würde es nicht auffallen,* überlegte ich aus Angst vor der Konfrontation mit dem, was geschehen war. Bevor ich handeln konnte, stand Frau Stark schon im Türrahmen: »Grüß Gott, Frau Biber, bitte treten Sie ein.« Ich stand auf, schüttelte ihr die Hand und bewegte mich in das Therapiezimmer. Es war hell und hatte große Fenster, die auf eines der größten Kaufhäuser in Innsbruck blicken ließen. Die Einrichtung war schlicht und minimalistisch gehalten.

»Bitte nehmen Sie Platz.« Sie deutete auf einen bequemen couchartigen Sessel. Ich setzte mich, während sie mir gegenüber mit deutlichem Abstand Platz nahm. Neben mir befanden sich ein Glas Wasser und eine Packung Taschentücher. *O Mann, das kann ja was werden,* dachte ich kurz, und meine Augen wurden feucht, *nicht gleich losheulen, verdammt.* Ich nahm einen großen Schluck Wasser und versuchte, es mir bequem zu machen.

»Wir haben ja bereits kurz gesprochen. Ich habe das von Ihrer Schwester natürlich mitverfolgt, und es tut mir unendlich leid, was Sie erfahren mussten«, leitete sie das Gespräch behutsam ein.

»Danke.« Mehr brachte ich noch nicht heraus. *Was soll ich denn nun sagen?,* fragte ich mich und fühlte mich unwohl, doch sie sprach weiter: »Erzählen Sie mir, womit ich Ihnen helfen kann und was ich für Sie tun kann. Was beschäftigt Sie gerade genau? Was geht Ihnen durch den Kopf?«

»So vieles. Eigentlich weiß ich gar nicht, wo ich anfangen soll und was ich genau sagen soll«, stotterte ich nervös los.

»Das, was Sie erzählen wollen. Beginnen Sie da, wo Sie meinen beginnen zu müssen. Mit dem Reden kommen dann schon weitere Gedanken.«

»Okay. Also. Hm. Alles ist einfach so furchtbar. Es regt mich so auf, dass das passieren musste. Ich weiß nicht, wie ich das schaffen soll. Meine ganze Familie ist nicht mehr das, was sie war. Larissa ist tot, und ich kann es einfach nicht glauben. Ich will das alles nicht. Ich kann nicht mehr. Meine Mama ist so streng, und wir sollen jetzt weitermachen. Aber wie soll ich das bloß schaffen? Ich kann nicht einfach weiter zur Uni gehen, als wäre nichts geschehen. Mara geht es auch so schlecht, und ich kann ihr nicht helfen, nicht bei ihr sein, weil sie ja in Reutte ist. Es ist einfach so beschissen schrecklich. Ich kann nicht mehr«, brach es aus mir heraus, und ich musste losweinen. Ich zupfte ein Taschentuch aus der Packung und trocknete mein Gesicht, während die Therapeutin mich mit festem Blick anschaute.

»Ja, das ist es, ich weiß. Was möchte denn Ihre Mama von Ihnen konkret? Sie lebt auch in Reutte, soviel ich noch weiß von früher?«

»Ja, alle sind in Reutte, nur ich bin in Innsbruck und muss nun ständig hin- und herfahren, was mich auch so anstrengt. Mama will halt, dass wir nun irgendwie in den Alltag zurückfinden, aber das kann ich einfach noch nicht und will ich auch nicht.«

»Das verstehe ich sehr gut. Was wollen Sie stattdessen? Was wünschen Sie sich?«

»Ich weiß nicht, ich möchte einfach nur weinen dürfen! Mich um nichts kümmern müssen. Und dass meine Schwester wieder lebt. Das ist alles, was ich will«, schluchzte ich lauter und zupfte noch zwei, drei Taschentücher hervor. Die Therapeutin ließ mich kurz in meinem Heulkrampf verweilen, bis die Tränen von selbst wieder weniger wurden.

»Sie studieren also. Welches Fach? Arbeiten Sie nebenbei?«, fragte sie mit ruhiger Stimme.

»Ja, ich studiere. Geschichtswissenschaften. Ich sollte eigentlich bald fertig sein. Aber ständig passieren schlimme Dinge. Im März hatte ich einen Skiunfall und habe mir mein vorderes Kreuzband im rechten Bein gerissen. Ich musste operiert werden und bekam daraufhin auch noch eine Thrombose. Mittlerweile ist die aber weg. Mein Knie ist allerdings superschlecht gerade, weil ich die letzten Wochen natürlich keinen Bock auf irgendwelche Übungen aus der Physiotherapie gehabt habe. Und wegen diesem doofen Knie habe ich auch keinen Job mehr.« Ich schnäuzte kurz in mein Taschentuch und fuhr dann fort: »Ich war in einem Irish Pub tätig. Die haben mich aber gekündigt. Jetzt bin ich noch im Krankenstand, aber ich weiß nicht, wie ich so jetzt einen neuen Job finden soll, gleichzeitig habe ich kein Einkommen. Das scheiß Krankengeld sind gerade mal 500 Euro pro Monat. Damit kann ich nur die Fixkosten bezahlen.« Wut türmte sich in mir auf, und ich spürte, wie ich am liebsten gegen den Tisch gehauen hätte, versuchte mich aber zu beruhigen.

»Das klingt nach viel, ja. Ich kann verstehen, dass das überfordert. Haben Sie denn jemanden, der Ihnen finanziell helfen kann im Moment? So lange, bis Sie wieder körperlich und psychisch bereit sind zu arbeiten?«

»Ja, mein Onkel Helmut unterstützt mich immer mal wieder. Ohne ihn wüsste ich nicht, was ich tun soll. Mit dem Geld von ihm komm ich hoffentlich bis Weihnachten durch.«

»Das ist schon mal gut. Wie geht es Ihnen sonst gesundheitlich? Haben Sie weitere körperliche Beschwerden?«

»Na ja, mir sind die Haare ausgefallen, wie man sieht. Ich kann nicht schlafen, weil ich ständig so große Angst habe.«

»Wovor genau haben sie Angst?«

»Vor dem Mörder, vor meinen Träumen, vor einem weiteren Verlust. Ich habe immer Angst, seit Larissa weg ist.«

»Mhm.« Sie kritzelte etwas auf ihren Block und sah mich dann wieder an.

»Ach ja, und ich habe jetzt dann noch eine Operation vor mir. Meine Weisheitszähne müssen gezogen werden. Ich habe permanent Schmerzen im Kiefer. Das kann nicht mehr warten. Seitdem das alles passiert ist, sind die Schmerzen noch viel schlimmer geworden«, fügte ich noch hinzu.

»Dann bleiben Sie nun erst mal im Krankenstand, und wir werden danach schauen, wie es weitergeht.« Sie blickte mich freundlich an und fuhr fort: »Was machen Ihre beiden anderen Schwestern? Mara hieß, glaub ich, eine, die Sie bereits erwähnten. Und?«

»Anna. Mara ist die Jüngste. Sie ist 17 und arbeitet in einem Lebensmittelgeschäft als Verkäuferin. Anna ist 25 Jahre alt und arbeitet als Bürokauffrau und neuerdings als Berufsschullehrerin.«

»Und die beiden leben in Reutte, wie Sie bereits erwähnt hatten?«

»Genau. Mara wohnt noch bei Mama, und Anna wohnt mit ihrem Freund Remo zusammen. Sie sind gerade erst umgezogen, als Larissa verschwand. Die Schlüsselübergabe war am Tag, als wir von ihrem Tod erfuhren.« Den letzten Satz konnte ich nicht zu Ende sprechen, da ich erneut zu weinen begann.

»Lassen Sie sich Zeit.«

»Das ist so unfair. Anna hat das nicht verdient. Sie hat so hart darauf hingearbeitet, diese Stelle als Lehrerin zu bekommen, und sich so sehr auf die neue Wohnung gefreut. Wie soll sie das denn jetzt alles managen? Ihr bleibt gerade gar nichts anderes übrig, als voll zu arbeiten. Ich habe Angst um sie, dass sie daran zerbricht.« Ich prustete nochmals laut in das Taschentuch, holte Luft und setzte erneut an: »Und Mara. Sie ist so jung. Sie hat die letzten Jahre so viel erleben und durchmachen müssen. Sie soll doch eine sorgenfreie Jugend erleben dürfen. Warum ist das nur alles passiert? Warum nur?«, jammerte ich verzweifelt und hielt meine Hände vors Gesicht. Die Therapeutin saß stillschweigend da und ließ mich alles herausweinen.

»Atmen Sie ruhig ein und aus. Noch mal, lassen Sie sich Zeit. Sie können hier weinen, so viel Sie möchten.«

»Danke«, schnaubte ich erschöpft und sank noch tiefer in den Stuhl.

Ein paar Minuten später, als ich mich wieder gefasst hatte, fragte sie mich weiter:

»Was machen Ihre Eltern? Sind sie noch zusammen?«

»Mama arbeitet in einem Kinderhort den ganzen Tag. Und Papa ist bereits in Frühpension. Er hatte immer wieder mit Depressionen zu kämpfen. Sie sind geschieden – ich glaube, seit 2011.«

Sie notierte sich wieder ein paar Wörter und sagte anschließend: »Sie machen das ganz toll, wirklich. Für heut sind wir fertig.«

Wir besprachen noch das finanzielle Vorgehen über den

Weißen Ring und welche Formulare ich dafür ausfüllen musste, dann vereinbarten wir einen weiteren Termin für die kommende Woche.

Als ich mit geschwollenen Augen in den Bus einstieg und zurück nach Hause fuhr, wirkte das Therapiegespräch noch nach. Ich schrieb Marie-Christine eine WhatsApp: »Ich habe es geschafft. Das erste Gespräch ist überstanden. Und es fühlt sich sogar gut an grad. Sie war supernett und hat mich einfach sein lassen mit meinen Gefühlen. Endlich jemand, der zuhört, reflektiert, der da ist und mir vielleicht helfen kann, einen Weg zu finden, mit alldem umzugehen.« Ich hob kurz den Kopf, und ein Grinsen zog sich über meine Lippen. Dann tippte ich weiter: »Jetzt musst du nicht mehr alleine herhalten und dir alles immer anhören :P Ich glaube, es gibt Hoffnung.«

Ja, ich spürte tief in mir einen Funken an Halt und Zuversicht.

In den ersten Wochen pendelte ich oft zwischen Reutte und Innsbruck, um zugleich in mein eigenes Leben zurückfinden und zu Hause mit meiner Familie sein zu können. Ich hatte kein Auto. Viele Menschen boten mir deshalb immer wieder Mitfahrgelegenheiten an. Ich freute mich über die Hilfsbereitschaft, dennoch waren diese Fahrten nicht immer angenehm für mich. Die Menschen außerhalb meiner Familie waren ebenso schockiert und bedrückt vom Tod meiner Schwester – und wollten während der Fahrt mit mir darüber reden. Manche weinten, manche redeten wild auf mich ein: »Ich kann es noch immer nicht fassen, dass das wirklich passiert sein soll. Furchtbar einfach und unglaublich. Ich habe das ja alles mitverfolgt in den Medien, aber wie schlimm das für dich selbst dann sein muss, das kann ich mir echt nicht vorstellen …« In solchen Momenten schaltete ich auf stumm und versuchte an andere Dinge zu denken, während die Worte auf mich einprasselten. Das Mitgefühl der Menschen war berührend, doch für mich als Trauernde manchmal schwer auszuhalten. Denn meine eigene Trauer hatte während dieser Fahrten kaum Platz.

Die wenigsten konnten mit einer solch extremen Traurigkeit umgehen. Deshalb war ich meistens still und habe die Fahrerinnen und Fahrer getröstet und ihnen gut zugesprochen. Ich wollte diese Menschen in den Mitfahrgelegenheiten nicht mit dem Gedanken zurücklassen, dass ich das alles vielleicht nicht schaffen könnte. Ich wollte ihnen Hoffnung geben, auch wenn ich zu diesem Zeitpunkt selbst kaum Licht am Horizont entdecken konnte.

Wenn ich in Reutte ankam, fand ich meine jüngste Schwester meistens weinend oder schlafend vor, wenn sie sich nicht gerade durch die Arbeit im Lebensmittelgeschäft quälte. In einer ruhigen Minute fing ich meine Mama in der Küche ab und konfrontierte sie Ende Oktober mit dem Therapiegedanken: »Mama, sollten wir nicht endlich überlegen, Hilfe in Anspruch zu nehmen? Ich habe bereits meine erste Therapiesitzung hinter mir, und es hat mir wirklich gutgetan. Schau dir Mara doch an, sie kann das nicht alleine tragen, und du bist kaum noch Mama, weil du so distanziert bist.« Es fiel mir schwer, nicht laut zu werden oder zu weinen anzufangen. Ich spürte, dass sie kaum noch Kraft hatte, ihrer Mutterrolle gerecht zu werden. Sie war selbst in Trauer und gebrochen, wie auch mein Vater. Aber ich sorgte mich viel mehr um meine jüngste Schwester.

»Ich weiß doch. Ich weiß es, Katrin. Ich kann nicht anders. Das ist alles so schwer, aber wir müssen weitermachen«, versuchte sie mich aufzuklären. »Ich muss erst mal schauen, ob die anderen dazu bereit wären, und dann werde ich schon einen Termin ausmachen, okay.«

»Okay, danke«, sagte ich und verließ den Raum. Ich konnte der Verzweiflung und Traurigkeit, die sich in ihrem Gesicht spiegelten, nicht mehr standhalten und beschloss, mich in Maras Zimmer zurückzuziehen. Sie war gerade arbeiten, weshalb ich so genug Ruhe hatte, um mich wieder einmal auszuweinen zu können.

LACHEN UND WEINEN

Als der Tränenfluss weniger wurde und ich durch das Fenster sah, dass nur ein paar Wolken am Himmel waren, schnappte ich mir meine Jacke und spazierte zu Larissas Grab.

Die Tage in Reutte verbrachte ich generell viel am Grab oder mit Erinnerungen an meine Schwester. Mir fehlte ihre Heiterkeit, unser gemeinsames Lachen. Fast jeder kennt diese eine Person im Leben, mit der Lachanfälle vorprogrammiert sind. Schnappatmung setzt ein, der Bauch verkrampft, die Mundwinkel haben noch eine Woche lang Muskelkater, gleichzeitig ist man unbeschreiblich glücklich. Genau diese Person war Larissa für mich.

Ich saß an ihrem Grab auf dem kalten Boden und hielt Fotos in meinen Händen, auf fast jedem strahlte sie.

»Wie sehr ich doch dein Lachen vermisse. Was würde ich jetzt alles dafür geben, dich noch einmal so lachen zu hören«, murmelte ich und weinte. »Ich kann mir nicht vorstellen, jemals wieder so einen Lachanfall zu haben. Wie denn auch, ohne dich? Mit wem denn sonst?«, sprach ich weiter.

Ich musste an unseren letzten gemeinsamen Abend zurückdenken, an dem wir auch so viel gelacht hatten. Das ist eines der wertvollsten Geschenke, die ich heute mit Larissa in Verbindung bringe, und ich habe lange gebraucht, um wieder annähernd in dieser Form lachen zu können. Diese Lachmomente mit Larissa sind und bleiben etwas ganz Besonderes, ich werde sie immer in meinem Herzen tragen.

Als ich nun so weinend an Larissas Grab saß und an ihre

Lebensfreude dachte, musste ich plötzlich selbst lachen. Ja, ich lachte. Lachen wie Weinen sind menschliche Verhaltensweisen, um Emotionen auszudrücken. Mit Lachen verbindet jeder sofort Glücklichsein und Spaßhaben. Wenn etwas derart Schmerzvolles passiert, denkt zunächst keiner ans Lachen oder verspürt einen Drang danach. Bei mir ist das anders. Vor allem in jener Zeit spürte ich das ganz stark. Wenn ich keine Kraft mehr hatte zu weinen oder mir die Dinge zu viel wurden, lachte ich das Ganze manchmal einfach weg. Als versuchte mein Körper, mich vor den endlosen Tiefen des Schmerzes zu schützen.

In unserer Gesellschaft herrscht die Vorstellung, dass ein Mensch, der trauert, nur weinen darf. Dadurch fühlte ich mich damals oft sogar schuldig, als würde ich etwas Verbotenes tun. Doch ich konnte meine Tränen, mein Lachen nicht kontrollieren. Meine Gefühle passierten einfach, und ich wurde von ihnen tagtäglich aufs Neue überrascht.

Ihr Lachen wurde auch für meine Schwester Mara zum Problem.

Reutte ist ein ziemlich kleiner Ort in den Bergen Tirols. Traditionen und konservative Muster sind gang und gäbe. Auch nach der Beerdigung brodelte die Gerüchteküche. Mara versuchte in den Alltag zurückzukehren und traf sich mit Freunden. Dabei wurde sie lachend gesehen. Ein paar Tage später bei meinem Besuch in Reutte erzählte sie mir davon.

Ich saß auf der Couch in der Wohnküche und spielte auf meinem Handy Jewel Quest, bei dem man gleiche Steine in einer Reihe und Anzahl zusammenbringen muss, damit sie sich auflösen. *Ha, ein perfektes Spiel, um mich von der Trauer ablenken zu können und Zeit totzuschlagen,* dachte ich, als Mara es mir zeigte. *Rums,* hörte ich plötzlich die Haustüre laut zufallen und schnelle Schritte durch den Hausgang marschieren. Mit großer Wucht schlug Mara ihre Tasche auf den Esstisch und begann zu fluchen: »Diese Wichser, hey, alle zusammen. Die haben doch alle keine Ahnung. Das kotzt mich ja so was von an!«

Ich stand auf und bewegte mich auf sie zu, während sie sich in der Küche ein Glas Saft holte. »Was ist denn passiert? Was ist los?«, fragte ich besorgt.

»Irgendwer in diesem doofen Kaff hat gesagt, dass es mir ja gar nicht so schlecht gehen kann, wenn ich doch lache. Dass ich Larissa gar nicht richtig vermisse und um sie trauere. Das ist so gemein, Katrin. Ich werde gar nicht mehr rausgehen, dann bring ich mich doch lieber gleich um. Egal was ich mache, alles mach ich falsch«, schluchzte sie los und setzte sich auf einen Stuhl.

Ich reichte ihr ein Taschentuch und setzte mich ihr gegenüber.

»Lass dir doch nichts einreden, bitte. Die wissen doch gar nichts, wie sollen die da über dich urteilen können?« Ich war schockiert und fand kaum Worte.

»Aber es regt mich trotzdem so auf. Wie können Menschen so sein, Katrin? Ich verstehe das nicht.«

»Ich auch nicht.« Wir saßen fassungslos nebeneinander.

Noch heute verkrampft sich mein Magen, wenn ich daran zurückdenke. Ich grübelte noch lange darüber nach. Wer hat das Recht, über die Trauer eines anderen Menschen zu urteilen? Dabei waren nicht unsere Gefühle, unser Schmerz das Problem, sondern die Reaktionen der Leute um uns herum. Was ist richtig, was falsch? Gibt es diese Unterscheidung überhaupt? Und dürfen Menschen, die ein Schicksal selbst gar nicht zu tragen haben, darüber urteilen? Ich sage: Nein! Trauer, so wie auch Liebe, kann nicht bewertet werden und ist etwas vollkommen Individuelles.

»Halte dich an die Menschen, die dir in dieser Zeit Energie schenken und sie dir nicht rauben, Mara. Es bringt einfach nichts, auch wenn es schwer ist, ich weiß«, versuchte ich, sie aufzurichten. Doch einfach wegzuhören und sein Ding trotzdem durchzuziehen ist für trauernde Menschen gerade zu Beginn dieses Prozesses nur bedingt möglich. Das wusste ich selbst. Dafür fehlt einfach die Kraft.

Zu oft und zu intensiv habe ich noch viele andere Urteile an mich herangelassen. Doch der Kampf, sich anzupassen oder so zu funktionieren, wie die Gesellschaft es erwartet, macht den Weg der Trauer nur noch schwerer und mühsamer. Heute weiß ich, dass ich niemals jedem alles recht machen kann.

»Kannst du dich noch an den Moment erinnern, als wir an einem Abend vor der Beerdigung bei Larissas Foto standen?«, erinnerte ich mich an einen gemeinsamen Lachmoment.

Wir standen im Halbkreis auf dem Kirchvorplatz. Es dämmerte bereits. Unsere Blicke richteten sich auf Larissas Foto, das umringt war von Hunderten von Kerzen. Ihr strahlendes Lachen leuchtete stärker als das Lichtermeer.

»Unfassbar. So viele Menschen haben diese Art Altar aufgebaut. Wie schön das ausschaut«, sagte ich. Alle stimmten zu, die Augen weiter auf Larissas Bild gerichtet. Ich sah in die Gesichter meiner Familie. Ihre Tränen glitzerten im Kerzenlicht.

Plötzlich stellte Anna fest: »Eigentlich schon krass, dass sie so schöne Zähne hatte, die schönsten von uns allen.« Sie schaute kurz über unsere Mundpartien. »Wir mit unseren ganzen schiefen Zähnen, grad sie musste es treffen.« Stille.

Wir zogen die Mundwinkel hoch und glotzten uns gegenseitig auf die Zähne.

Anna grunzte los, während aus mir ein schallendes Lachen platzte: »O mein Gott. Du hast ja so recht.«

»Mit meinen Eckzähnen schau ich aus wie ein Vampir«, kicherte Mara los.

»Und du erst, Mama, deine stehen ja in alle Richtungen«, bog ich mich vor Lachen.

»Und mir fallen alle aus oder wackeln«, lachte auch mein Vater mit.

Die Menschen, die wenige Meter entfernt von uns vorübergingen, zuckten zusammen und sahen uns verwundert an. Wir lachten noch mehr. Ob sie uns innerlich gerade dafür verurteilten oder vielleicht mitlächelten, war mir in diesem Moment egal. Ich genoss die wenigen Sekunden, in denen unsere kleine Familie den Anschein machte, dass nie etwas passiert war und wir glücklich sein konnten.

»Ja, stimmt, ach, das war wirklich mal kurz lustig, und wir haben vor allen anderen Menschen gelacht«, schwelgte Mara mit mir in der Erinnerung.

»Und was, glaubst du, hätte Larissa getan? Sie, die einfach immer gelacht hat, egal wo und wie unpassend es vielleicht gerade war.«

»Ja, voll. Sie hat gelacht, wann immer sie wollte.«

»Genau, und deshalb tun wir das auch. Wir lassen uns sicher nicht von denen da draußen sagen, wie und wann wir lachen dürfen, okay?«

»Fix! Danke, Katrin«, lächelte sie mir zu, während ihr Tränen über die Wangen liefen.

Und auch später nahmen wir dieses kleine Wunder in uns auf und machten es zu einem Werkzeug. Wir erzählten uns lustige Geschichten, die wir mit Larissa erlebt hatten, sahen uns Fotos an oder stellten uns vor, wie sie in bestimmten Situationen mit ihrem Frohsinn und ihrer Leichtigkeit reagiert hätte. Diese Momente waren kostbar, denn sie machten uns die traurige Zeit angenehmer. Oft weinten und lachten wir gleichzeitig, aber das war dann eben so.

Die Tage vergingen, und in mir staute sich ein anderes Gefühl: immense Wut. Im Alltag konnte ich sie nie ausdrücken. Es war nicht erlaubt oder gern gesehen.

An einem Morgen im Oktober saß ich auf der Couch in der Wohnung meiner Mutter. Ich war allein. Die Schmerzen in der Brust waren wieder einmal kaum auszuhalten. Unruhig spazierte ich im Wohnzimmer auf und ab, zappelte mit den Armen wild durch die Gegend. Ich nahm mein Handy und ein Paar Kopfhörer.

Wilde, laute Partymusik. Das brauch ich jetzt, sagte ich zu mir. Anfangs noch zaghaft, begann ich mich schließlich immer schneller und ausgelassener zur Musik zu bewegen. Ich tanzte, so gut mein operiertes Knie die Schritte zuließ. Jeder weitere Song nahm mir langsam den Druck aus der Brust. Ich hüpfte, stampfte, warf meine Arme durch die Luft. Die Liedtexte grölte ich aus mir heraus, während mir Tränen die Wangen hinunterliefen.

Tanz es raus, Katrin, tanz es raus, bis du nicht mehr kannst, ging es mir durch den Kopf. Ich schloss meine Augen und stellte mir Larissa tanzend neben mir vor. Mit jedem Lied fiel ich mehr in einen tranceartigen Zustand, der mich an die glückliche gemeinsame Zeit mit ihr erinnerte. Meine Gefühle flossen durch meine Adern hindurch. Sie glitten über meine Hände und Füße, meine Stimme und meinen Kopf nach außen. Erschöpft sank ich zurück aufs Sofa und konnte kurz lächeln. Meine Tränen machten Pause, stattdessen rann der Schweiß. Für einen kurzen Augenblick fühlte ich mich gut und frei.

.

Es war nicht das letzte Mal, dass mir das Tanzen geholfen hat. Im Sommer 2013 hatten Larissa und ich noch darüber gesprochen, zu meiner liebsten Party, der Silent Disco, zu gehen. Für Oktober war der nächste Termin geplant gewesen. Bei dieser Art von Party bekommt jeder Gast Kopfhörer und kann sich auf zwei Kanälen aussuchen, welche Musik er hören möchte. Im Club selbst ist keinerlei Musik zu hören. Die perfekte Konstellation, um ausgelassen zu tanzen, ohne angequatscht zu werden.

Nun war bald Ende Oktober, und Larissa war tot. Ich war zurück in Innsbruck und starrte auf ein Plakat, das die Veranstaltung ankündigte. Ohne zu überlegen, spürte ich: *Da muss ich hin. Für dich, kleine Schwester!* Meine engsten Freunde wollten mich begleiten.

Als wir auf der Party waren und unsere Kopfhörer aufsetzten, nahm ich ein Foto von Larissa heraus, schaute drauf und begann zu tanzen. Sie sprang auf dem Bild vor Lebensfreude, und ihr Lachen strahlte. Ich hielt es fest in meiner Hand, schloss die Augen und vergaß die Menschen um mich herum. Gefühle durchströmten meinen ganzen Körper mit jedem Hüftschwung. Wut kroch in meinen Kopf und in meine Hände, die ich zu Fäusten ballte. Jedes Lied brüllte ich mit, um mich zu entladen. Tränen bahnten sich ihren Weg über mein Gesicht, und ich spürte den Schmerz und die Sehnsucht.

Ich liebe dich so sehr! Ich vermisse dich so sehr. Warum, verdammt, warum kannst du jetzt nicht hier sein?, musste ich ununterbrochen denken. Natürlich dauerte es nicht lange, bis auch das eine Lied kam, *And We Danced* von Macklemore & Ryan Lewis. Die Bilder der letzten Nacht mit Larissa schossen durch meinen Kopf, und unser letzter gemeinsamer Abend fühlte sich an wie gestern. Ich öffnete meine Augen und sah sie direkt vor mir, tanzend und singend, lachend und lebendig. Die Tanzfläche schien leer zu sein. Nur sie und ich und dieses Lied. Gemeinsam bewegten wir uns dazu, und es fühlte sich an, als wäre sie nie gegangen und gleichzeitig für immer weg. Als der Song zu Ende war, verkrampfte sich mein Brustkorb. Ich krümmte mich vor Schmerzen. Meine Freunde eilten zu mir, um mich zu stützen.

»Sie ist tot. Ich will das nicht. Ich will sie wieder zurück«, heulte ich über ihre Schultern. Minuten später war ich ausgeweint für den Moment. Wir tanzten noch ein paar Stunden, bevor ich erschöpft nach Hause ging und unter Tränen, aber erleichtert einschlief.

Die Last des Alltags

Ende Oktober wurden mir zwei Weisheitszähne gezogen. Die Operation verlief ohne weitere Komplikationen. Dennoch schwächte der Eingriff meinen Körper noch zusätzlich, der noch immer unter den Ereignissen des Spätsommers litt. Ich konnte kaum eine Nacht durchschlafen, und die Operation verschlimmerte die Müdigkeit und Schlaflosigkeit um ein Vielfaches.

Anfang November war der Kiefer einigermaßen verheilt, doch leichter wurde mein Alltag nicht. Es kamen immer neue Herausforderungen hinzu, die mir meinen Alltag erschwerten.

Eine davon war ein einfacher Lebensmitteleinkauf, zurück in Innsbruck. Die depressive, dunkle und kalte Stimmung, die der November ohnehin mit sich brachte, förderte meine Laune nicht im positiven Sinne. Die vorweihnachtliche Stimmung in den Geschäften erschwerte den Zustand, den ich am 4. November 2013 in meinem Notizbuch beschrieb:

Ich stehe auf, gehe ins Bad, mach mich fertig für den Tag. Ich muss Essen einkaufen und alltägliche Dinge besorgen. Langsam schlendere ich durch das Kaufhaus bis zum Drogeriemarkt, an mir huschen teils gestresste, teils fröhliche einkaufswütige Menschen vorbei. Im Drogeriemarkt angekommen, fällt mir sofort die Schlange Menschen am Verpackungsstand auf. Die können ihrem Lieblingsmenschen was kaufen – ich nicht. Ich komme an den Adventskalendern vorbei, schön mittig sichtbar platziert. Wie sehr hätte sich Larissa über einen mit Schokolade gefreut. Während ich durch den Shop gehe und meine Sachen zusammensuche, höre ich laute, aggressive Musik, um mich abzulenken. Doch immer wieder spüre ich einen hartnäckigen Schmerz in der Brust. Ich versuche ihn zu ignorieren und zu unterdrücken. Es fällt mir schwer zu atmen, und ich rede mir ein, dass es an der Hitze im Geschäft liegt.
Ich bezahle meine Artikel und mache mich weiter auf den Weg in das Lebensmittelgeschäft. Weihnachtskekse fallen mir ins Auge, und es schnürt mir die Kehle zu. Sie liebte diese Kekse so sehr und kann sie jetzt nicht mehr essen. Ich schlucke den Schmerz hinunter, atme tief ein und gehe weiter. Auf dem Weg zur Kasse sehe ich Weihnachtsschokolade. Ein erneutes Stechen in der Brust. Mir ist heiß, und das Denken fällt mir schwer. Ich hab das Gefühl, alles fallen lassen und einfach losrennen zu müssen. Trotzdem atme ich ein und bezahle ruhig meinen Einkauf. Mit schnellem Schritt führt mich mein Weg nach Hause. Ich bin völlig außer Atem. Dort angekommen, setze ich mich in die Küche und schnappe nach Luft. Dabei spüre ich den Schmerz hochkommen, und es zerreißt mich fast. Tränen laufen über meine Wangen, und ich will nur noch

schreien. Nichts ist normal, auch wenn ich mir noch so
viel Mühe gebe zu tun, als wäre alles wie vorher. Der
permanente Schmerz sitzt in mir und geht mit mir, egal
wohin ich gehe, egal was ich mache. Egal, wie sehr ich
mich anstrenge – es holt mich immer wieder eine Stimme
ein, die Tag und Nacht flüstert: »Ja, deine Schwester ist
tot, sie wurde ermordet, sie kommt nicht wieder.
Egal, wie sehr du versuchst, dir einzubilden, dass es
nicht wahr ist.«

Was früher unbeschwert und einfach schien, war mittlerweile
zu einer nahezu unüberwindbaren Herausforderung geworden. Ich schaffte es bei Weitem noch nicht, einen Tag ohne
Heulkrämpfe und Weinattacken zu überstehen. Meist überraschten mich diese in den unmöglichsten Momenten, und ich
war nicht fähig, sie zu kontrollieren. Gleichzeitig fragte ich
mich, ob es denn überhaupt mein Ziel war, meine Gefühle zu
kontrollieren. Hieß das nicht, sie zu unterdrücken? Sollten sie
nicht einfach gelebt werden dürfen, wenn sie da waren? Damals war ich mir unsicher. Heute weiß ich, dass es nicht gesund ist, sich allen unangenehmen Gefühlen zu widersetzen
und sie zu ignorieren. Denn irgendwann überschwemmen sie
einen ohnehin und platzen heraus.

Freunde auf einen gemütlichen Kaffee zu treffen konnte mich
manchmal ablenken. Ich liebte es, dass sie nachfragten, wie es
mir ging, und dass ich offen mit ihnen darüber reden konnte.
Durch ihre lockere Art und ihre unbeschwerten Erzählungen
aus ihrem eigenen Leben schenkten sie mir ein Stück Normalität. Sie behandelten mich nicht anders als davor. Natürlich
waren sie zu Beginn noch etwas rücksichtsvoller in der Aus-
wahl ihrer Themen und vorsichtig im Umgang mit mir. Ich
durfte aber dennoch ich sein, und dafür war ich dankbar.
   Trotzdem konnte auch ein Gespräch mit guten Freunden
sich in eine der vielen Herausforderungen verwandeln, die
mich quälten. Wie eines Nachmittags, als in einer gemütlichen

Runde jeder abwechselnd aus seinem Leben erzählte. Wie so oft hatte ich kaum Kraft, den Worten zu folgen, einige Begriffe aber zogen meine Aufmerksamkeit auf sich.

»Gestern habe ich sie gesehen, ja. Ich schwöre euch, sie sieht echt schlecht aus, wie der Tod, hey«, erzählte einer meiner Freunde, und alle diskutierten mit.

Wie der Tod. Deine Schwester ist tot, surrte es mir plötzlich so laut im Kopf, dass ich die restlichen Schilderungen nicht mehr vernahm.

»Ich bin trotz der Kälte gestern laufen gewesen. Boah, das war anstrengend, Leute, ich dachte, ich muss sterben«, sagte eine Freundin, als ich mit meinen Gedanken wieder zurückfand.

Sterben. Sterben. Sterben, klingelte es fast noch lauter als zuvor, und ich hätte mir am liebsten meine Ohren zugehalten.

Meine Freundin bemerkte wohl den leeren, panischen Blick und entschuldigte sich sofort bei mir.

»Ist schon okay. Diese Worte gehören wohl einfach in unseren Sprachgebrauch. Mir ist das früher auch nie aufgefallen. Jetzt schon. Das ist echt scheiße und tut weh«, stammelte ich.

Alle nickten still.

Jetzt bist du wohl immer die Spielverderberin, toll, ärgerte ich mich im Stillen.

Ich wollte keine Last sein. Sosehr ich es mir wünschte, mein altes Leben war weg, und ich wusste nicht, ob ausgelassene Gespräche jemals wieder möglich sein würden.

Heute ist es nicht möglich, und ich kann meine Tränen ohnehin nicht mehr lange zurückhalten, stellte ich fest und verabschiedete mich von der Runde.

Daran musste ich mich erst gewöhnen – auch meine engsten Freunde. Sie blieben, trotz all der Gefühle, mit denen auch sie erst einmal lernen mussten umzugehen. Ehrlichkeit und eine gute, offene Kommunikation zwischen uns war hier die Grundvoraussetzung. Ich erklärte offen und ehrlich, wie ich mich fühlte, und sie reagierten darauf. Manchmal sagten sie einfach Sätze wie: »Das überfordert mich selbst gerade, und ich finde keine Worte.« Dann war das für mich vollkommen okay, und wir waren gemeinsam überfordert und sprachlos. Das Wichtigste dabei war, dass sie nie versucht haben, mir etwas auszureden oder mein Verhalten zu bewerten. Jedes Gefühl, jeder Gedanke durfte unkommentiert dastehen und sein. Das hat mir am meisten geholfen!

Heute, Jahre später, erinnern mich bestimmte Wörter zwar noch immer an Larissas Tod, aber der Schmerz gewinnt nicht mehr die Oberhand. Ich habe akzeptiert, dass dieser Verlust nun Teil meines Lebens ist.

Mit der Zeit ließ die Behutsamkeit meiner Freunde im Umgang mit mir nach. Das Leben ging für sie nun mal weiter, was völlig in Ordnung war. Trotzdem war ich neidisch. Mein Leben stand noch immer still. Ich musste mich zusammenreißen, um ihre Probleme nicht mit meinem Leben in Relation zu setzen und zu akzeptieren, dass diese für sie schlimm waren.

Wenn sie beispielsweise über Gewichtsprobleme, Unisorgen oder Liebeskummer jammerten, musste ich mich extrem anstrengen, um Empathie zu zeigen. In mir drinnen brodelte es oft, und ich wollte nur schreien: »Das nennst du ein Problem? Meine Schwester wurde ermordet, tut mir leid, aber das ist ein etwas größeres Problem, also hör auf, mich mit solchen Bagatellen zu nerven, und komm drüber weg.«

Ich war innerlich zerfressen. Meine bösartigen Gedanken schockierten mich selbst. Trotzdem schluckte ich sie hinunter, denn schließlich wusste ich tief in mir drin, dass meine Haltung nicht fair war. Sie waren doch meine Freunde, und daher ärgerte ich mich über meine Boshaftigkeit. Sie konnten nichts für das, was mir zugestoßen war, und sie verletzten mich niemals mit Absicht. Heute jammere ich selbst wieder über kleine Probleme, die mir im nächsten Moment gleich nichtig erscheinen. So sind wir Menschen, und das zeichnet uns aus. Wie schlimm und schwer wäre das Leben, wenn wir ständig so gravierende Schicksalsschläge zu beklagen hätten?

ALLES MEINE SCHULD

Mama rief mich Anfang November an, um mir Bescheid zu geben, dass ein Termin für die Familientherapie gefunden war.

»Der Termin ist okay für dich, Katrin?«, fragte sie.

»Na klar. Da ich ja noch im Krankenstand bin, kann ich es mir frei einteilen. Alle waren demnach einverstanden, oder?«, antwortete ich und war neugierig.

»Ja, alle möchten es probieren. Dann sehen wir ja, wie es ist.«

»Welche Therapeutin ist es denn, oder ist es ein Mann?«, wollte ich von ihr wissen und warf noch hinterher: »Ich mag eigentlich nicht zu einem Mann. Irgendwie fühle ich mich bei fremden Männern nicht mehr wohl, seitdem das passiert ist.«

»Kein Mann, nein. Es ist Frau Brigitte Walser. Du kennst sie. Wir waren vor etwa zehn Jahren bei ihr, als Larissa diese schlimmen Ängste hatte.«

»O ja, stimmt, ich kann mich erinnern. Die ist eh voll nett gewesen.« Meine Mutter stimmte mit einem kurzen »Mhm« zu. Ich fragte mich, ob wir es diese Mal schaffen würden, öfter hinzugehen als nur dieses eine Mal vor zehn Jahren. Ich erwähnte die Zweifel meiner Mama gegenüber nicht und entgegnete stattdessen: »Ja gut, dann bin ich gespannt drauf. Danke, Mama. Dann sehen wir uns eh bald.«

Wenige Tage später warteten wir alle im Wartezimmer von Frau Walser. Bis dahin sprachen wir nicht darüber, was uns erwartete. Schweigen dominierte den Raum. Ich zappelte mit meinen Füßen und blickte aufgrund eines Schleifgeräusches

zu Anna. Sie feilte an ihren Nägeln, was sie ständig tat, besonders wenn sie nervös war. Mara starrte in ihr Handy.

»Jewels Quest?«, fragte ich, um die angespannte Stimmung
aufzulockern und einen Moment nicht an das, was folgen
sollte, denken zu müssen.

»Ja, fix. Level 32«, antwortete sie, ohne den Kopf zu heben.

»Cool. So weit bin ich noch nicht, mittlerweile aber ordentlich süchtig danach. Dank dir«, sagte ich und versuchte sie
anzulächeln, doch ihr Gesicht war noch immer auf den Bild-
schirm gerichtet, und sie antwortete nicht.

»Was ist das?«, wollte Papa wissen, der trotz der Situation
entspannt aussah.

»So ein Handyspiel, das mir Mara vor Wochen gezeigt hat
und das ich irgendwie seitdem ständig spiele«, erklärte ich
ihm.

»Na ja, es lenkt ab«, kam aus Maras Mund, den Blick weiter
auf das Handy gerichtet.

Mama sagte kein Wort und schaute nur durch den Raum,
während sie ihre Oberschenkel rieb. *Sie scheint genauso nervös
zu sein,* ging es mir durch den Kopf.

Plötzlich öffnete sich die Tür.

»Familie Biber, trotz der Umstände schön, Sie wiederzusehen. Lange ist es her. Bitte kommen Sie herein«, begrüßte
uns Frau Walser freundlich. Wir stapften nacheinander an ihr
vorbei in den Raum und schüttelten zur Begrüßung jeweils
kurz ihre Hand.

Ein Ecksofa mit einem Tischchen davor stand im Raum und
bot gerade genug Platz für unsere Großfamilie. Ich setzte mich
auf die etwas längere Seite in die Mitte. Anna nahm links
neben mir Platz, Mama rechts neben mir. Mara saß auf der
kurzen Seite an Mama angeschlossen und Papa direkt neben
ihr. Frau Walser nahm uns gegenüber mit ausreichend Abstand Platz.

»Ich habe natürlich mitbekommen, was Ihnen allen wider-
fahren ist, und es tut mir aufrichtig leid. Ich kann mich noch
gut an Larissa erinnern, wie zierlich und klein sie damals war,

und doch so voller Lebensfreude. Zehn Jahre muss das bald her sein, oder?«, leitete sie die Therapie sanft ein.

Wir nickten alle nur.

»Ich kann verstehen, dass sich dieses Schicksal sehr schwer anfühlen muss und es hier Hilfe von außen bedarf«, begann sie zu erklären.

Mein Vater unterbrach sie und fragte: »Wie schaut das denn mit der Finanzierung aus? Uns hatte man gesagt, dass wir da etwas beantragen können, beim Weißen Ring oder so?«

»Genau, Herr Biber. Ich gebe Ihnen am Ende dieser Stunde Formulare mit, die Sie dann bitte ausfüllen und zu den jeweiligen Stellen bringen. Der Weiße Ring wird vorfinanzieren, und das Bundessozialamt bezahlt alles rückwirkend.«

»Super, danke«, schnaufte er erleichtert auf, »das klingt gut.«

»Wo waren wir? Also, die Trauer ist etwas sehr Individuelles und jeder reagiert mit anderen Gefühlen zu unterschiedlichen Zeitpunkten. Trauer muss sich also nicht bei jedem gleich äußern. Das ist besonders in Ihrem Fall sehr wichtig zu betonen. Denn Sie sind doch eine etwas größere Familie, und es ist dann nicht selten, dass es zu Konflikten kommen kann. Sie befinden sich in einem Ausnahmezustand, der viel Rücksicht und Geduld erfordert und Respekt gegenüber den einzelnen Familienmitgliedern.«

Wir alle lauschten aufmerksam und hatten die Augen auf sie gerichtet.

»Theoretisch klingt das ja ganz gut, aber praktisch ist das so schwer«, schwappte es aus mir hervor. *Hab ich das grad laut gesagt?* wunderte ich mich.

Alle Blicke waren auf mich gerichtet, und schon stiegen Tränen in meinen Augen auf. Mein Brustkorb verkrampfte sich. »Findet ihr nicht auch? Irgendwie kommt es mir so vor, dass wir jetzt schon ständig anecken, oder?«, flüsterte ich beinahe.

»Ja, weil wir halt irgendwie weitermachen müssen und jetzt nicht nichts tun können. Ich versteh ja, dass du jetzt mehr in Reutte sein willst, aber das bringt uns auch grad irgendwie nichts und ändert doch nichts. Du musst deine Uni lieber fertig machen, das hätte Larissa doch auch gewollt. Ich muss auch jeden Tag arbeiten gehen. Irgendwie muss es doch weitergehen«, sagte Anna gefasst und schaute mich an. Ich blickte zu ihr, und Tränen liefen mir die Wangen herab.

Mara weinte ebenso los, sagte aber kein Wort. Die Therapeutin reichte mir und Mara eine Packung Taschentücher, und wir zupften uns nacheinander eines heraus.

»Ja, wir müssen irgendwie nach vorne schauen und weitermachen, auch wenn es schwer ist«, erklärte Mama ähnlich gefasst wie Anna.

»Aber es ist einfach so unglaublich schwer, nach vorne zu schauen. Ich kann das noch nicht«, sagte Papa mit zittriger Stimme.

Immerhin einer, der denkt wie ich, stellte ich fest, und noch mehr Tränen liefen mir übers Gesicht.

»Ja, es ist schwer, und es darf schwer sein. Jeder steht an einem anderen Punkt der Trauer, und was für den einen angenehm und gut ist, mag für den anderen ganz schlimm sein. Das muss nicht verstanden werden, nur respektiert und akzeptiert. Darum geht es innerhalb der Familie. Das bedeutet nicht, dass es einfach ist, dies umzusetzen. Nochmals, Sie befinden sich in einem Ausnahmezustand, und Ihre Gefühle herrschen vor. Diese lassen uns kaum aus Vernunft handeln. Daher gehen wir Person für Person nun kurz durch, was Ihnen durch den Kopf geht. Nur so können Sie die Lebenswelt des anderen anhören und vielleicht irgendwann auch verstehen lernen.«

Stille schwebte durch den Raum, bevor Frau Walser ihren Blick auf Anna richtete und sie direkt ansprach: »Anna, Sie erzählten kurz, dass Sie arbeiten. Was genau machen Sie denn, und wo stehen Sie gerade in Bezug auf ihre Trauer und Larissas Tod?«

Sie erzählte von ihrer Arbeit und pausierte dann kurz, bevor sie weitersprach: »Hm. Na ja, wie geht es mir? Wie soll es mir schon gehen? Was für eine Frage. Ich versuche eben weiterzumachen. Ich bin gerade mit meinem Partner umgezogen, habe die neue Stelle angetreten. Und jetzt ist das passiert. Es kotzt mich einfach an. Ja, es macht mich eigentlich wütend und stinksauer, und am liebsten würde ich oft einfach irgendwen anbrüllen und um mich schlagen. Mein Partner bekommt das dann oft ab. Weinen kann ich irgendwie nicht. In der Öffentlichkeit am wenigsten. Aber zornig und wütend bin ich. Das immer und dauernd. Ich habe keinen Bock auf diese Situation.« Sie holte kurz Luft und fuhr in kühlem Ton fort: »Aber ja, was soll ich machen. Ich muss ja weitermachen, kann nicht einfach daheimbleiben jetzt, wie Katrin zum Beispiel.«

»Und das stört Sie? Möchten Sie denn daheimbleiben?«, fragte die Therapeutin nach.

»Keine Ahnung. Klar ist es anstrengend zu arbeiten, und ich habe ständig keine Kraft mehr. Aber ich kann es mir einfach nicht leisten, egal ob ich will oder nicht. Ich kann nicht, und fertig. Und ja, vielleicht stört mich das auch. Ich finde es unfair.«

»Mhm. Danke Ihnen. Wut und Aggression sind ganz normale Reaktionen auf einen so heftigen Todesfall. Kommen wir zu Ihnen, Katrin.« Sie betrachtete mich erwartungsvoll.

»Bei mir ist das irgendwie anders. Noch verspüre ich kaum Wut. Irgendwie bin ich einfach immer nur traurig und sehe keine Zukunft, keine Hoffnung.« Ich musste kurz schlucken. »Ich vermisse sie so sehr. Und ich habe so große Angst um Mara.« Sie sah zu Boden und weinte erneut los. »Aber auch um dich, Anna, hab ich Angst«, sagte ich und richtete meinen Blick zu ihr. Sie erwiderte diesen, und ich konnte sehen, wie ihre Augen feucht wurden. Als sie schwieg, redete ich weiter: »Deshalb will ich in Reutte sein, bei euch. Ich will euch nicht auch noch verlieren.« Ich blinzelte, weil mir erneut Tränen in die Augen schossen. Auch Annas Augen waren nun glasig, und eine Träne kullerte über ihre Wange, doch sie brachte kein Wort heraus.

Ähnlich wie in meiner Einzelsitzung erläuterte ich kurz meinen derzeitigen Alltag und die Herausforderungen. Am Ende meines Monologs ergänzte ich noch leise: »Am meisten aber quälen mich Schuldgefühle. Es ist meine Schuld, dass es so weit kommen konnte.« Der Schmerz zog sich in jede Faser meines Körpers, und ich musste laut schluchzen.

»Du bist nicht schuld, Katrin«, warf mein Papa mir sofort entgegen, »du konntest das doch nicht wissen, was dieses Arschloch ihr antun würde.«

»Ich habe sie gehen lassen, sie losgelassen in ihrer letzten Nacht. Ich hätte sie festhalten müssen, sie bei mir schlafen lassen müssen und nicht bei ihm. Ich bin schuld, ich ganz alleine. Ich habe als große Schwester versagt.« Ich heulte die Worte raus, als hätten sie Jahrhunderte in mir geschlummert.

Alle aus meiner Familie weinten nun, doch keiner sonst wagte ein Wort zu sagen. *Warum sagen Anna und Mama bloß nichts? Sie geben mir auch die Schuld, ich weiß es,* kreisten meine Gedanken, während nur Schluchzen im Raum zu hören war.

Die Therapeutin durchbrach das Schweigen: »Sie dürfen Schuldgefühle haben, auch wenn sie nicht den Tatsachen entsprechen. Dennoch sind sie ein Ausdruck und Gefühl der Trauer, das dazugehört. Wie gehen Sie mit solchen Selbstvorwürfen um? Haben Sie ähnliche Gedanken?« Sie schaute nacheinander in jedes der Gesichter, außer in meines.

Mara schnäuzte sich laut und begann zu sprechen: »Larissa wollte sich am Abend, bevor sie nach Innsbruck fuhr, eine Kappe von mir ausborgen. Ich habe sie ihr nicht gegeben. Und am selben Abend haben wir telefoniert, und ich habe sie wegen irgendwelcher Schminksachen, die sie sich einfach genommen hatte, angeschnauzt. Ich war so gemein zu ihr. Warum nur?« Sie prustete nochmals in ihr Taschentuch und weinte schweigend weiter. *Sie ist so jung, verdammt, sie darf nicht so leiden,* dachte ich über Mara und weinte mit.

»Das hast du doch nicht wissen können, Mara«, tröstete Papa meine jüngste Schwester und strich ihr über den Rücken, bevor er ergänzte: »Ich war auch nicht immer der beste Papa. Ich hätte so vieles anders machen sollen und habe es nicht getan. Das bereue ich heute sehr.«

Mama saß starr neben mir, während ihr Tränen über die Wangen liefen. Dann begann sie zu sprechen: »Niemand konnte wissen, was passieren wird. Ich habe nichts gespürt in jener Nacht. Ich habe sie nicht gefühlt. Sie war doch mein Kind, und ich habe nichts geahnt. Was sie nur für Qualen erlebt haben muss. Und ich war nicht bei ihr.« Sie pausierte kurz und schaute dann eindringlich in das Gesicht der Therapeutin: »Wenn dein Kind geboren wird, erlebst du jede Sekunde mit, doch in der Nacht ihres Todes war sie völlig allein, und du hast nichts gemerkt. Was für eine Mama war ich dann?« Sie hielt dem Blick noch kurz stand, ihre Lippen zitterten wild. Dann senkte sie den Kopf und wimmerte laut.

Ich halte das nicht mehr aus, ich halte all den Schmerz hier bald nicht mehr aus. Ich will raus, kamen mir fluchtartige Gedanken in den Sinn, die ich aber für mich behielt.

»Autoreifen«, ertönte es links neben mir, und ich schaute zu Anna. »Es waren Autoreifen. Pff. Unfassbar. Darüber hatten wir uns bei einem Telefonat an dem Donnerstag davor als Letztes unterhalten. Über Winterreifen und deren Montage. Was für ein belangloses Thema. Kein tiefsinniges Gespräch. Nur verdammte Reifen.« Sie konnte es scheinbar selbst nicht fassen und schüttelte den Kopf, während ihr Blick starr Richtung Boden fiel. Wir waren alle erschöpft, und ein Taschentuch nach dem anderen wurde aus der Box gezogen. Nach einer längeren Verschnaufpause schnitten wir noch kurz den Alltag meiner Eltern und Maras Arbeit an, doch die Luft war raus. Wir wollten nur noch nach Hause.

Die Therapeutin bemerkte unsere Kraftlosigkeit und beendete die Sitzung langsam: »Ich merke, wie erschöpft Sie alle nun sind. Trauer ist anstrengend, ich weiß. Sie machen das aber sehr gut, soweit ich das beurteilen darf und kann. Nächste Woche werden wir weiter auf den Alltag der anderen drei eingehen und schauen, welche Themen sonst noch besprochen werden sollten.«

Wir vereinbarten einen neuen Termin und verabschiedeten uns. Draußen in der kühlen Novemberluft atmeten wir zusammen tief durch. Alle, bis auf mich, rauchten eine Zigarette.

»War das anstrengend«, schnaubte Mara.

»Voll. Meine Augen brennen schon wieder so krass«, erwiderte ich.

Dann wechselte Mama zu alltäglichen Themen: »Sollen wir noch was zu essen kaufen? Was willst du denn heute, Mara?«

»Keine Ahnung, Pasta?«

»Ich werde zu Remo fahren. Der wartet sicher schon, und ich muss noch mit den Hunden raus«, sagte Anna.

Niemand wollte heute mehr über Larissa und dieses Schicksal sprechen. Wir brauchten eine Pause, und das war mir ebenso recht.

Als ich abends im Bett lag, quälten mich erneute Schuldgefühle. Einen Vorwurf, der mich besonders belastete, hatte ich in der Therapie nicht erwähnt. Ich war es, die Larissa dazu gebracht hatte, ihren Mörder besser kennenzulernen. Es war im Sommer 2013. Damals hatte sie mir zum ersten Mal von ihm erzählt.

»Hey, ich hab da wen kennengelernt. Der scheint ganz süß zu sein«, verriet sie mir, während wir gemeinsam in der Küche Essen zubereiteten.

»Uh, woher kennst du ihn denn?«, fragte ich.

»Über eine Datingseite. Du weißt schon, da, wo du auch schon Leute kennengelernt hast«, antwortete sie mit einem verschmitzten Lächeln.

»Ah ja! Wie schaut er denn aus?«, wollte ich weiter wissen.

»Auf dem Bild liegt er grad im Krankenhaus, deshalb schaut er da nicht so toll aus. Er wurde nämlich grad operiert«, sagte sie und zeigte mir ein Foto auf ihrem Handy.

»Schaut doch ganz ordentlich aus. Wie ist er so?«

»Ach, ich weiß nicht so recht. Eigentlich voll nett, und es passt auch gut. Er hat gefragt, ob ich nach Innsbruck kommen mag und ihn im Krankenhaus besuchen. Aber ich habe dann nicht gleich zugesagt, und irgendwie wurde er daraufhin ein bisschen schnippisch. Er scheint schnell eingeschnappt zu sein«, überlegte sie und zuckte mit ihren Schultern. »Was glaubst du, was ich tun soll?«, fuhr sie fort.

»Hm, na ja. So richtig kennst du ihn ja noch gar nicht und hast ihn persönlich noch nicht getroffen. Vielleicht ist er grad einfach erschöpft und deshalb gereizt, wer weiß. Ich kenn das ja nach meiner blöden Operation«, versuchte ich zu vermitteln.

»Ja, kann schon sein.«

»Vielleicht solltest du dich erst mal in Ruhe mit ihm treffen und dir ein Bild machen. Beim Schreiben versteht man doch auch vieles falsch. Dann kannst du ihn darauf auch ansprechen«, riet ich ihr.

»Ja, du hast vielleicht recht. Ich lerne ihn erst mal kennen, und dann schau ich weiter«, bedankte sie sich.

Ich lag im Bett und starrte an die Wand, während sich dieses Gespräch in Endlosschleife in meinem Kopf wiederholte.

»Wie konnte ich nur diesen verdammt dummen Vorschlag machen?«, verurteilte ich mich wieder, so wie jeden weiteren Abend in diesen Novembertagen. »Warum hast du bloß nicht darauf bestanden, dass sie ihn löscht und sich nicht mit ihm treffen soll«, ärgerte ich mich weiter. »Dumm bist du. So was von dumm, Katrin. Der größte Fehler deines Lebens. Du hast so versagt«, redete ich mir ein und trank einen Schluck Tequila, um meine Gedanken einzudämmen. »Eigentlich solltest du doch selbst unter der Erde liegen, nicht sie«, dachte ich und nahm einen noch größeren Schluck.

Beinahe jeden Abend vernichtete ich Gläser an Alkohol, um diesen Gefühlen zu entkommen und um mich selbst noch ertragen zu können. Ein wirkliches Problem sah ich darin nicht – schließlich trank ich nur zwischenzeitlich, um den Schmerz über Larissas Verlust und meine Schuldgefühle zu betäuben. Wenn diese erst vorbei wären, würde ich wieder aufhören zu trinken, redete ich mir ein. Ich wusste, dass es nicht gut für mich war, Wein und manchmal auch Härteres in hohen Dosen zu trinken, doch zu jenem Zeitpunkt machte ich mir nichts aus meinem Körper. Ich wollte einfach nur nicht fühlen müssen. Tabletten lehnte ich ab und griff stattdessen zum Alkohol. Irgendwie fühlte sich das Trinken harmloser an für mich, als Antidepressiva zu schlucken – obwohl mir eigentlich bewusst war, dass Alkohol sehr wohl ein Suchtmittel war. Mein Trinkverhalten behielt ich dennoch auch gegenüber meiner Therapeutin vorerst für mich.

Lange Zeit kämpfte ich noch mit Schuldgefühlen in mir und muss heute noch weinen, wenn ich mich intensiv damit beschäftige. Ich weiß, dass ich an der Tat selbst keine Schuld trage, die Schuldgefühle erdrückten mich dennoch. Vor allem, weil ich wusste, dass der Rest meiner Familie lange genauso dachte. »Du bist schuld«, »Wegen dir und deiner blöden Party ist das passiert«, »Warum hast du nicht gehandelt und nichts unternommen?« Das sagten mir ihre Blicke auch nach dem Gespräch in der Therapie immer wieder. Mit meiner Schwester Anna sprach ich erst über vier Jahre später ausführlich darüber.

»Mein Verstand wusste, dass du nicht schuld daran bist. Aber mein Herz hat dir dennoch die Schuld dafür gegeben«, gestand sie mir in diesem Gespräch. Und auch meine Mutter verriet mir Jahre später, dass sie manchmal diese Gedanken hatte, sich aber immer wieder gut zuredete, dass das doch jedem hätte passieren können und dass niemand so etwas ahnen konnte. Sie überwand sich damals und betonte immer wieder ausdrücklich, dass ich keine Schuld hätte. Anna hat sich in diesem Gespräch über vier Jahre nach Larissas Tod bei mir entschuldigt, und ich kann gar nicht sagen, wie glücklich ich darüber bin. Diese Entschuldigung hat mir enorm geholfen, mich von den Schuldgefühlen zu lösen.

Vor allem aber haben mir die Gespräche mit meiner Therapeutin geholfen zu erkennen, dass ich keine Schuld trage und die Tat nicht hätte verhindern können. In meiner nächsten Einzelsitzung nach der Familientherapie sprach ich die Thematik sofort an und erzählte ihr auch von den Selbstvorwürfen, die keiner aus der Familie kannte. Es brauchte viele

Sitzungen und Monate, wenn nicht sogar Jahre, um mich langsam von den Schuldgefühlen zu befreien.

Jede Entscheidung in unserem Leben bringt Reaktionen hervor, die wir vorher nicht ahnen können. Wir gehen nicht von negativen Konsequenzen unseres Handelns aus, sondern glauben an das Überleben und das Positive. Sonst würden wir nicht mehr auf die Straße gehen, aus Angst, es könnte uns ein Auto anfahren, oder wir könnten etwas Falsches essen, uns könnte die Decke auf den Kopf fallen – oder wir könnten jemanden treffen, der uns etwas Böses antut. Man nennt das Urvertrauen – es hält uns am Leben und treibt uns vorwärts.

Nur weil ein Mensch einmal eingeschnappt reagiert oder zickig ist, können wir nicht davon ausgehen, dass dieser psychisch krank ist oder zu so einer Tat fähig. Wenn ich mich heute noch ab und zu bei dieser Schuldfrage erwische, versuche ich mir immer wieder diese Argumente vorzubeten, die mich eindeutig von der Schuld freisprechen. Am Ende handeln wir unseren Liebsten gegenüber nur aus reiner Liebe. Weil wir wollen, dass es ihnen gut geht, schlagen wir Dinge vor, deren Ausgang wir nicht kennen, insgeheim aber hoffen wir, dass sie den geliebten Menschen glücklich machen.

Wenn ich nach langem Gedankenkreisen doch endlich eingeschlafen war, hatte ich immer wieder Albträume und Panikattacken. Ich hatte schreckliche Angst davor, der Mörder könnte ausbrechen, zu mir kommen und mir dasselbe antun wie Larissa. Nur mit geschlossener Tür, einem Messer und Pfefferspray neben meinem Bett konnte ich einschlafen. Und selbst dann geriet ich regelrecht in Panik, wenn ich auf dem Gang vor meinem Zimmer ein Knacksen hörte.

Das letzte Bild vor meinen Augen, bevor ich einschlief, war das meiner Schwester. Das erste nach dem Aufwachen ebenfalls. Wenn sie mir im Traum erschien, träumte ich wie in jener Nacht nach ihrer Beerdigung entweder von ihrer Leiche oder seltener von ihr als lebendigem Menschen. Dann aber immer im Zusammenhang mit einem schrecklichen Abschied oder mit einer Scheibe zwischen uns, die verhinderte, dass ich sie umarmen konnte.

Auch tagsüber ließ mich die Angst oft nicht los. In vielen Männern glaubte ich Larissas Mörder wiederzuerkennen. Ich wurde vorsichtig im Umgang mit fremden Männern. Und aggressiv. An Tagen, an denen die Wut vorherrschte, konnte ich mich kaum noch beherrschen und wollte sie an allen Männern auslassen. Manche sahen dem Mörder aufgrund ihrer Körperstatur und ihrer Frisur derart ähnlich, dass mein Verstand blitzartig aussetzte. Einmal habe ich deshalb einem Mann beim Vorbeigehen aus dem Nichts einfach auf den Kopf geschlagen. Ich entschuldigte mich natürlich sofort und erklärte unter Tränen, was mit mir los war. Zum Glück reagierte er verständnisvoll, und die Situation klärte sich schnell. An solchen Tagen hatte ich das Gefühl, den Verstand zu verlieren. Was war nur mit mir passiert? Ich erkannte mich selbst nicht wieder. Nicht nur meine Schwester hatte ich verloren, sondern auch mich selbst.

Wenn der Körper streikt

Inzwischen hinterließ der seelische Schmerz weiter Spuren an meinem Körper. Meine Haare reduzierten sich um die Hälfte. Sie sahen aus wie Federn. Zum Glück war Winter. Mit Mützen verdeckte ich die kahlen Stellen. Ich fragte Friseure, Apotheker, Therapeuten und Ärzte um Rat. Sie alle sagten mir dasselbe. Die Kopfhaut kann Jahre brauchen, um sich von so einem seelischen Schock zu erholen.

Na toll. Das auch noch, dachte ich und war frustriert. Ich fühlte mich nicht mehr hübsch und weiblich. Überall sah ich nur noch Mädchen mit schönen langen Locken. Auch Mara und Anna hatten wunderschönes langes Haar.

Ja, mir war bewusst, dass es nur Haare waren, und doch machte mich dieser Zustand wütend und traurig. Ich wollte nicht, dass jeder von außen erkennen konnte, wie schlecht es mir ganz tief drin ging. Das war mir unangenehm. Ein Jahr später, als sich an meinem Haarwuchs auch nach dem Einsatz diverser Mittelchen wenig verändert hatte, beschloss ich, sie bis auf wenige Zentimeter abzuschneiden. Ich sah mich im Spiegel und war entsetzt: »Wer bist du, Katrin?«

Mittlerweile sind Jahre vergangen, und meine Haare haben ein wenig an Fülle zurückgewonnen, auch wenn sie nie mehr so sein werden wie zuvor. Ich kann besser damit umgehen und habe gelernt, diese Situation zu akzeptieren. Ich betrachte mich nicht mehr im Spiegel mit einem Hass auf meine Haare. Stattdessen streiche ich mir heute über den Kopf und sage mir, wie dankbar ich bin, dass sie doch wieder zurückgekommen sind, und wie schön ich sie finde. Ich versuche, mir selbst freundschaftlich statt feindlich gegenüberzutreten. Nur so kann ich meinen Frieden mit der Sache machen und meinen Körper unterstützen.

Es blieb nicht nur bei den Haaren. Auch mein Darm litt unter der Situation. Mir war ständig übel, was teilweise auch am hohen Alkoholkonsum lag. Vieles, was ich zu mir nahm, blieb nicht im Magen. Jeden Morgen platzte mir fast der Schädel, weil ich am Vorabend zu viel geweint – und manches Mal zu viel getrunken hatte. Mit 17 Jahren hatte ich mit Neurodermitis zu kämpfen gehabt. Zehn Jahre später fing meine Haut wieder an zu jucken. Die Hautkrankheit war zurückgekehrt, und sie blieb – bis heute.

Eine Sache irritierte mich besonders. Wegen der Thrombose nach der Knieoperation hatte ich die Pille abgesetzt und verhütete nur noch mit Kondom. Meine Periode kam dadurch zwar nicht mehr auf den Tag genau, aber sie kam. Mitte November sollte ich die nächste bekommen. Als sie über zwei Wochen ausblieb, suchte ich meinen Frauenarzt auf. Der fand heraus, dass meine Hormone vollkommen durcheinander waren. Volle acht Monate lang bekam ich keine Regelblutung.

Ich war erstaunt, wie eng Seele und Körper zusammenhingen und sich gegenseitig beeinflussten. Eigentlich wäre es in dieser Zeit wichtig gewesen, dass ich besonders achtsam mit mir umging. Doch ich hatte damals weder die Kraft noch den Willen, mich damit zu beschäftigen.

Ich wusste nicht einmal, wie ich jeden einzelnen Tag über-leben sollte.

MONAT 3

» DU BIST WIRKLICH TOT, ODER ? «

Mein erster Geburtstag ohne dich

Die Vorweihnachtszeit erreichte Mitte November ihren ersten Höhepunkt. Deko überall, Christkindlmärkte öffneten, Gespräche über Weihnachtsfeiern waren an jeder Ecke zu hören. Meine Gedanken dazu schrieb ich wieder in mein Larissa-Buch:

Ich biege in die Museumsstraße und erblicke die neu angebrachte Weihnachtsdeko. Es ist bereits Mitte November. Ich lasse den Tag Revue passieren und denke an die schönen Schuhe, die ich gesehen habe. Wie gern ich doch dieses rote Paar hätte. Und dann schießt mir plötzlich durch den Kopf: Warum will ich sie? Warum brauche ich diese Schuhe? Eigentlich sind sie doch vollkommen bedeutungslos. Ich komme der großen Kreuzung näher, wo die Linie 4 abfährt. Ich bin kurz davor. Denke an die Stelle, wo dein Körper in den Fluss getragen wurde. Ja, ich nehme den nächsten Bus dorthin. Ich will einfach nur raus hier.
Der Bus kommt, ich laufe hin, steige ein und fühle eine innere Ruhe und Erleichterung während der Fahrt.
15 Minuten später wandere ich über die Felder in der Dunkelheit, über mir leuchten die Sterne hell. Mir ist kalt, aber was ist schon die Kälte gegen den Schmerz in meiner Seele? Ich stehe am Inn, atme tief ein und schreie all meinen Schmerz in die Weiten der Dunkelheit hinaus. Ich ziehe meine Schuhe aus, werfe sie mit größtmöglicher Kraft in den Inn, und aus mir brüllen die Worte: »Ich brauch euch nicht, ich brauche nur dich, dich allein. Bitte! Komm zurück!«

Im selben Moment öffne ich meine Augen, stehe an der
Kreuzung und sehe die Linie 4 an mir vorbeifahren.
Ich atme ein und gehe weiter.

Mein Geburtstag stand vor der Tür, und dieser Tag machte mir
Angst. Ich konnte mich noch an Papas traurige Feier zurück-
erinnern und überlegte, wie ich diesen Tag verbringen wollte.
Zuerst dachte ich an eine Party, wie sie Larissa gefallen hätte.
Körperlich und seelisch war ich dazu aber nicht in der Lage.
Mein Geburtstag war am 29. November. Ich wurde 28 Jahre alt.
Ich wollte weg, raus aus Innsbruck. Zwei Wochen davor kam
mir spontan eine Idee:

»Ich möchte weg an diesem Tag«, erzählte ich Domi.

»Wohin?«

»Ich dachte an Wien. Da, wo sie und ich so gerne gemeinsam hinwollten, die Stadt unserer Zukunft und Träume, aber
es nie geschafft haben.« Meine Lippen zitterten.

»Mein Dad hat da eine Wohnung. Die könnten wir sicher
haben für ein paar Tage. Ich frag ihn gleich mal«, entgegnete
Domi und schnappte sein Handy.

»Okay«, sagte ich. *Eigentlich wollte ich alleine dorthin,*
dachte ich nur und behielt es für mich. Vielleicht war es ja gut,
nicht allein zu sein.

Ich spürte, dass sich meine Gefühle für Domi nach und
nach veränderten und dass ich mich von ihm distanzierte.
Seine Nähe überforderte mich, statt mich zu stützen. Alles mit
ihm wurde mir schnell zu viel, und ich war oft gereizt. Ich begann mich zu fragen, ob ihn liebte und jemals geliebt habe.
Konnte ich überhaupt noch lieben? War ein gebrochenes Herz
dazu fähig? Es fühlte sich nicht mehr wie früher in anderen
Beziehungen an. Die Trauer und Liebe zu meiner verstorbenen Schwester waren stärker und überlappten all die guten
Gefühle, falls es welche gab. Ich fühlte mich nicht mehr be-
ziehungsfähig und begann darüber nachzudenken, mich von
Domi zu trennen.

Was mir damals überhaupt nicht klar war: Domi und ich

kannten uns ja im Grunde noch gar nicht lange, und in einem solchen Ausnahmezustand eine neue Beziehung zu beginnen ist fast unmöglich. Denn der trauernde Mensch braucht hundert Prozent Aufmerksamkeit und durchlebt mit der Trauer einen enormen persönlichen Wandel. Er oder sie kennt sich in einer solchen Situation im Grunde selbst nicht mehr, was ein gegenseitiges Kennen- und Liebenlernen massiv erschwert. Domi konnte also gar nichts dafür – ich war damals schlichtweg nicht in der Lage, mich ernsthaft auf eine neue Beziehung einzulassen.

DIE TRAUER ALS STÄNDIGER BEGLEITER

Bis zu meinem Geburtstag war es aber noch ein wenig hin, und meine beste Freundin Sarah aus Berlin besuchte mich über das Wochenende. Überall in den Straßen roch es nach Glühwein und Weihnachtskeksen, Menschen gingen aus, auf Partys, Weihnachtsfeiern in Clubs und Kneipen. Die meiste Zeit ging ich dem aus dem Weg, dennoch sehnte sich ein Teil von mir nach diesem früheren Leben. Sarah gab mir ein Gefühl von Sicherheit und Schutz, sodass ich einen ersten Versuch wagte.

Wir saßen in einem Sushi-Restaurant, und ich teilte meine Gedanken über das Ausgehen: »Ich sehne mich so sehr nach meinem früheren Leben. Weißt du noch, als wir regelmäßig ins Irish Pub gegangen sind und ständig zu Amy MacDonald getanzt und gesungen haben?«

»And you singing the song thinking this is the life. And you wake up in the morning and your head feels twice the size …«, begann Sarah sofort zu singen und wedelte im Takt mit den Zeigefingern mit, wie wir es immer zusammen gemacht hatten. Ich warf meine Stäbchen weg und stimmte mit ein: »Where you gonna go, where you gonna go, where you gonna sleep tonight?« Ein Lächeln zog sich über unsere Lippen, und für eine Sekunde fühlte ich mich wie früher.

Nach dem Refrain des Liedes bedankte ich mich bei ihr: »Weißt du, bei dir kann ich so sein wie früher. Du behandelst mich wie immer, und dennoch hörst du mir zu, wenn es mir schlecht geht. Dafür danke ich dir so sehr.«

»Hey, das ist doch selbstverständlich.«

Wir aßen weiter, und sie fragte: »Sag mal, warst du denn schon im Irish, seitdem das passiert ist?«

»Nein. Ich denke aber oft dran, dorthin zu gehen. Es ist der letzte Ort, an dem ich Larissa gesehen habe. Aber allein traue ich mich nicht. Ich habe Angst, dass ich zusammenbrechen könnte oder irgendwelche bekannten Leute treffe.«

»Dann lass uns doch gemeinsam heute Abend hingehen. Wenn du das möchtest? Ich bin da und rette dich im Notfall, okay?« Sie zwinkerte mir zu, und ich musste trotz der traurigen Thematik lächeln.

»Das machen wir. Danke!«, lächelte ich zurück, während in meinen Augen Tränen der Dankbarkeit aufstiegen. *Wie schaffte sie das nur immer, mir so viel Kraft zu schenken?*

»Wir können ja auch noch Anja fragen, ob sie mitkommen mag. Sie war damals ja auch dabei«, schlug ich vor.

Sarah nickte: »Dann hast du eine Beschützerin links und eine rechts. Na, da hat dann wirklich niemand mehr ’ne Chance!«

»So schade, dass du in Berlin bist. Ich vermisse dich jetzt besonders hier in Innsbruck.«

»Du bist natürlich jederzeit willkommen, und das meine ich auch so!«

»Ich weiß, danke! Ich komme bestimmt mal.«

Ich sagte Anja Bescheid, die einverstanden war, und wir verabredeten uns für den Abend.

Meine größte Angst beim Ausgehen war, von Menschen außerhalb meines Freundeskreises angesprochen zu werden. Ich wollte nicht mit Fragen durchlöchert werden, kein Mitleid und keine Beileidswünsche hören. Am wenigsten, wenn ich gerade versuchte, ein Stückchen Normalität zurückzugewinnen.

Als wir abends im Pub auf den Barhockern Platz nahmen – ich in der Mitte, Anja rechts, Sarah links von mir –, spielten sich die letzten Szenen aus der Nacht des 13. September wieder und wieder in meinem Kopf ab. Ich versuchte, mich an Details zu erinnern, drehte mich hin und her, nahm die Realität nicht mehr wahr. Ich sah nur Larissa immer wieder von mir gehen.

»Hey, alles okay mit dir?«, holte mich Sarah in die Wirklichkeit zurück.

»Ja, alles gut. Es fühlt sich nur so seltsam an. Ich versuche, Erinnerungen herbeizurufen, die ich durch mein blödes Gesaufe in jener Nacht verloren habe. Aber sie kommen nicht zurück. Ich glaube, das wird wohl auf ewig vergessen bleiben«, antwortete ich ihr.

Der Kellner, ein Freund von mir, begrüßte mich herzlich. Im gleichen Moment rutschte mir eine Frage heraus: »Sag mal, kannst du dich noch an die Nacht erinnern und an meine Schwester?«

»Na klar, sehr gut sogar. Ihr habt viel gelacht zusammen. Schien ein toller Abend gewesen zu sein.«

Immerhin waren wir glücklich, dachte ich und sagte nichts.

»Ich kann noch immer nicht fassen, dass das passiert ist«, sprach er weiter und senkte den Kopf. »Was wollt ihr trinken? Die Runde geht auf mich!«, durchbrach er die plötzliche Stille.

Wir bestellten eine Runde Cider. Wir waren früh dran, viel los war noch nicht. Wir unterhielten uns weiter über Larissa und ihr fröhliches Wesen. Mein ehemaliger Chef aus dem Lokal kam plötzlich in die Bar. Er sprach mir sein Beileid aus.

Bitte, lass gut sein und geh jetzt einfach, schwirrte mir durch den Kopf, und meine Füße zappelten.

»Wie war das mit der Suche denn? Ich habe darüber gelesen. Und was passiert denn nun mit dem Mörder?« Die Fragen hörten nicht auf.

Wie ferngesteuert beantwortete ich sie, versuchte mich und meine Gefühle zur Seite zu stellen.

Durchhalten, er wird bestimmt gleich gehen, sagte ich mir nach jeder Frage.

»Danke für dein Mitgefühl. Wir würden hier gerne in Ruhe einfach was trinken. Wäre das okay?«, schoss es plötzlich aus Sarah heraus, und ich staunte. Sie hatte nicht zu viel versprochen.

Wenige Minuten später war die Tortur zu Ende und mein alter Chef verließ den Raum. Ausatmen, aufatmen.

»Scheiße, war das anstrengend grad wieder«, seufzte ich zu meinen Freundinnen. »Ich hasse diese Fragerei extrem. Deshalb gehe ich nie aus. Vielleicht sollten wir woandershin gehen. Das wäre mir lieb.« Wir packten unsere Sachen zusammen und zogen weiter.

Warum habe ich nichts gesagt? Das nächste Mal sag ich einfach, dass ich nicht darüber reden will, beschäftigte mich das Gespräch noch draußen.

Was für mich früher nur ein vages Gefühl war, ist für mich heute Gewissheit. Ich weiß, dass ich das Recht habe, Stopp zu sagen, wenn ich nicht über etwas sprechen möchte. Ich habe gelernt, auf mein Herz zu hören. Ich habe gelernt, dass ich mich nicht aus Höflichkeit durchquälen muss. Immerhin geht es um mein Leben, meinen Schmerz und meine Trauer. Heute sage ich freundlich: »Ich bin dankbar für dein Mitgefühl, aber ich bitte dich, nicht mehr weiter nachzufragen, weil es mir nicht guttut. Ich möchte nicht darüber sprechen.« Damals konnte ich noch nicht den Mut dafür aufbringen, denn das bedeutete, dass ich dem Gegenüber so Aufschluss über meine Gefühle hätte geben müssen und sicherlich sofort zu weinen begonnen hätte. Mit den Jahren habe ich erkannt, wann ich darüber sprechen kann und wann nicht.

Der restliche Abend verlief ruhig und fast schon ausgelassen. Nach dem Wochenende musste Sarah wieder zurück nach Berlin. Nachdem ich sie verabschiedet hatte, räumte ich mein Zimmer auf, warf mich dann mit meinem Larissa-Buch aufs Bett und erzählte ihr von den letzten Tagen:

Meine liebste Larissa!
Vor Kurzem habe ich meinen Kleiderschrank geöffnet,
um meine Pullis einzuräumen. Es ist schon Winter, auch
wenn es offiziell noch Herbst heißt. Die Christkindlmärkte
haben geöffnet, und ich habe auch schon Glühwein für

dich getrunken. Zurück zum Schrank. Ich sah ein rosa Bändel aus einem Regal hängen, zog daran, und die Jogginghose fiel raus. Du weißt schon, welche. Die eine, die ich monatelang gesucht hatte, nachdem ich sie nur einmal getragen hatte. Wir kauften sie gemeinsam damals. Du hattest dieselbe, nur mit einem gelben Bändel, gekauft. Wir wollten im Partnerlook damit gehen. In dem Moment, als ich sie nun fand, musste ich zugleich lachen und weinen. Lachen, weil ich sie ewig gesucht hatte und sie sich direkt vor meinen Augen befand, weinen, weil ich dir davon sofort berichten wollte. Ich hab sie gefunden, jetzt habe ich beide! Deine hab ich mir nämlich schon geschnappt, dann bist du mir noch näher.

Sarah war zu Besuch hier. Es hat so gutgetan, sie zu sehen, sie findet immer die richtigen Worte und bringt mich zum Lachen. Du hast sie nie kennengelernt, oder doch? Wir wussten es nicht mehr sicher.

Montagabend war eine Demo gegen Gewalt an Frauen. Wir standen am Fenster und haben uns das Spektakel angesehen. Plötzlich schreit Sarah laut: »Kuck mal, da is Larissa!« In der Sekunde schau ich runter und suche dich verzweifelt, dich als Person, als lebenden Menschen, in der Menge mit einem Schild in der Hand. Für diesen kurzen Augenblick fühlte es sich an, als würdest du leben, ich vergaß, was geschehen war, oder dachte, dass alles doch nur ein Traum war. Ich glaubte wirklich, dich sofort in der Menge entdecken zu können. Und das tat ich auch. Als Foto, auf einem Demoschild, das besagte: »Stoppt Gewaltverbrechen an Frauen!« In dieser Millisekunde des Erkennens traf mich die Realität mit einer Wucht wie nie zuvor. Ich war geschockt, verwundert und überrascht, wie sehr du noch als lebender Mensch in mir verankert bist. Deinen Tod zu akzeptieren ist das Schwerste. Ich vermisse dich so sehr und liebe dich von ganzem Herzen.

GEBURTSTAG OHNE DICH

Mitte der Woche packte ich für den Geburtstagstrip nach Wien. Die Zugfahrt war kräftezehrend. Domi zuliebe versuchte ich, gute Miene zum bösen Spiel zu machen, was mir aber nur schwer gelang. Ich war unruhig und schlecht gelaunt, was ich an ihm ausließ. Er schien oft nicht zu wissen, wie er mit mir umgehen sollte. Das tat mir leid, aber ich wusste es ja selbst kaum. Ich sehnte mich mehr und mehr danach, allein zu sein, auf niemanden Rücksicht nehmen zu müssen.

»St. Pölten«, las ich durch die Zugabteilscheibe am Bahnhof ein Schild. Nur noch etwa 25 Minuten bis Wien. Ich wusste nicht mehr, wie ich sitzen sollte, und zappelte unruhig hin und her. Meine Kehle schnürte sich zu.

Scheiße, ich schaffe das nicht, ging es mir durch den Kopf. Mein Blick war minutenlang an der Digitalanzeige des Zuges festgefroren.

»Wir erreichen jetzt Wien Westbahnhof«, tönte es wenig später aus dem Lautsprecher.

Durch das Fenster sah ich Reisende, die auf dem Bahnsteig herumwuselten. Ein Stich. Zwei Stiche. Drei. Vier. Ich hörte auf zu zählen und versuchte, nach Luft zu ringen. »Ich glaube, mein Herz bleibt stehen. Ah. Shit, das tut grad so weh«, haspelte ich.

Domi stützte mich, packte die Sachen zusammen und half mir nach draußen.

»Geht's halbwegs?«, sorgte er sich.

Ich begann ruhiger zu atmen. »Ich glaube schon. Danke.«

»Gehen wir.« Er nahm meine Hand und zog mich davon – in die Ungewissheit dessen, was alles kommen würde.

Ich spürte, wie sich meine Augen mit Tränen füllten, versuchte sie jedoch zurückzuhalten. Was mir dennoch über die Wangen lief, wischte ich schnell ab.

Reiß dich zusammen! Du bist hier nicht allein, redete ich mir in Gedanken zu.

In jedem Gebäude, jedem Schild, an jeder Straßenecke und jedem Menschen sah ich Larissa vor mir.

Ich bin da. Wo bist nur du? Du solltest doch jetzt neben mir sein, nicht er, überlegte ich, während wir zur Wohnung liefen.

Die ersten Tage schauten wir uns die Stadt an. Ich machte das Beste aus der Situation. Dann war der 29. November. Gleich nach dem Aufwachen beschloss ich, im Bett zu bleiben.

»Ich mag nicht raus«, erklärte ich Domi.

Zahlreiche Nachrichten und Wünsche trudelten auf meinem Handy ein. Doch ich sehnte mich nur nach einer einzigen Nachricht. Den ganzen Tag wartete ich, ob diese eine nicht doch noch kommen würde. Verzweifelt checkte ich immer wieder die Internetverbindung, schaute wie eine Irre in den Chatverlauf mit Larissa. Nichts. Ich zog mir die Decke wieder über den Kopf, versuchte zu schlafen, um dem Schmerz zu entfliehen. Domi machte währenddessen einen Spaziergang, um mir die gewünschte Ruhe zu lassen.

Wieder wachte ich auf, nahm das Handy, öffnete den Whats-App-Chat und tippte: »Warum schreibst du mir bloß nicht? Warum gratulierst du mir nicht? Bitte melde dich doch!« Senden. Ein Haken. »Komm schon. Komm schon, du scheiß Haken!«, schrie ich in das Telefon. Nachdem auch fünf Minuten später keiner erschien, pfefferte ich das Handy in die Ecke. Ich verkroch mich noch tiefer im Bett. Am späten Nachmittag kam Domi zurück, Blumen in der rechten Hand, ein Geschenk in der linken. Es lenkte mich für den Moment ab. Freude konnte ich leider keine spüren.

»Du solltest eine Kleinigkeit essen. Es gibt ein gutes Restaurant gleich um die Ecke«, schlug er vor und strich mir über den Kopf. Ich zögerte, willigte aber schließlich ein. Zwei Stunden später saßen wir beim Essen. Es war dunkel, und wir hatten unseren eigenen, intimen Bereich.

Falls ich weinen muss, kriegt es wenigstens niemand mit, dachte ich beruhigt.

Das Essen füllte meinen Magen, genießen konnte ich es jedoch nicht. Ich war froh, als wir anschließend wieder zurück in der Wohnung waren. Kurz vor zwölf spitzte ich noch mal ins Handy. Noch mehr Nachrichten, doch keine von Larissa.

»Du bist wirklich tot, oder? Bist du es wirklich, echt, richtig? Ich glaub es noch immer nicht. Es fühlt sich so oft nicht danach an«, schrieb ich ihr im Bett, während Domi sich im Bad die Zähne putzte. Wieder nur ein Haken.

»Du bist es wirklich«, flüsterte ich und weinte mich in den Schlaf.

Anfang Dezember waren wir wieder in Innsbruck. Ich versuchte, im Alltag zu bestehen, indem ich Freunde traf, Einkäufe machte und sogar wieder begann, mich mit dem Studium auseinanderzusetzen. Dadurch entstanden vermehrt Streitigkeiten mit Domi. Er war eifersüchtig, weil ich ihm nicht die Aufmerksamkeit schenken konnte, die er brauchte. Ich merkte, dass ich nach all dem, was passiert war, damit am wenigsten umgehen konnte. Dadurch hielt ich ihn noch mehr auf Abstand und ließ ihn nicht an mich heran. Zusätzlich wurde der Drang, für mich zu sein, jeden Tag größer. Ich beschloss endgültig, mich von ihm zu trennen, und lud ihn dafür zu einem Gespräch in meiner Wohnung ein.

Wir saßen am Bettrand, und ich begann mich zu erklären:

»Ich bin dir wirklich so unendlich dankbar für deine Hilfe, dass du für mich da warst. Dafür, dass du mich gestützt hast. Aber ich weiß einfach nicht mehr, wer ich bin. Ich kann noch nicht einmal mehr mich selbst lieben, wie soll ich denn dir dann Liebe schenken? Ich spüre keine Liebe mehr. Da sind nur noch Schmerz und diese schreckliche Sehnsucht. Deshalb finde ich es nur fair, diese Beziehung zu beenden. Ich schaff es nicht mehr. Das alles ist mir zu viel, und ich muss jetzt für mich allein sein. Es tut mir so leid.«

Er sprang auf, stapfte hin und her. Panik und Enttäuschung breiteten sich auf seinem Gesicht aus.

»Aber warum? Lass mich dir doch helfen. Wir schaffen das. Bitte. Ich brauche dich!«

»Es tut mir leid. Es geht nicht mehr. Ich möchte das hier nicht mehr«, entschuldigte ich mich nochmals.

»Ich habe alles für dich getan. Alles. Dir geholfen, war da, in dieser scheiß Situation. Und jetzt das? Das kann doch nicht dein Ernst sein?«, wurde er lauter und fuchtelte mit seinen Armen.

Ich schreckte zurück. Larissas Streit mit dem Mörder kam mir in den Kopf. Panik packte mein Herz.

Hilfe! O mein Gott. Hilfe!, schrie es in mir, doch ich brachte keinen Ton heraus. Meine Gliedmaßen waren wie gelähmt. *Verdammt, was mach ich jetzt? Bloß kein falsches Wort. Bleib ruhig, Katrin,* suchte ich nach einer Lösung.

»Es tut mir alles so leid, wirklich. Bitte geh jetzt. Du machst mir Angst. Bitte«, versuchte ich, möglichst gelassen zu bleiben, während er wütend durch die Wohnung stapfte. »Ich bitte dich. Lass mich jetzt allein. Bitte«, flehte ich ihn abermals an.

Er registrierte meine Angst und wurde ruhiger. »Hey, schon gut. Ich tue dir nichts. Ich werde gehen«, beruhigte er mich und verließ die Wohnung.

Als die Tür ins Schloss fiel, löste sich die Starre, und ich sackte erschöpft auf den Boden. Ich zog meine Beine fest heran und heulte in meine Knie wie ein Wolf um Mitternacht. Stundenlang ließ ich meiner Trauer freien Lauf. Ich weinte um meine Schwester, um mich und mein Leben. Auch wenn es mir um Domi leidtat, fühlte ich Erleichterung und wusste, dass es die richtige Entscheidung war. Ich musste erst mich neu kennenlernen, um solche Beziehungen wieder in mein Leben lassen zu können. Dafür brauchte es einen endgültigen Schlussstrich und kein Hinhalten. Das wäre ihm gegenüber nicht fair gewesen und hätte mich nur weiter belastet.

AUF JOBSUCHE

Die Tage danach nahm ich mir viel Zeit zum Nachdenken. Was waren die nächsten Schritte? Das Fest der Liebe rückte näher, die Tage wurden immer kürzer und kälter. Ich fühlte mich wie ein Schwamm, der früher voller Leben war und jetzt nur noch staubtrocken, abgenutzt und bereit für den Mülleimer. Ich brachte meine Trauer wieder aufs Papier, in mein Larissa-Buch:

Diese Zufriedenheit, das permanente Glücksgefühl, drei Schwestern wie euch zu haben, das Leben so sehr zu lieben – all das erlosch an diesem Tag. An diese Stelle sind nun Wut, Hass, Verzweiflung und ein Schmerz getreten, der nicht in Worte zu fassen ist. Jeden Morgen erwache ich mit dieser Realität und versuche, den Tag zu überstehen, ich lache, ich rede, ich tue so, als wäre nichts, doch innerlich zerreißt es mich, und ich möchte am liebsten fliehen. Jeden Abend bin ich erleichtert, einen weiteren Tag geschafft zu haben. Ich bin nicht mehr die, die ich vorher war. Ich habe meine Lust am Leben verloren, ich erfreue mich an vielen Dingen nicht mehr wie zuvor. Ich könnte immer weinen vor Traurigkeit. Mir geht die Kraft aus, und ich weiß nicht, wie lange ich es noch schaffen kann. Dass du gelebt hast, kommt mir vor, als wäre es ein Traum gewesen, der schönste meines Lebens. Lass mich wieder träumen und dich lebendig sehen! Ich vermisse dich so sehr!

Jeden Tag wollte ich aufgeben, jeden Tag versuchte ich trotzdem, weiterzumachen.

Mein Knie belastete mich zunehmend.

Beugung und Streckung waren nicht annähernd so gut wie bei vergleichbaren Kreuzbandriss-Patienten. Deshalb war ich auch noch weiter im Krankenstand. Nach der Beerdigung eines geliebten Menschen, so las ich in verschiedenen Ratgebern, solle man langsam wieder in seinen Alltag zurückfinden und seine Arbeit Schritt für Schritt wieder aufnehmen. Was aber, wenn sich das Leben in dieser Hinsicht vollkommen verändert hatte? Für mich gab es durch meinen Kreuzbandriss keinen klassischen Alltag mehr, keine Arbeit, die auf mich wartete. Ich musste eine neue Arbeit finden, die aber einen guten Gesundheitszustand voraussetzte. Außerdem war ich inzwischen so gut wie pleite.

Weil ich mir während des Studiums meinen Lebensunterhalt weitgehend selbst finanzieren musste, war Arbeit für mich kein netter Nebenverdienst, sondern existenziell notwendig. Der Rest meiner Familie hatte inzwischen seine Arbeit wieder aufgenommen und versuchte gerade, in diesen Alltag zurückzufinden. Das löste viel Druck in mir aus. Gleichzeitig sollte ich schnellstmöglich mein Studium abschließen. Ich war völlig verzweifelt und fragte mich, wie ich das je hinkriegen sollte. Und doch musste ich mich endlich aufraffen, mich zu bewerben.

Aber wer stellt schon jemanden mit so zugeschwollenen Augen ein? Welcher Arbeitgeber nimmt eine schwer Trauernde nach einem solchen Schicksalsschlag?, fragte ich mich. Für mich war deshalb klar, dass ich möglichen Arbeitgebern nichts von dem erzählen wollte, was geschehen war. Ich konnte nur hoffen, dass ich nicht erkannt wurde.

Gleichzeitig wusste ich nicht, wie ich es schaffen sollte, acht Stunden lang nicht zu weinen. Wenn ich zukünftigen Arbeitgebern nichts von meinem Schicksal erzählen wollte, würde es keine Rücksicht auf mögliche Heulattacken, Zusammenbrüche oder sonstige Angstattacken geben. Das löste Panik in mir aus.

Was, wenn ich meine Tränen nicht zurückhalten kann?,
sorgte ich mich.

Anfang Dezember musste ich mich beim Arbeitsamt melden.

Auf dem Weg zum ersten Termin schlotterten meine Beine.
Eine Dame war für mich zuständig.

»Wie kann ich Ihnen helfen? Wonach genau suchen Sie?«,
wollte sie wissen.

»Ich habe lange Zeit in einer Bar gearbeitet und davor schon
einige Male in der Gastronomie. Ich studiere noch und suche
daher eine Stelle für etwa 25 Stunden die Woche. Ab nächstem
Frühjahr kann ich dann wieder in einer Eisdiele arbeiten, wo
ich die letzten Jahre bereits tätig war«, versuchte ich die Fassung zu bewahren.

»Mal sehen, was wir hier haben«, machte sie sich daran,
ihren Computer zu durchforsten.

Sie las mir einige Stellen vor, Saisonjobs, Christkindlmarkt,
aber auch Hotels, die über Weihnachten und in der Wintersaison Leute suchten.

Weihnachten arbeiten. Silvester arbeiten, durchbohrten die
Gedanken wie ein Pfeil mein Herz. Ich begann zu schnappatmen, meine Lippen zitterten.

»Sie schauen blass aus. Ist alles in Ordnung mit Ihnen?«,
fragte sie.

»Nein. Nichts ist in Ordnung«, rissen meine Tränen alle
Dämme nieder.

»Hey, was ist denn plötzlich. Was ist los?« Die Frau legte
eine Hand auf meine Schulter.

Ich beichtete ihr mein Schicksal. Ich fühlte mich wie befreit,
nachdem ich alles ausgesprochen hatte.

»O mein Gott. Sie sind das. Das tut mir so unendlich leid.
Ich habe das natürlich in den Medien verfolgt. Wie geht es
denn Ihrer Mutter? Es muss das Schlimmste sein, ein Kind zu
verlieren«, fragte sie verständnisvoll.

Wir suchten dann gemeinsam nach Lösungen und einigten

uns darauf, dass ich mich über Weihnachten weiter krank-
schreiben lassen sollte. Nach den Feiertagen sollte ich mich
wieder melden und einen Termin machen.

»Wir kriegen das hin! Gönnen Sie sich die Ruhe jetzt, Sie
brauchen das bestimmt dringend«, verabschiedete sie mich.

Erleichterung machte sich breit. Zeit für meine Trauer und
Weihnachten bei meiner Familie.

Gleichzeitig war da noch ein anderer Gedanke. Als ich mich
nach Hause schleppte, musste ich an die Aussage der Beamtin
denken: »Es muss das Schlimmste sein, ein Kind zu verlieren.«

*Ich bin nur die Schwester. Dann darf ich nicht so viel trauern
wie Mama?*, fragte ich mich.

Kann Trauer verglichen werden? Kann ein Mensch überhaupt Aussagen darüber treffen, welcher Verlust der schlimmste
ist? Liebe kann doch auch nicht verglichen werden. Darf etwas
denn nicht gleich schlimm, aber anders schlimm sein? Das
Schlimmste ist doch, den Menschen zu verlieren, der dir auf
der Welt am nächsten ist. Und das war für mich meine Schwester. Mein Zwilling im Herzen.

Das Krankengeld allein, das ich nun noch ein paar weitere
Wochen gezahlt bekommen würde, reichte kaum für Miete
und Lebensunterhalt. Doch ich hatte unheimliches Glück.
Nachdem mein Onkel Helmut, der mich im Laufe meines Studiums bereits immer mal wieder unterstützt und mir aus Not-
lagen geholfen hatte, mir bereits kurz nach Larissas Verschwinden Geld gegeben hatte, um die Zeit der Suche finanziell zu
überstehen, war es nun die Mutter einer engen Freundin von
mir, die sich entschied, mich eine Weile finanziell zu unterstützen. Bis in den Sommer 2014 hinein überwies sie mir einen
Geldbetrag, der es mir ermöglichte, mich komplett auf die
Universität zu konzentrieren und mir nach den Weihnachts-
ferien nur einen kleinen Aushilfsjob zu suchen, statt 25 Stunden zu arbeiten.

Ich sprach meine Freundin an, weil sich in mir zunächst
alles sträubte, dieses Geld anzunehmen: »Das ist zu viel. Ich

fühle mich schlecht, wenn ich das annehme, Süße. Wirklich. Sag das deiner Mama bitte.«

»Hör auf, Katrin. Ich sehe dich doch fast jeden Tag, wie du dich abquälst, wie schlecht es dir geht. Ich kann dir diese Last nicht nehmen, aber so können wir dir wenigstens ein bisschen helfen. Sie möchte wirklich, dass du es nimmst, und will auch absolut keine Gegenleistung dafür. Also bitte ich dich, nimm es an!«

Ich wollte gerade wieder ansetzen, doch sie fiel mir ins Wort: »Nein. Aus jetzt, keine Diskussion, okay? Hilfe annehmen ist nichts Schlechtes. Lass uns essen, okay, und über etwas anderes sprechen.« Sie schaute mich eindrücklich an, und ich ließ es gut sein, fühlte mich dennoch unwohl damit.

Tage später kam ein Brief. Er war von ihrer Mutter. Sie schrieb darin unter anderem, wie viel es ihr bedeuten würde, wenn ich diese Hilfeleistung annehme, und dass sie das von Herzen tut. Ich seufzte, als ich den Brief zu Ende gelesen hatte. *Bin ich denn wirklich keine Schmarotzerin? Ich kann mich nicht einmal mehr um meinen eigenen Lebensunterhalt kümmern. Wie tief bin ich nur gesunken,* ging es mir durch den Kopf. Gleichzeitig war ich berührt davon, dieses Angebot zu bekommen und diese aufbauenden Zeilen zu lesen. *Du musst es annehmen, Katrin. Du hast ohnehin keine andere Wahl gerade, angesichts der schlechten Lage,* war ich hin- und hergerissen.

Am Ende beschloss ich dankend, die Hilfe anzunehmen. Ich zog ein Blatt Papier heraus und verfasste einen Brief an die Mutter meiner Freundin, der meine tiefe Dankbarkeit ausdrücken sollte.

Ich hatte immer davon geträumt, auf eigenen Beinen zu stehen und für mein Leben selbst die Verantwortung übernehmen zu können. Ich wollte von nichts und niemandem abhängig sein und hatte stets hart gearbeitet, um meinen Lebensunterhalt bestreiten zu können und meinen Traum, Archivarin zu werden, zu verfolgen. Doch das Schicksal hatte zugeschlagen, und ich musste resignieren.

Ich weiß nicht, wie viele Tränen ich vergoss, weil ich mich wie eine Versagerin fühlte. Ich redete mir ständig ein, nichts geschafft zu haben, und verurteilte mich. Rückblickend betrachtet bin ich froh, dass ich nachgegeben und die Hilfe angenommen habe. Denn sie hat ermöglicht, dass ich mein Studium schneller und stressfreier abschließen konnte und nicht in einem Zusammenbruch endete.

Ich musste nur noch lernen, zu mir und meinen Entscheidungen zu stehen.

Während viele bei diesem Thema also mit mir fühlten, sorgte genau diese Problematik dafür, dass sich zwischen Anna und mir die Fronten verhärteten. Ich erzählte ihr vom Ergebnis meines Termins beim Arbeitsamt und stieß bei ihr auf wenig Verständnis.

»Ich arbeite doch auch, Katrin. Du musst dich halt einfach ein bisschen zusammenreißen. Du kannst doch nicht nur faul rumhocken.«

Annas Worte gingen mir nach.

Vielleicht hat sie recht. Vielleicht bin ich wirklich faul und sollte mehr tun. Aber wie? Ich schaffe es kaum noch, aus dem Bett zu kommen, und Weihnachten will ich doch nur zu Hause sein, statt zu arbeiten. Da hat sie schließlich auch frei, diskutierten jeden Abend zwei Stimmen in mir, die ich wieder nur mit Alkohol zum Schweigen brachte.

Welcher Weg war gut, welcher schlecht? Musste ich mich einfach mehr anstrengen? Niemand konnte mir die Fragen beantworten. Larissa war tot, und langsam fühlte es sich so an, als würde die Beziehung zu Anna genauso sterben. In meinem Larissa-Buch suchte ich nach Hilfe:

Was mache ich, wenn ich sie genauso verliere, Larissa? Wenn du nur da wärst! Du würdest mich verstehen. Du würdest uns wieder zusammenbringen. Du hättest eine Lösung. Ich vermisse Anna so sehr und unsere lustige gemeinsame Zeit. Ich darf sie nicht verlieren, und Mara genauso wenig!
Was soll ich bloß tun, Larissa?

Ein neuer Familientherapie-Termin stand bevor, und ich hoffte, hier ein paar Unstimmigkeiten in Bezug auf Weihnachten klären zu können.

Anna und ich sprachen bis dahin nicht viel miteinander, nur das Nötigste und Belangloses.

»Wie geht es Ihnen während dieser Vorweihnachtszeit? Wo liegen für jeden Einzelnen gerade besondere Herausforderungen?«, fragte die Therapeutin in die Runde. Bei jeder der Sitzungen nahmen wir in gleicher Sitzanordnung Platz. Auch diesmal begann sie bei Anna.

»Ich halte diese unbändige Wut in mir kaum noch aus. Ich bin so gereizt und gehe permanent wegen jeder noch so winzigen Kleinigkeit an die Decke. Mein Partner muss das ständig aushalten. Ich schreie ihn immer an, er versteht mich einfach nicht. Ich kann ihn auch nicht mehr an mich heranlassen. Ich bin so zornig und gleichzeitig so leer.« Sie weinte plötzlich bitterlich und laut. Ich sah zu ihr, und ihr Anblick schnürte mir die Kehle zu. *O mein Gott, was ist nur mit ihr?* Ich konnte nicht glauben, was ich sah. Es war das erste Mal, dass ich sie derart aufgelöst erlebte. Plötzlich hatte ich große Angst um sie und wollte sie halten, doch die Traurigkeit schmerzte zu sehr und lähmte mich.

Alle schauten weg. Anscheinend war es nicht nur für mich kaum auszuhalten, sie so zu sehen.

»Wie geht es Ihnen damit, wenn Sie Anna so sehen?«, fragte Frau Walser uns.

Ich begann mit bebender Stimme zu sprechen: »Es tut mir voll weh und zerreißt mich fast.«

»Mich auch«, weinte Mara zwischen Mama und Papa.

»Du wirkst immer so kühl, und ich frage mich oft, wo deine Traurigkeit ist? Deine Wut spüre ich ständig, aber deine Traurigkeit kaum«, erklärte ich Anna direkt.

»Ich weiß. Ich kann sie nicht so zeigen wie ihr«, antwortete sie und sah dabei mich und Mara an. »Und ich weiß auch, dass ich jeden mit meiner Wut ständig verletze. Auch dich, Katrin, ich weiß. Das will ich eigentlich gar nicht.«

»Haben Sie da ein konkretes Beispiel?«, fragte mich die Therapeutin.

Ein Taschentuch nach dem anderen wurde aus der Packung gezogen, während ich von meinem Termin beim Arbeitsamt zu erzählen begann und welche Diskussion ich anschließend mit Anna deswegen hatte. »Ich versuche ja wieder in den Alltag zurückzufinden, aber ich will Weihnachten einfach nicht arbeiten, weil ich bei euch sein mag. Du arbeitest in einem Büro, ich müsste in einer Bar stehen, und das über alle Feiertage hinweg.«

»Ich will ja auch, dass du Weihnachten bei uns bist, das verstehe ich. Mich ärgert es oft nur so, dass ich nicht auch mal freinehmen kann, wenn es mir schlecht geht. Du hast diese Möglichkeit, und ich finde es unfair.«

»Ich weiß, ich genauso«, sagte ich und senkte den Kopf.

»Aber ja, bitte komm Weihnachten nach Hause. Unbedingt«, sagte sie noch und sah mich hoffnungsvoll an.

»Wir wollen doch alle, dass du daheim bist über die Feiertage, Katrin. Danach kannst du dir dann Arbeit suchen«, warf meine Mama mir nüchtern entgegen.

»Danke euch. Ja klar, ich komme auf jeden Fall heim. Und ja, danach sehen wir weiter«, antwortete ich.

»Wie kommen Sie denn derzeit klar, Mara?«, wandte sich die Therapeutin nun Mara zu.

»Joa, nicht gut. Ich weiß nicht. Ich sehe überhaupt keinen Sinn mehr. In gar nichts. Die Arbeit ist scheiße, mir macht nichts mehr Spaß. Ich bin dauernd müde und erschöpft«, erzählte sie in langsamem Tempo.

»Sie schläft sehr viel«, hakte Mama in ihre Erzählung ein und richtete sich dann direkt an Mara. »Eigentlich immer, wenn du nicht arbeitest, oder?«

»Ja. Dann muss ich nicht denken. Die Tabletten machen mich müde. Und das Weinen auch.«

»Sie nimmt Antidepressiva. Wir waren bei einer Therapeutin, die Mara nun regelmäßig besucht, und einem Arzt«, erklärte Mama.

Die Therapeutin notierte sich den Namen der Tabletten und der Betreuungspersonen, die für Mara zuständig waren.

»Nur so kann ich arbeiten«, rechtfertigte sich Mara, als die Therapeutin sie anschaute.

»Ich verstehe. Manchmal braucht es außergewöhnliche Unterstützung, weil es einfach zu viel ist«, beruhigte Frau Walser sie.

Diese scheiß Tabletten. Die machen doch nur einen Zombie aus dir, ging es mir durch den Kopf, aber ich behielt den Gedanken für mich. Dass ich mich selbst mithilfe von Alkohol betäubte, kam mir zu dem Zeitpunkt nicht in den Sinn. Ab und zu ein paar Schlucke zu trinken war in meinen Augen nicht so schlimm, wie jeden Tag Tabletten einzunehmen.

»Wie geht es Ihnen beiden als Elternteile derzeit?«, fragte die Therapeutin weiter.

»Na ja, ich versuche, nach vorne zu blicken und nicht aufzugeben. Was bleibt mir sonst übrig. Ich gehe viel mit dem Hund spazieren, das tut mir gut«, begann Mama ausdruckslos zu berichten.

Immer wirkt sie so steif und kühl in ihren Worten. Ich verstehe das nicht.

»Ja, ich kämpfe mich auch durch jeden Tag. Es ist anstrengend und braucht so viel Kraft. Manchmal will ich schon aufgeben, aber das tue ich natürlich nicht. Da sind ja noch meine anderen Kinder, für die ich nun versuche weiterzumachen«, sagte Papa weitaus emotionaler; und seine Augen wurden wieder glasig. Er rieb sich die Augen und versuchte uns Kindern ein Lächeln zu schenken. Mein Magen verkrampfte sich, als sich unsere Blicke trafen; und ich musste wegschauen, weil die Situation sonst erneut in einem Heulkrampf enden würde.

Die Stunde verging rasend schnell; und wir verabschiedeten uns voneinander. Vor Weihnachten ließ sich terminlich keine weitere Stunde vereinbaren. Daher beschlossen wir, uns nach den Feiertagen zurückzumelden. Dass wir dann aber in einer ganz anderen Familientherapie sitzen würden, konnten wir noch nicht ahnen.

Wie schon bei den letzten Terminen verloren wir im Anschluss an die Sitzung kein Wort darüber und versuchten, in den Alltag zurückzukehren.

Ich fuhr nach Innsbruck zurück und schrieb die Uniprofessoren an, für deren Kurse ich mich im Wintersemester 2013/2014 eingeschrieben hatte. Ich erklärte die Situation und fragte an, ob ich die Kurse trotz zahlreicher Fehlstunden doch abschließen dürfe. Sie waren verständnisvoll und gaben mir Zeit, um in den Uni-Alltag zurückzufinden. Ich sollte mich bei ihnen melden, wenn ich mich bereit fühlte, die Prüfungen abzulegen beziehungsweise meine Seminararbeiten zu schreiben.

Zwei Bachelorarbeiten und acht weitere Kurse, die entweder mit einer Arbeit oder einer Prüfung abschlossen, musste ich bis zum Studienende noch hinter mich bringen. Also versuchte ich, ganz langsam in diesen Alltag zurückzukehren. Doch in der Bibliothek zu lesen und zu arbeiten war alles andere als leicht. Es fühlte sich seltsam an, so zu tun, als wäre nichts passiert. Die Bibliothek war vor wenigen Jahren neu gebaut worden und bot an die 500 Arbeitsplätze. Hierhin setzte ich mich Mitte Dezember an meinem ersten Tag zurück an der Uni. Um mich herum Studierende, die mich erkannten, beobachteten, über mich tuschelten. So fühlte es sich zumindest an.

Einige der Studenten kannte ich aus Geschichtsvorlesungen, dazu kamen alte Bekannte aus anderen Studienrichtungen. Manche von ihnen kamen zu mir und fragten mit besorgten Stimmen, wie es mir denn gehe. Andere wiederum wichen mir aus und sahen mich mit einem mitleidigen Blick an. Beides war nicht leicht zu ertragen.

Ich tat mich schwer, mich auf meine Arbeit zu konzentrieren, einen Text, den mir meine Professorin zum Lesen für meine Bachelorarbeit gegeben hatte. Ein kurzer Blick auf die Uhr verriet mir, wie langsam ich wirklich war: »Eine Stunde und drei Seiten, pfff!«

Ich las weitere drei Seiten, hob meinen Kopf und überlegte: »Was zum Teufel stand da eigentlich drin?«

Ich konnte mich an kein einziges Wort erinnern.

Wie soll ich in diesem Zustand nur imstande sein, eine Bache-lorarbeit zu verfassen? Ich glotzte ratlos auf das Blatt vor mir und legte meinen Kopf in meine Hände. Weitere 20 bis 30 Seiten quälte ich mich durch den Text, bevor ich mir selbst eingestand, wie sinnlos die Mühe gewesen war. Diese Aufgabe musste wohl noch warten.

MONAT 4

»ICH WILL DIESEN SCHMERZ NICHT MEHR SPÜREN MÜSSEN!«

Weihnachten und andere Herausforderungen

DAS FEST OHNE LARISSA

Mitte Dezember ließ mich das unaufhaltsam näher kommende Weihnachtsfest unruhiger werden. Ich besuchte wöchentlich meine Therapeutin und erzählte ihr von meinen Ängsten.

»Was haben Sie für Weihnachten geplant?«, fragte sie mich, kurz bevor ich zu meiner Familie fahren sollte.

»Wir werden wahrscheinlich bei Anna feiern. Das besprechen wir die Tage noch genau.«

»Warum bei Anna? Wie fühlt sich das für Sie an?«

»Na ja, keiner wollte daheim feiern, so wie früher, als wäre nie was gewesen. Wir dachten, ein Ortswechsel würde uns guttun. Damit wir halt nicht zu traurig sein werden.«

»Sie dürfen aber traurig sein. Und auch Weihnachten darf traurig sein, das wissen Sie, oder? Sie müssen sich nicht zusammenreißen, nur weil Weihnachten ist«, erklärte mir Frau Stark.

»Ich weiß nicht, manchmal habe ich schon das Gefühl, dass ich das müsste. Ich will vor allem nicht meine Mama belasten«, teilte ich meine Sorgen und Gedanken mit ihr.

»Ich verstehe, was Sie meinen. Ihre Mama ist erwachsen, sie kann schon gut auf sich achten. Sie dürfen sich aber deshalb nicht ihrer eigenen Trauer berauben. Sie haben das Recht, traurig zu sein. Nehmen Sie es sich. Haben Sie gute Freunde oder Bekannte in Ihrer Heimatumgebung, die vielleicht unterstützen könnten?«

»Ja, meine Großcousine Miriam wohnt gleich gegenüber

von meiner Mama. Sie hat mir schon angeboten, während der Feiertage vorbeizukommen, falls ich überfordert sein sollte.«

»Das klingt doch gut. Tun Sie das, wenn Sie spüren, dass Sie traurig sein möchten, das aber nicht innerhalb der Familie können«, empfahl sie mir. Mit einem besseren Gefühl für Weihnachten verließ ich die letzte Therapiestunde im alten Jahr.

Um mich im Dezemberalltag vom bevorstehenden Fest der Liebe abzulenken, trank ich wieder, meistens Glühwein mit Freunden. Manchmal war er auch gemischt mit Rum. In seltenen Fällen, wenn es mir besonders schwerfiel, aus dem Bett zu kommen, trank ich bereits frühmorgens, allein. In meinem beschwipsten Alltag schwebte ich auf Wolken. Der Schmerz war eingedämmt, die Außenwelt war mir egal. Ließ die Wirkung nach, kippte ich oft gleich das nächste Glas hinterher. Ich gewöhnte mich daran. Von Mal zu Mal wurden die Mengen größer, der Alkohol stärker und der Kater am nächsten Tag schlimmer – und damit das emotionale Tief. Meine Lösung: noch mehr trinken.

Ich wusste, dass das zu viel für mich und meinen Körper war, doch die Weihnachtszeit war viel zu schwer, um sie nüchtern ertragen zu können. Das redete ich mir ein. Meiner Therapeutin hatte ich noch immer nichts von der Trinkerei erzählt. Ich empfand es nicht als notwendig, noch nicht. Meine Freunde tranken selbst häufig, wie so viele auf den Weihnachtsmärkten und -feiern. Da fiel ich leicht angeheitert in der Masse nicht auf.

Wenn ich an diese erste Vorweihnachtszeit ohne Larissa zurückdenke, liegt ein Schleier über meinen Erinnerungen. Alles kommt mir verschwommen vor, ich habe einfach viel zu viel getrunken.

Wenige Tage vor dem Fest fuhr ich zu meiner Familie. Wir besprachen, ob und wie das Weihnachtsfest stattfinden sollte.

»Also, feiern sollten wir auf jeden Fall. Das hätte Larissa bestimmt auch gewollt«, sagte Anna streng. Alle stimmten zu. Nun war die Ortsfrage zu klären.

»Wer ist für Annas Wohnung, der hebt die Hand«, fragte meine Mama bei der Abstimmung.

Alle hoben die Hand.

»Gut, dann machen wir das so.« Sie stand auf, holte sich einen Zettel und einen Stift. »Ach ja, ich werde auf jeden Fall wieder ins Café gehen, mit meiner Freundin. Das möchte ich gerne. Ihr könnt natürlich mitkommen.« Sie sprach uns Kinder damit an. Jedes Jahr vor Heiligabend trafen wir dort um die Mittagszeit Bekannte aus dem ganzen Ort, tranken Sekt, hörten Weihnachtslieder und aßen Kekse.

Anna und ich nickten reflexartig, ohne großartig darüber nachzudenken. Mara antwortete kurz: »Ich muss bis Nachmittag arbeiten.«

Unmöglich, dass sie an diesem Tag arbeiten soll, tat sie mir leid, und ich wollte ihr so gerne helfen.

Wir klärten noch, wer was für das Essen an Heiligabend vorbereiten würde, und Mama schrieb eine kleine Einkaufsliste zusammen. Darüber, wie wir mit unserer Traurigkeit an diesem Tag umgehen wollten, wagte keiner zu sprechen.

Ehe ich mich's versah, war der 24. Dezember gekommen. Bereits am späten Vormittag trafen wir uns, wie abgemacht, in dem kleinen Café. Fast die ganze Ortschaft war da. Die Leute um uns herum lachten und schienen glücklich. Auch meine Mutter lachte und plauderte ausgelassen mit ihren Freunden.

Wie stark sie nur ist, dachte ich, während ich sie beobachtete. *Ich würde jetzt am liebsten losweinen, und sie kann so tun, als wäre nichts. Wie macht sie das denn nur?*

Anna, die neben mir saß, schien ebenfalls nicht zum Lachen aufgelegt. Die Konflikte zwischen uns beiden hatten wir über Weihnachten stillschweigend beiseitegeschoben. Sie schien in den Tagen zuvor auch weniger wütend gewesen zu sein, zumindest mir gegenüber. *Vielleicht hat das Gespräch in der Therapie doch etwas bewirkt,* dachte ich, als ich sie im Café beobachtete. Ich spürte die Blicke der Leute im Rücken. Dann erinnerte ich mich an das letzte Jahr: »Weißt du noch, Anna, ich saß genau auf dem Stuhl und Larissa neben mir. Ich habe sogar ein Bild davon.« Ich zeigte es ihr.

»Ja, stimmt. Hm«, sie schaute das Bild an und zwang sich sichtlich zu einem Lächeln. Dann sagte sie weiter: »Ich fühle mich nicht wohl hier. Ich glaub, ich geh dann bald heim, ich muss noch das Tiramisu herrichten.«

»Ja, ich finde es auch komisch. Ich glaube, ich gehe auch bald. Mama und ich schmücken dann noch den Baum.«

Auf dem Weg in Mamas Wohnung dachte ich über unser aller Verhalten nach. Obwohl heute keine von uns ihre Traurigkeit offen zeigte, war sie präsenter zu spüren als in den letzten Monaten. Und ob Mama wirklich so stark war? So kühl? Ich wünschte mir manchmal, sie würde uns gegenüber mehr Gefühle zeigen.

Ob das heute wirklich gut geht? sorgte ich mich.

Daheim begann ich, den Baum zu schmücken. Kurze Zeit später kam Mama.

»Was glaubst du wohl, wie es Mara gerade geht?«, fragte ich sie.

»Ich weiß es nicht, ich hoffe nur, halbwegs gut.«

»Das tut mir so leid, dass sie heute arbeiten muss. Das ist einfach bescheuert und sollte nicht sein.«

»Ich weiß. Aber manche Dinge kann man nicht ändern. Das wird sie schon schaffen. Sie nimmt ja zum Glück die Medikamente, die helfen ihr bestimmt.« Da war sie wieder, die kühle Brise. Ich saß mit einem Kloß im Hals am Boden und entknotete die Girlanden. Mama stand am Baum und brachte die Kerzen an. Kurz sah ich zu ihr hoch. Ihre Augen waren feucht, und eine Träne lief über ihre Wange. Sie sah so viel älter aus, seitdem Larissa tot war.

Da ist sie doch, die Traurigkeit. Ich habe ihr unrecht getan. Ob ich sie nun mit meiner Aussage über Mara und ihre Arbeit verletzt habe?, rügte ich mich selbst, und der Kloß wurde dicker. Er platzte. Tränen tropften auf die Weihnachtsdekoration hinab.

Mama bemerkte es und blieb schweigsam. Ihre Stille war in diesem Moment ein lauterer Schmerz, als jeder Schrei auszudrücken vermochte.

Mir kam plötzlich das letzte Gespräch mit meiner Therapeutin in den Sinn. Ich stand auf und beschloss, zu meiner Großcousine Miriam zu gehen, die auf der anderen Straßenseite wohnte. In dem Moment, als sie mir die Tür öffnete, fiel ich ihr in die Arme, und alles brach aus mir heraus.

»Hey, was ist denn passiert? Ist es wegen Weihnachten? Magst du reden?«, fragte sie und schaute mich besorgt an.

Wir setzten uns in die Küche an den großen Esstisch und sie bot mir ein paar Kekse und Tee an. Ihre Mutter war ebenfalls da und umarmte mich kurz, aber fest.

»Es tut einfach so weh. Der Schmerz heute ist hundertmal so schlimm wie sonst. Bei Mama spüre ich einfach, dass ich ihn nicht zulassen kann. Und Mara tut mir die ganze Zeit so leid. Sie muss sich in diesem scheiß Geschäft abrackern, wo es ihr doch eh schon so schlecht geht. Das ist so unfair.« Ich plärrte alles, was mich die letzten Tage belastet hatte, aus mir heraus, und die beiden hörten still zu, schenkten Tee nach und reichten mir Taschentücher. Als der Tränenwasserhahn nur noch leicht tropfte, bedankte ich mich und kehrte zurück in unsere Wohnung. Ich war froh, den Rat der Therapeutin beherzigt zu haben.

Eine Stunde später trafen wir uns in Annas Wohnung. Sie erzählte mir gleich, dass auch bei ihr während der Tiramisu-Zubereitung alle Dämme gebrochen waren: »Am liebsten hätte ich das Tiramisu gegen die Wand geschleudert. Ich hatte für einen Augenblick keine Kraft mehr.«

Puh, dann war ich nicht die Einzige.

Mara war nun auch dabei und berichtete von der Arbeit: »Es war schon anstrengend, aber ich hatte so viel zu tun, dass ich eigentlich gut abgelenkt war. Die Tabletten haben gut gewirkt, denke ich. Aber jetzt bin ich echt total am Arsch und fertig.« Papa war tagsüber bei seiner Gebetsgruppe gewesen.

Er war schon eine ganze Weile vor Larissas Tod gläubig gewesen und Teil der Freikirche. Seit Larissa aber gestorben war, schenkte ihm der Glaube an Gott besonderen Halt. Die Gruppe stützte ihn und fing ihn auf, wenn es ihm schlecht ging. So auch an diesem 24. Dezember. Dadurch war es für ihn weitestgehend erträglich gewesen, wie er uns erzählte.

Wir aßen in Ruhe und packten Geschenke aus. Mara schenkten wir eine Karte für ein Miley-Cyrus-Konzert in Wien. Für eine kurze Sekunde sah ich einen leuchtenden Funken in ihren Augen, als sie die Tickets sah. Es war also eine gute Idee gewesen, ich war beruhigt.

»Das Beste weißt du ja noch gar nicht! Wir werden alle zusammen fahren. Ein Trip, ein kleiner Ausflug über mehrere Tage«, verriet Anna nun.

»Wirklich jetzt? Boah, Hammer! Wer alles?« Sie wedelte mit der Karte, und ihre Augen leuchteten erneut auf.

»Katrin, ich, Remo, Mama und eine Freundin deiner Wahl.«

Das Konzert würde an ihrem 18. Geburtstag stattfinden, am 10. Juni 2014. Da war sie. Die Hoffnung, dass wieder Frohsinn in dieser Familie möglich sein konnte. Das erste Mal war sie im Raum zu spüren, und sie war stärker als all unsere Traurigkeit – zumindest in diesem Moment.

Nach diesem Aufschwung an Freude kam bei allen die Erschöpfung. Mama und Papa wollten die Mitternachtsmette besuchen. Mara war zu müde und ging ins Bett, so auch Anna. »Gehst du nicht schlafen?«, fragte Mama.

»Nein, ich fahre noch mit ein paar Freunden zum Après-Ski.«

»Pass auf dich auf«, sagte Mama und verabschiedete sich.

Ich wusste, Larissa hätte das gewollt. Im Jahr zuvor waren wir noch zusammen dort gewesen. Reutte war eine touristische Gegend, die zu Weihnachten für Urlauber Weihnachtsfeiern veranstaltete. Wir tanzten und lachten und sprachen über Larissa. Wir weinten zusammen und stießen auf sie an. Ich spürte ihre Anwesenheit in jedem Winkel dieser Bar. Viel zu spät fiel ich todmüde ins Bett.

Überlebt. Wir haben es geschafft. Ich konnte nicht fassen, dass der Tag überstanden war. *Jetzt noch Silvester ohne dich,* war der letzte Gedanke, bevor ich einschlief.

Die darauffolgenden Tage verbrachten wir mit vielen Spaziergängen und gemeinsamen Mahlzeiten. Der Schnee ließ noch auf sich warten, die Temperaturen waren mild. Ich besuchte Larissas Grab, das mit einem Christbäumchen geschmückt war. Dann kam auch schon Silvester. Anna und Remo stellten ein weiteres Mal ihre neue große Wohnung für die Feierlichkeiten zur Verfügung und luden die Familie und ein paar Freunde ein. Der Abend verlief ausgelassen, Tränen blieben aus. Zu Mitternacht versammelten wir uns auf der großen Terrasse der Wohnung und bestaunten das Feuerwerk, das durch die dichten Wolken nur schwer zu erkennen war.

Mit dem Übergang ins neue Jahr waren meine Gedanken ganz bei Larissa, wie ich nach dem Himmelsspektakel in meinem Buch festhielt:

2014 ist angebrochen. Nur eine Zahl und doch so viel an Schmerz darin enthalten. Ein Jahr, das niemals in Verbindung mit dir, meine liebe Larissa, gebracht werden wird. Ein Jahr, aus dem niemals schöne Momente mit dir hervorgehen werden. Ein ganzes Jahr, das ohne dich gelebt werden muss. Ein neues Jahr, das mich noch weiter wegbringt von unseren gemeinsamen Erlebnissen. Und ein Jahr, in dem die Verhandlung deines Mörders stattfinden soll. Wie soll ich in ein solches Jahr positiv blicken können? Du fehlst mir so sehr.
Ich liebe dich.

Gleich nach Mitternacht ging ich ins Bett. Mara brach mit ein paar Freunden noch in die Disco im Ort auf.

Als ich im Bett lag, ließ ich 2013 Revue passieren: *Im März hatte ich den Skiunfall, bei dem ich mir das Kreuzband gerissen habe. Daraufhin wurde ich gekündigt. Nach der Operation im*

Mai bekam ich eine Beinvenenthrombose. Und im September, als ich endlich gesund war, wurdest du ermordet. Hm, was für ein beschissenes Jahr.

Ich drehte mich zur Seite, versuchte zu schlafen. Doch die Gedanken ließen mich nicht los: *Eigentlich war der Kreuzbandriss gar nicht so schlecht. Stell dir mal vor, ich wäre beim Skifahren nicht gestürzt? Dann hätte ich den ganzen Sommer gearbeitet und niemals so viel Zeit mit dir verbringen können, Larissa. Schon krass. So viele Momente und Lacher, die mir entgangen wären.*

Ich musste schmunzeln, runzelte mit dem nächsten Gedanken aber die Stirn: *Aber dann hätte ich auch niemals die Party veranstaltet. Und du würdest noch leben.*

Mein Hals knotete sich zu. Ich schüttelte den Kopf.

Hör auf damit, Katrin, verdammt. Das kannst du doch nicht wissen. Hör endlich auf mit diesen scheiß Gedanken, schimpfte ich mit mir. Ich wälzte mich noch eine Weile hin und her, dann schlief ich ein.

KEIN GUTES NEUES JAHR

Der erste Tag im Jahr 2014 fing alles andere als gut an. Ich saß in der Küche am großen Tisch und frühstückte gerade, als Anna und Remo völlig aufgebracht in die Wohnung marschierten. Sie erzählten laut und außer sich, dass Mara letzte Nacht betrunken Drogen genommen hätte. Ein Freund hatte Mara dabei erwischt und sie nach Hause gebracht. Den jungen Mann, der ihr das Koks verkauft hatte, hatten sie nicht ausfindig machen können. Er war sofort verschwunden.

»Wie konnte dieser Kerl ihr so was verkaufen! Er wusste doch bestimmt, was sie im letzten Jahr durchgemacht hat?«, wurde ich zornig. Schließlich war unsere Geschichte im ganzen Dorf bekannt.

Maras Umgang mit ihrer Trauer war in den letzten Wochen beängstigend für uns gewesen. Entweder griff sie zu Drogen, meistens Marihuana, oder sie verletzte sich selbst, indem sie ihre Arme ritzte. Während wir am Küchentisch diskutierten, stieß Mara halb verschlafen dazu.

»Hey, wie geht es dir denn? Warum hast du das denn genommen, Mara? Du machst uns furchtbare Angst mit solchen Aktionen«, versuchte ich so verständnisvoll wie möglich zu bleiben.

»Ich weiß auch nicht. Ich weiß, dass es scheiße war, okay?! Lasst mich doch in Ruhe«, wehrte sie sich und rieb sich die Augen.

»Du musst damit aufhören, Mara. So kann es nicht weitergehen! Das musst du doch verstehen!«, sagte Anna eindringlich und lief am Tisch entlang hin und her. Ich konnte ihre Angst und Verzweiflung spüren, auch wenn sie diese verstecken wollte.

»Jaaa, verdammt. Das war nur ein Mal jetzt. Ich werde es nie wieder machen, okay?«, wimmelte Mara Anna ab. Wie beim Pingpong sprangen Zurechtweisungen von Anna und mir und Verteidigungen von Mara über den Tisch hin und her.

Eine halbe Stunde später wurden wir ruhiger, saßen alle am Tisch.

»Ich wollte mich nur einen einzigen Moment endlich wieder gut fühlen, glücklich sein, mehr nicht. Ich will nicht mehr diesen Schmerz spüren müssen«, schluchzte Mara.

»Ich weiß doch, das will ich auch nicht mehr«, erwiderte Anna.

»Ich auch nicht«, stimmte ich mit ein und legte meine Hand auf Maras Schulter.

»Vielleicht hoffte sogar ein Teil von mir, daran zu sterben«, flüsterte Mara mit gesenktem Kopf, während ihre Tränen auf den Tisch tropften.

»Sag so was nicht«, platzte es aus Anna heraus.

Mir fehlten die Worte. Ich streichelte weiter Maras Schulter.

»Wir kriegen das schon hin. Wir müssen das schaffen, irgendwie. Wir lassen dich nicht im Stich, okay?«, faselte ich, um die Angst in meinem Herzen zu übertönen, während mir gleichzeitig für einen klitzekleinen Augenblick der perfide Gedanke durch den Kopf ging, dass wir vielleicht alle sterben sollten, um endlich diesen Schmerz nicht mehr spüren zu müssen.

Doch der Augenblick war schnell vorüber. Ich wandte mich wieder Mara zu.

Meine jüngste Schwester war am Ende ihrer Kräfte angelangt. Jeder konnte das sehen. Ihre Haut war blass, ihr Körper bis auf die Knochen abgemagert, ihre Augen waren geschwollen und gerötet, in ihrem Gesicht war kein einziger Funke Lebensfreude mehr zu erkennen. Dieser Anblick zerbrach mir das Herz. Ein Stück weit hatte ich auch sie und Anna als

Schwestern verloren. Wir waren nicht mehr dieselben, das wurde mir an diesem Morgen erneut bewusst. Mara konnte mit dem Verlust und den damit verbundenen Gefühlen nicht umgehen. Wie denn auch, sie war doch gerade erst 17 Jahre alt geworden? War ein Leben als Jugendliche denn nicht an sich schwer genug? In den letzten Jahren, in ihrem jungen Alter, hatte sie den Krebs meiner Mutter, die Scheidung meiner Eltern und nun den Mord an unserer Schwester überstehen müssen. Dass sie überhaupt bis Silvester überlebt hatte, grenzte nahezu an ein Wunder.

Als meine Mutter am Ende der Diskussion dazustieß und wir ihr die Lage schilderten, sagte sie nicht viel. Sie begann, die Küche aufzuräumen. Ihre Erschöpfung war nicht zu übersehen und versetzte mir einen Stich. Anna stand plötzlich auf, ihr Blick war bösartig und gegen Mama gerichtet.

»Was ist bloß mit dir los, Mama? Du siehst doch, dass Mara Hilfe braucht. Du musst doch was machen! Das kann doch alles nicht mehr so weitergehen!«, brüllte sie ihren Schmerz nach draußen.

»Was soll ich denn jetzt tun? Ich weiß auch nicht weiter!«, verteidigte sie sich.

»Du bist nie mehr da für uns. Du siehst uns doch gar nicht mehr«, ließ Anna nicht locker.

»Ich weiß. Ich weiß das doch alles. Meinst du, mir ist das nicht bewusst?«, schrie Mama zurück. Ihre Worte endeten in einem Heulkrampf, während sie ihre Hand fest auf die Arbeitsfläche der Küche drückte, um nicht zusammenzubrechen.

»Hör auf, Anna. Hör doch auf, bitte!«, rief ich dazwischen.

Der Anblick meiner Mama ließ mir kaum noch Luft zum Atmen.

Wie soll sie denn ihrer Mutterrolle gerecht werden, wenn sie ihr Kind verloren hat?, brannte es in meinem Kopf.

WIE HÄLTST DU'S MIT DER RELIGION?

So konnte es nicht weitergehen. Allein würden wir der Situation nicht mehr lange standhalten. Die Selbstverletzung meiner Schwester Mara, ihre Suizidgedanken und jetzt die Drogen verlangten nach intensiverer professioneller Hilfe.

Nach diesem langen, kräftezehrenden Morgen in Annas Küche beschlossen wir gemeinsam mit Papa, Maras Aufnahme in die psychiatrische Kinder- und Jugendklinik in Innsbruck zu beantragen. Mit dieser Entscheidung fühlte ich mich erleichtert. Es brauchte unfassbar viel Mut, diese Hilfe von außen anzunehmen, für uns, aber vor allem für Mara. Solche Kliniken sind in unserer Gesellschaft auch heute noch mit Stigmata besetzt. Wer sich dort aufhält, ist verrückt und nicht ganz klar im Kopf oder zu schwach, um sein Leben selbst in den Griff zu bekommen – so denken noch immer viele Leute. Mara war mit ihrer Entscheidung, dorthin zu gehen, die Mutigste in unserer Familie, ein Vorbild für uns alle.

Nachdem wir alles Formelle erledigt hatten, begleiteten wir Mara in die Klinik, in der wir ein Erstgespräch mit den dortigen Therapeuten und Ärzten führten, auf dessen Grundlage sie eine Einschätzung der Situation vornahmen.

Wir wurden in einen Raum mit einem großen Tisch geführt, um den herum wir Platz nahmen, uns gegenüber saß das Klinikpersonal. Nachdem sie einige Fragen gestellt hatten, kam eine, mit der ich überhaupt nicht gerechnet hatte.

»Wie steht es um Ihren Glauben? Welches Religionsbekenntnis haben Sie alle, und woran glauben Sie?«

»Wir sind römisch-katholisch. Ich glaube an Gott, bin relativ viel in der Kirche, singe zum Beispiel im Chor«, erzählte Mama.

»Ich bin mittlerweile bei der Freikirche. Die tut mir richtig gut, da fühle ich mich wohl. Ja, ich glaube fest an Gott, der Glaube hilft mir sehr«, fuhr mein Vater als Nächster fort.

»Ich weiß nicht genau. Ich kann nicht besonders viel mit der Kirche selbst anfangen, aber ich glaube eigentlich schon an einen Gott«, war Anna an der Reihe.

Nun kam Mara: »Ich glaube nicht mehr dran, so wirklich, irgendwie. Ich habe eigentlich sogar voll die Wut auf Gott. Wenn es doch einen gibt, dann kann er so was doch nicht zulassen, oder? Ich weiß echt nicht mehr, was ich glauben soll.«

Der Arzt ging kurz auf Mara ein: »Das ist vollkommen verständlich. Du darfst wütend sein.« Zum Schluss war ich dran: »Ich bin Atheistin. Schon vor längerer Zeit bin ich aus der Kirche ausgetreten. Ich war noch nie gläubig im klassischen Sinn.«

»Woran glauben Sie dann? Was gibt Ihnen dann Kraft?«, hakte die Therapeutin nach.

Immer dieselbe Frage, dachte ich kurz und setzte an: »Ich glaube an mich. An das Hier und Jetzt, an das, was ich gerade fühle, an das, was ist. Ich glaube, Larissa ist tief in mir verankert, und dadurch spüre ich sie, manchmal zumindest. Das ist mein Glaube, und das gibt mir Kraft.«

Diese Einstellung mag gläubige Menschen schockieren oder verwundern, aber mir geht es sehr gut damit. Schon als Kind hatte ich das Glaubenssystem hinterfragt und war erschrocken darüber, was Religionen auf dieser Welt anrichten können. Gleichzeitig ist mir bewusst, dass der Glaube vielen Menschen auch immer wieder sehr hilft, wie auch in meiner Familie. Ich jedoch kann einfach nichts damit anfangen. Auch das sollte von jedem Menschen akzeptiert und respektiert werden.

Ich erzähle das vor allem deshalb, weil »Menschen wie mir« die klassischen Trauerkonzepte nicht helfen. Das Leben nach dem Tod. Ein Gott, der uns in seine Hände aufnimmt. Die Tatsache, dass der verstorbene Mensch nun als Engel über uns wacht. Wie oft hörte oder las ich den Engel-Gedanken in Nachrichten von Freunden, Bekannten und Anteilnehmenden. Wie viele Karten erhielten wir, wie viele Kerzen, auf denen Engel abgebildet waren. Von jeder einzelnen Karte war ich zutiefst berührt – geglaubt habe ich daran aber nicht. So fest ich es mir auch gewünscht hatte, weil ich sehen konnte, wie sich der Schmerz bei gläubigen Menschen dadurch lindern lässt, konnte ich es dennoch nicht.

Für mich lebt meine Schwester, wie ich es den Mitarbeitern der Klinik auch erklärt habe, in meiner Erinnerung, meinen Adern, meinem Blut und vor allem in meinem Herzen, und das genügt mir und hilft mir weitgehend. Ich spüre ihre Seele im Wind, sehe sie in Schmetterlingen, weil diese schönen Tiere immer auf ihr gesessen haben, wenn wir im Frühling und Sommer draußen waren. Ich höre ihr Lachen im Rauschen des Wassers. Vielleicht ist auch das eine Art spirituelle Glaubenswelt, nur eben nicht die der katholischen Religion.

Es ist wichtig, jedem Hinterbliebenen seine eigene Glaubenswelt zu lassen, die ihm die Kraft gibt, die er braucht, um zu leben. Denn es ist schließlich sein Schmerz, den er durchleben muss.

Als Atheistin fühlte ich mich teilweise, als müsste ich mich angesichts all der Christen, die ihre Anteilnahme aussprachen, selbst verleugnen. Dabei war mir manchmal danach, laut zu sagen: »Danke, aber ich glaube nicht daran, ich habe meine eigene Vorstellung.« Doch ich tat es nie. Ich wollte niemanden verletzen und bedankte mich immer höflich oder bejahte Aussagen, um Konflikten aus dem Weg zu gehen. In meiner Situation brauchte ich keine Streitgespräche über die Existenz von Gott. Ich hatte keine Kraft für verletzte oder sogar schockierte Gesichter, mit denen ich mich hätte beschäftigen müssen. Ihre Vorstellung und ihr Glaube halfen ihnen, diese schreckliche Tat durch Engel in etwas Magisches und Gutes zu verwandeln, und dabei beließ ich es einfach.

Doch mir ist es wichtig, in diesem Buch darauf hinzuweisen, dass es eben auch Atheisten gibt, denen die klassischen Elemente des Trostes nicht helfen und die auch wahrgenommen werden wollen in ihrem eigenen »Glaubenskonstrukt«. Es würde das Trauern und den Umgang mit gläubigen Menschen um einiges einfacher machen.

»Eine sehr schöne Vorstellung, die Sie da haben«, sagte der Arzt abschließend zu mir und wandte sich dann wieder allen zu. Es folgten noch Fragen über unsere Arbeit, die Beziehungen untereinander, wichtige Erlebnisse aus der Vergangenheit, Hobbys und Vorlieben.

»Mit diesen Fragen können wir herausfinden, aus welchem Kontext unsere Patienten kommen, was ihnen guttut und was nicht, welche Einflüsse sie bisher erfahren haben und wie sich ihr Alltag gestaltet«, erklärte uns der Arzt.

Im Anschluss an das Interview zeigte uns der Chefarzt das gesamte Haus. Die Außenfassade war in einem hellen Rosa gehalten. Innen wirkten die Gänge und Zimmer wie eine Mischung aus Schulheim und Krankenhaus. An jeder Ecke standen ein paar Jugendliche und schauten uns neugierig an. Der Chefarzt erklärte uns die strengen Regeln, die von Ausgehverbot über Besitzverbote von Haarspray und Rasierklingen reichten. *Beängstigend irgendwie,* dachte ich kurz und bekam Gänsehaut. *Immerhin ist sie hier sicher vor sich selbst,* war mein nächster Gedanke.

Nach diesen intensiven Stunden machten wir uns auf den Heimweg. Ich ging zu Fuß zurück in meine Wohngemeinschaft, die nur zehn Minuten von der Klinik entfernt lag.

Da kann ich Mara dann ja ganz oft besuchen gehen, freute ich mich, *sie ein bisschen näher bei mir haben.*

ZEIT FÜR EINE AUSZEIT

Während dieser trostlosen und kalten Wintermonate hatte ich ständig das Bedürfnis, aus meinem neuen Leben auszubrechen. Ich wünschte mir eine Auszeit vom Schmerz.

Im November hatte Raffaela, die Chefin eines Reisebüros in Reutte, gemeinsam mit dem Hotel Kronthaler am Achensee uns drei Schwestern und meiner Mama eine gemeinsame Auszeit ermöglicht. Sie waren berührt von unserem Schicksal und wollten uns damit eine Freude machen. Wir hatten dieses großzügige Geschenk gerne angenommen. Dieser Aufenthalt gab uns nach Larissas Tod erstmals die Möglichkeit, ein bisschen abzuschalten. Abseits vom Trubel der Medien und den fragenden Menschen tankten wir dort neue Kraft. Die gemeinsame Zeit der Erholung war bitter notwendig gewesen und hatte sogar den ein oder anderen Lacher aus uns herausgekitzelt. Wertvolle Erinnerungen, von denen ich auch heute noch zehren kann, denn meistens kommen nur die schlimmen Momente aus den ersten Monaten hoch. Die Wärme und Herzlichkeit dieser Menschen zeigte, dass es doch noch Gutes auf der Welt gab.

Anfang Januar erinnerte ich mich zurück an dieses Hotelwochenende. Ich sehnte mich nach einer Wiederholung, besonders nach den schwierigen Feiertagen. Meine Freundin Anja lud mich ein, gemeinsam mit ihr nach Rom zu fahren. Wir wollten mit dem Zug hinfahren und ein paar Tage dort verbringen. Auszeit und Ablenkung. Dankend nahm ich an, und wir reisten los. Obwohl solche Auszeiten immer etwas

Gutes mit sich brachten, fühlten sie sich auch wie eine Art Luftanhalten an. Wenn ich allein daheim war, konnte ich meiner Trauer freien Lauf lassen. Auf diesen Reisen aber war ich nicht alleine.

»Du kannst weinen, so viel du magst, okay? Wenn du etwas nicht willst, dann kannst du es auch sagen. Ich richte mich voll und ganz nach dir«, beteuerte Anja mehrmals auf der Hinfahrt. Doch ich überspielte meinen Schmerz und versuchte mich ihr anzupassen, wie auch anderen Freunden auf späteren Reisen. Manchmal funktionierte es, meistens aber weniger gut.

Als wir in Rom ein bisschen shoppen gehen wollten, weil der große Abverkauf der Saison begann, waren wir ganz aufgeregt. Einkaufen ist nicht unbedingt mein größtes Hobby, aber ich wollte mir etwas Schönes gönnen. Noch viel wichtiger war für mich außerdem, dass meine Freundin Spaß hatte. Sie ertrug seit Monaten meine Stimmungsschwankungen und stand mir jederzeit bei, da wollte ich ihr endlich etwas Gutes tun – und wenn das nur hieß, dass ich mit ihr einkaufen ging. Anja liebte es, in Läden zu stöbern. So zogen wir von Shop zu Shop.

Je später es wurde, desto mehr Menschen waren unterwegs. Und dann, mitten zwischen den Kleiderständern, war er unerwartet wieder da. Dieser unbeschreibliche Schmerz, der langsam, aber sicher meine Kehle hochkroch und mir mein Shoppingvergnügen gründlich versauen wollte. Anfangs konnte ich ihn noch abwehren, doch je größer die Menschenmenge wurde und je mehr die Hektik der Einkaufswütigen wuchs, desto schwerer fiel es mir, zu atmen und meine Tränen zurückzuhalten. Ich sagte Anja, dass ich eine Pause brauchte, sie aber weitershoppen solle. Ich lief aus dem Geschäft und stand in einer vollgestopften Einkaufsstraße.

Wo soll ich denn jetzt hin? Was Ruhiges, irgendwo muss es doch ein stilles Plätzchen geben, wandte ich mich suchend in alle Richtungen.

Ich entdeckte eine kleine Basilika.

Obwohl ich kein religiöser Mensch bin, war ich dankbar für diesen Hort der Ruhe. Ich huschte hinein. Als die Tür zufiel und das goldene Funkeln der Bilder und Statuen die Dunkelheit mit Licht füllte, blieb ich stehen und atmete tief durch. Der Schein der Kerzen zog mich magisch an. Ich nahm eine und zündete sie an. Ich weinte still.

Es bringt einfach nichts, den Schmerz zu unterdrücken. Er kommt, wann er will, dachte ich.

In meiner Trauer erkannte ich immer mehr, wie wichtig es war, der Traurigkeit Raum zu geben, sie durchzufühlen und zuzulassen. Denn sie kam sonst, wie auch in diesem Moment, wie eine große Welle, die mich durchspülen wollte. *Lieber kleine Wellen zulassen, statt an der großen dann zu ertrinken,* dachte ich weiter.

Nachdem meine Tränen aufgehört hatten zu fließen, kehrte ich zurück zu Anja. Sie schaute mich verständnisvoll an, ich musste mich nicht erklären. Wir verbrachten noch einen ruhigen Abend bei Pizza und Wein und reisten am nächsten Tag wieder nach Innsbruck zurück.

ENDLICH WIEDER ARBEITEN

In Innsbruck erwartete mich ein aufgeschobener Felsbrocken. Ich musste endlich einen Job neben der Uni finden. Im Gastronomiebereich hatte ich Erfahrung. Zum geringfügigen Gehalt kam in der Regel noch ein ordentliches Trinkgeld dazu. Seit Ende Dezember konnte ich längere Strecken ohne starke Schmerzen im Knie gehen, auch wenn ich mich weiterhin zu keiner der Übungen aufraffen konnte, die mir auf der Reha beigebracht worden waren. Über eine Freundin kam ich zu einer Leiharbeiterfirma für Gastronomieveranstaltungen und Aushilfstätigkeiten in Kleidungsgeschäften. Ich hatte ein kurzes Gespräch und wurde sofort genommen.

Emotional ging es mir in dieser Zeit wieder schlecht. Ich hatte gedacht, die Weihnachtszeit wäre die größte Herausforderung für mich gewesen. Doch weit gefehlt. Der graue, kalte Januar brachte nur noch größere Trauer mit sich. Tag für Tag spürte ich einen enormen Druck auf meiner Brust, eine Schwere auf meinen Schultern, die mich gebückt gehen ließ. Ich weinte mich jeden Abend in den Schlaf, jeden Morgen wachte ich weinend wieder auf.

Ob das noch alles normal ist? Vielleicht bin ich schon schwer depressiv oder so, rätselte ich. *Sollte es mir nicht irgendwann besser gehen? Aber wann?*

Ich recherchierte im Internet, fand aber keine Antworten. Also beschloss ich, meine Therapeutin zu fragen.

»Ich glaube langsam, dass ich krank bin. Ich bin noch immer gleich traurig, manchmal fühlt es sich sogar noch schwerer an als noch zu Weihnachten. Glauben Sie, ich habe eine Depression oder so ähnlich? Ist das alles noch normal?«

»Frau Biber«, begann sie zu sprechen, »ich verstehe, dass sich das für Sie gerade so anfühlt. Ich kann Sie aber beruhigen. Was Sie hier beschreiben und erleben, ist vollkommen normal. Sie sind gesund. Sie haben Ihre Schwester verloren, und das durch ein Gewaltverbrechen. Man nennt das eine posttraumatische Belastungsstörung, und dennoch sind Sie nicht krank. Trauer braucht sehr viel Zeit. Bei den meisten Betroffenen kommt erst mit dem Realisieren die volle Schwere der Trauer hervor.«

O Gott, das war also noch nicht alles?, bekam ich Angst. Vermutlich konnte sie mir das ansehen und sprach weiter: »Keine Panik. Das sind alles normale Mechanismen, und Sie müssen da nicht alleine durchgehen. Sie machen das bisher ganz großartig, wirklich.«

»Wann realisiere ich denn dann, wie lange dauert all das? Kann man das nicht sagen?«, fragte ich, noch immer verängstigt.

»Das ist bei jedem unterschiedlich. Ihre Schwester starb plötzlich, und Sie konnten sich nicht verabschieden, auch nicht von ihrem verstorbenen Körper. Das erschwert das Begreifen. Manche brauchen Monate bis Jahre dafür. Mit der Rückkehr in den Alltag werden Sie immer wieder ein Stück weit realisieren. Das ist wichtig für den Trauerprozess. Ich betone noch einmal: Sie sind nicht alleine, ich werde Sie, sofern Sie das möchten, durch diese Zeit hindurchbegleiten.«

»Okay, danke. Ich verstehe. Ja, ich habe Angst davor. Wie heftig kann der Schmerz noch werden? Manchmal glaube ich, daran zu sterben.«

»Ich weiß, dass das Angst macht. Sie sind aber auf keinen Fall depressiv. Sie trauern einfach nur um Ihre verstorbene Schwester. Konnte ich Ihnen damit ein wenig Klarheit schaffen?«

»Ja, absolut, danke«, sagte ich und fühlte mich einerseits erleichtert, andererseits besorgt, was den weiteren Verlauf meiner Trauer anging.

Viel Zeit, um weiter darüber zu grübeln, blieb mir nicht, denn ich musste den neuen Job antreten. Gleich am ersten Arbeitstag erwartete mich eine neun Stunden lange Schicht. »Ein Galadinner im Casino«, las ich einige Tage zuvor die Informationen von der Leiharbeiterfirma. *Hm, vielleicht lenkt mich das ja wirklich ab. Hoffentlich macht mein Knie nur mit,* betete ich.

Um drei nachmittags sollten wir vor Ort sein. Ich bezweifelte, dass ich es schaffen würde, den ganzen Abend durchzuarbeiten, ohne in Tränen auszubrechen. Gerade hatte ich noch den ganzen Vormittag geweint, wodurch meine Augen wie so oft in den letzten Monaten geschwollen waren. Um zwei ging ich ins Bad, zog mich an und versuchte, die geschwollenen Augen zu überschminken. Ich merkte, wie ich immer nervöser wurde. Kurz bevor ich mich auf den Weg machte, setzte ich mich noch mal in die Küche, um kurz durchzuatmen. Schlagartig überkam es mich. Ein Schwall an Tränen lief mir über die Wangen.

»Ich schaff das nicht. Ich kann das nicht. Wie soll ich diesen Abend nur überstehen? Ich werde absagen oder einfach nicht hingehen«, plärrte ich ins Leere.

Plötzlich krachte es laut, und ich zuckte zusammen. Ich blickte in alle Richtungen, um nach der Ursache zu suchen. Dann sah ich ein großes metallenes Backgitter auf dem Boden liegen. Ich hob es verwundert auf und blickte zum Küchenschrank hoch, auf dem es gelegen hatte.

Unmöglich, das lag komplett hinten oben. Das kann nicht sein, dachte ich verwirrt. »Warst du das, Larissa? Hallo?«, flüsterte ich. *O Gott, jetzt dreh ich schon voll durch. Verdammt, was ist nur mit dir, Katrin? Du glaubst doch wohl nicht an Geister jetzt?,* verwarf ich den bizarren Gedanken und legte das Gitter zurück. *Aber okay. Ich werde da jetzt hingehen und das irgendwie hinkriegen.*

Ich zog die Schultern hoch, wischte mir die Tränen aus dem Gesicht, nahm meine Tasche und ging los. An der Tür hielt ich kurz inne und schaute noch mal zurück.

Vielleicht warst du es ja doch? Kopfschüttelnd verließ ich die Wohnung.

Als ich im Casino ankam, erwarteten mich bereits die restlichen Kellner und Kellnerinnen. Der zuständige Oberkellner erklärte uns dann den Ablauf des Abends.

»Schön, dass ihr alle da seid. Heute begleiten wir unsere Gäste durch ein sogenanntes Krimidinner. Kennt das denn jemand?«

»Krimidinner? Habe ich das gerade richtig verstanden?«, fragte ich die Kellnerin neben mir, weil ich meinen Ohren nicht traute.

Sie bejahte freudig: »Das wird sicher cool und spannend. Ich liebe Krimis.«

Ich lächelte ihr still zu, blickte im nächsten Moment zu Boden. *Nein, das kann nicht wahr sein. Ich träume. Ich träume ganz bestimmt gerade.* Ich konnte nicht fassen, was gerade passierte. Ich vernahm nur noch Bruchteile der Erklärung des leitenden Kellners.

Wie soll ich das nur überleben?, fragte ich mich, hob den Kopf wieder an, um nicht aufzufallen. *Du musst da jetzt durch. Du kannst nicht fliehen.*

In drei Stunden sollte das Dinner beginnen. Wir mussten die Tische decken, Geschirr und Gläser polieren. Ich verfluchte innerlich die Welt um mich herum. Keiner der Arbeitskräfte wusste, wer ich war, und ich traute mich nicht, gleich am ersten Arbeitstag anzusprechen, dass diese Aufgabe seelisch für mich kaum machbar war. Ich dachte ans Geld, das ich so dringend brauchte.

Beim Polieren fragte ich ein Mädchen noch einmal nach unseren Aufgaben während des Dinners. Sie erklärte mir alles und wechselte dann zum Krimithema: »Schon eine coole Idee. Ich wollte mir das selbst auch mal anschauen. Das erinnert mich an die Cluedo-Brettspiele. Kennst du bestimmt auch noch, oder?«

Ich nickte stumm.

»Ich bin gespannt, wer umgebracht wird und wie. Und wer

dann am Ende der Mörder ist. Das müssen die Gäste ja herausfinden dann. Uh, ist das aufregend!«

Halt deinen Mund, sonst heulst du nur los, ermahnte mich die Stimme in mir. Ich schluckte, verzog meine Mundwinkel zu einem falschen Grinsen und schwieg weiter.

Die ersten Gäste trudelten ein, wir servierten Getränke und die Vorspeise. Das Spiel wurde erklärt, und die Geschichte wurde erzählt, nachdem wir mit dem Bedienen fertig waren. Deshalb bekamen wir am Anfang kaum etwas von der Krimihandlung mit. Vor dem Hauptgang mussten wir uns jedoch hinter dem großen Vorhang im Raum verstecken, um pünktlich abservieren zu können. Ein paar Lichtstrahlen flackerten durch, mehr konnte ich nicht sehen. Was ich hören konnte, machte jedoch deutlich, dass nun der Höhepunkt erreicht war – die Ermordung der Frau. Ihr Todesschrei war für niemanden zu überhören.

Larissas Gesicht erschien vor meinen Augen, und mich durchfuhr der Gedanke, dass das, was sie erlebt hatte, nicht nur gespielt gewesen war. Mein ganzer Körper zitterte, ich musste mich fast übergeben.

Du musst da jetzt weg, Katrin. Sofort!, brüllte es in mir. Ich entschuldigte mich und lief auf die Toilette. Sekunden später lehnte ich über dem Waschbecken und spritzte mir Wasser ins Gesicht.

»Scheiße, verdammte Scheiße! Das kann doch nicht sein!«, schrie ich und hämmerte auf die Keramik ein. *Atmen, du musst atmen,* versuchte ich mich zu beruhigen. Ich machte eine Handbewegung wie eine Mutter, die zu ihrem Kind sagt, dass es doch gar nicht so schlimm sei. »Aber hey, immerhin wurde das Mädel in der Szene nicht erwürgt. Was willst du denn mehr, Katrin? Was für ein Glück, ha?«, sagte ich zu meinem Spiegelbild und lachte kurz, was sogleich in Weinen überging. »Du musst wieder hoch. Nicht, dass noch wer kommt«, dachte ich und versuchte, mein Äußeres wieder in Ordnung zu bringen. Ich ging zurück, und das Theaterstück war zum Glück bereits beendet.

Wie lange war ich wohl weg?, fragte ich mich. Ich reihte mich wieder zwischen den Kellnern ein und arbeitete weiter. Offenbar war niemandem aufgefallen, dass ich gefehlt hatte. Um kurz nach zwölf war der Abend zu Ende. Zu Hause fiel ich sofort ins Bett. Mein Körper und vor allem mein Knie schmerzten. Ich war zu müde, um noch an irgendetwas denken zu können, und schlief zum ersten Mal seit sehr Langem sofort ein.

Der darauffolgende Tag startete mit dem alltäglichen Tränenfluss. Marie-Christine bot mir an, mich am Abend zu einem Box-Gruppenkurs im Fitnesscenter mitzunehmen, damit ich auf andere Gedanken kommen und mich ein bisschen auspowern konnte. In meinem Trancezustand sagte ich ihr zu, denn schlimmer konnte es ohnehin kaum werden.

Mein Knie tat vom Vorabend zwar noch ziemlich weh, aber ich boxte mich wortwörtlich durch den Kurs, und einen Moment lang gelang es mir sogar, meine Wut irgendwie loszuwerden. Wirklich gehen lassen konnte ich mich aber nicht, da zu viele Menschen um mich herum waren. Ich wollte keine Blicke auf mich ziehen, sondern nur eine Zeit lang alles um mich herum vergessen. Deshalb zögerte ich, mich vollkommen drauf einzulassen und meinen Gefühlen freien Lauf zu lassen.

Zu Hause kehrte sofort die Traurigkeit zurück. Wieder weinte ich mich stundenlang in den Schlaf. Das Aufwachen am nächsten Morgen verlief ebenfalls tränenreich und träge. Langsam fragte ich mich, ob es für mich nun ewig so weitergehen würde. Die Situation verwirrte mich, trotz der Aussagen meiner Therapeutin, weil ich geglaubt hatte, die schlimmsten Heulkrämpfe bereits hinter mich gebracht zu haben. Doch der allerschlimmste stand mir erst noch bevor.

Ein neuer Arbeitstag lag vor mir. Diesmal fuhren wir nach Kitzbühel, um beim Hahnenkammrennen berühmte Skifahrer und andere Promis zu bedienen. Weil das Weinen wieder nicht aufhören wollte, griff ich zu sogenannten Bachblüten-Notfalltropfen, die mich beruhigen sollten. Ich hatte sie von meiner Ärztin bekommen.

Sie taten ihren Zweck, und nach einer 13-stündigen Arbeitsnacht fuhren wir im Team gemeinsam in einem Van zurück nach Innsbruck. In dieser Nacht schneite es so stark, dass die Sicht und die Straßenverhältnisse sehr schlecht waren. Wir rutschten mehr, als dass wir fuhren. Vollkommen erledigt saß ich gegen die Fensterscheibe gelehnt, die Anspannung von der Arbeit ließ langsam nach. Erneut kroch Traurigkeit in mir hoch. Sie drückte mir auf die Brust und mein Herz. Still blickte ich aus dem Fenster.

Wie gut wäre es, wenn wir jetzt ins Schleudern kämen und einen Unfall hätten. Vielleicht würde ich dann dabei sterben, sehnte ich mich gedanklich nach einem Ende dieser Schmerzen. Sie sollten endlich aufhören. Ich war schockiert über mich selbst. *Wie weit bin ich bitte gekommen, dass ich mir den Tod herbeisehne? Ich, das Mädchen mit einer Lebenslust für zehn Menschen.*

Ich überlebte die Heimfahrt ohne Unfall und schleppte mich unter die warme Decke.

Als ich aufwachte, kamen wieder Tränen. Bald würde ich eine Badewanne damit füllen können. Ich erkannte, dass ich raus musste und Ablenkung brauchte. Meine Freundin Anja schlug vor, gemeinsam ins Kino zu gehen. Es lief gerade *12 Years a Slave,* ein brutaler Film über die Sklaverei in Amerika. Während ich all diese schrecklichen Szenen sah, spürte ich nichts außer einer tiefen Leere. Ich war wie betäubt und konnte nicht weinen, meine Freundin hingegen schluchzte laut neben mir in ihr Taschentuch.

Warum lässt mich das alles so kalt? Habe ich nun auch noch meine Empathie verloren?, fragte ich mich im Kinosaal.

Am Ende des Filmes fand die Familie wieder zusammen und umarmte sich innig.

Sogar dieser Film hat ein Happy End, dachte ich voller Neid. *Meine Schwester wird nie wieder zurückkommen, und ich werde sie nie wieder so umarmen können.*

Ich fühlte mich, als wäre mir der Boden unter den Füßen weggezogen worden. Anja begleitete mich nach Hause. Kurz vor meiner Haustür verabschiedeten wir uns. Jede Zelle meines Körpers schmerzte wie nie zuvor, alles zitterte und fühlte sich kalt an. Irgendetwas war anders, doch ich konnte es nicht benennen. Obwohl ich spürte, dass etwas mit mir nicht stimmte, wagte ich es nicht, Anja darauf anzusprechen. Sie war selbst ein so zerbrechliches Mädchen und weinte ohnehin schon oft meinetwegen, da wollte ich sie nicht noch weiter damit belasten.

Oben in der WG ging ich zunächst in die Küche, um ein Glas Wasser zu trinken. Die Wohnung war leer. Ich setzte mich auf den Rand der Küchenbank. Plötzlich überkam mich eine noch tiefere Traurigkeit als die Tage zuvor. Wie ein Gift, das von meinem Herzen ausstrahlte, verteilte sie sich bis in die letzten Winkel meines Körpers. Der Schmerz wanderte meinen Hals entlang. Ich versuchte nach Luft zu schnappen und spürte ein stechendes Kribbeln bis in die Zehenspitzen.

Das Gift wechselte die Richtung, durchfuhr meinen Brustkorb. Ich rutschte von der Bank, kam auf den Knien auf und hielt meine Hände fest ans Herz.

»Ahhhhhhhhhhh!«, kreischte ein schriller Schrei aus den Tiefen meiner Kehle. Ich glaubte einen Herzinfarkt zu bekommen. Alles um mich herum war verschwommen.

»Hör auf, hör endlich auf, bitte!«, schrie ich in den Raum. Ich kämpfte mich zur Schublade, in der die scharfen Messer lagen. Mein einziger Gedanke war, dieses Leiden endlich zu beenden. Mit letzter Kraft stand ich auf und holte das größte und schärfste Messer heraus. Ich weinte, und meine Hand zitterte, während sich die Klinge meinem Arm näherte. Dann schloss ich die Augen.

»Nicht hinsehen. Schau nicht hin, beende es einfach nur«, stammelte ich die Wortfetzen heraus. Um mich herum war es dunkel. Ich spürte die Kühle des Metalls an meinem Arm. Einen Herzschlag später sah ich meine Schwester vor mir, lachend, tanzend, strahlend, so hell wie die Sonne selbst. Sie tanzte auf einer Wiese, an einem warmen Sommertag. Anna und Mara gesellten sich in das Bild. Auch sie lachten und lebten.

»Sie leben. Sie leben noch«, flüsterte ich. Mein Griff lockerte sich, das Messer glitt aus meiner Hand und knallte auf den Boden.

Ich öffnete meine Augen und verstand plötzlich: *Deine zwei Schwestern brauchen dich, Katrin. Sie leben und sind da, in dieser Welt.* Ich schluchzte. *Du darfst dich nicht aufgeben, du musst kämpfen, für sie beide,* wisperte eine innere Stimme.

Ich hob das Messer auf und legte es zurück in die Schublade. Am Tisch schnappte ich mir mein Handy und rief meine Freundin Patrizia an, die schon ganz am Anfang bei der Suche nach Larissa um Dominiks Wohnung herum geholfen hatte. »Sie hält mich aus, das weiß ich. Komm schon, bitte heb ab.« Zehn Minuten später stand sie in der Einfahrt und nahm mich mit in ihre Wohnung, wo ich weinend die Nacht verbrachte. Patrizias stille Anwesenheit und ihre wenigen, bewusst gewählten Worte halfen mir, die Tränen fließen zu lassen, bis sie von selbst trockneten. Mit jedem geweinten Tropfen löste sich der schmerzliche Druck in mir.

Tage später erzählte ich meiner Therapeutin von dem Vorfall.

»Ich wollte nicht sterben. Ich wollte mich nicht umbringen. Ich wollte nur, dass dieser Schmerz aufhörte, und sah kurzzeitig keinen anderen Ausweg.«

»Aber Sie haben doch einen anderen Weg gefunden. Sie sind nicht suizidal. In Ihnen steckt noch sehr viel Lebendigkeit, die von der Trauer gerade eingenommen wird. Wie Sie selbst es bezeichnen: Sie möchten nur, dass der Trauerschmerz aufhört. Viele Trauernde hegen den Wunsch, ihren Verstorbenen nachzufolgen. Das macht Sie jedoch nicht suizidgefährdet. Sie sehnen sich einfach nach Ihrer Schwester Larissa. Sie sind vollkommen normal.«

»Puh, dann bin ich echt erleichtert. Ich glaube manchmal wirklich, dass ich noch durchdrehe.«

»Kann ich verstehen, ja. Nun wissen Sie, was Sie in solchen Momenten tun können, um sich zu helfen. Und wenn keine Freundin bereit sein sollte, können Sie jederzeit bei der psychotherapeutischen Notfallnummer anrufen«, wiederholte sie und reichte mir eine Karte mit der entsprechenden Nummer. Auch wenn dieser Zusammenbruch mein schlimmster bisher war, gab er mir gleichzeitig Kraft: Obwohl ich Angst vor der nächsten Trauerwelle hatte, spürte ich: Schlimmer konnte es nicht mehr kommen. *War das nun die Spitze des Eisberges, der besprochene Super-GAU, wie ich in meiner Therapie erfuhr?*, fragte ich mich noch Tage später. Irgendetwas in mir wusste, dass es das war. Wenn ich diese eine Trauerwelle überlebt hatte, würde ich alle weiteren ebenso durchstehen. Das Bild meiner Schwestern, wie sie auf der Wiese tanzten und lachten, war nun fest in mir gespeichert. Es wurde zu meinem Rettungsanker. Ein Grund für mich, nicht aufzugeben und weiterzukämpfen.

Im Nachhinein versuchte ich zu verstehen, warum der Zusammenbruch genau zu diesem Zeitpunkt gekommen war. Ich hatte eine neue Arbeit aufgenommen, einen neuen Alltag zu bewältigen, war wieder mehr in der Uni gewesen. Beinahe so, als wäre nie etwas Schlimmes passiert. Menschen sprachen immer seltener von Larissa, manche Freunde hatten zum ersten Mal seit Langem nicht sofort Zeit, wenn ich sie um ein Treffen bat. Die ersten Monate waren überlebt, und es schien, als würde die Erinnerung an Larissa bei den Menschen in meinem Umfeld langsam verblassen.

Doch ich war noch nicht so weit. Der Verlust war noch immer 24 Stunden in meinem Kopf. Trotzdem musste auch ich das alltägliche Leben wieder leben. War dieser Zusammenbruch meine Reaktion darauf? Die Weigerung meines Körpers, ins normale Leben zurückzukehren? Manchmal wollte ich mitten auf der Straße stehen bleiben und alle Leute anschreien: »Was ist bloß los mit euch allen? Wie könnt ihr so weitermachen? Merkt ihr denn gar nicht, dass meine Schwester hier fehlt, dass sie nicht mehr da ist?«

Zudem war ich wegen Arbeit und Studium in dieser Zeit seltener nach Reutte gefahren. Der Halt durch meine Familie hatte mir gefehlt und letztendlich mit zu diesem Super-GAU geführt. Doch nun war ich vorbereitet und wusste, wie ich zu handeln hatte, um eine solche Explosion der Gefühle zu überleben: Freundin anrufen, Notfallnummer parat halten und das Bild meiner Schwestern im Kopf behalten.

Die Tage danach fühlten sich leichter an, und ich musste endlich weniger weinen. Ich versuchte, mich weiter abzulenken, und tanzte zu Hause viel, um ein Gefühl der Leichtigkeit zu spüren. Doch je mehr Zeit nach der Beerdigung verstrich, desto näher rückte auch die Verhandlung. Jeder Gedanke daran sorgte bei mir für Gänsehaut und Übelkeit.

Ich versuchte, den Prozess auszublenden.

Langsam brauchte ich eine Strategie, um ihn überleben zu können.

MONAT 5

»REISS DICH ZUSAMMEN, KATRIN!«

Familienkrisen

MARAS LEIDEN

Mein neuer Alltag bestand nun nicht mehr nur aus den ursprünglichen Bereichen wie Arbeit und Universität, sondern aus einem weiteren gewichtigen Baustein. Fast täglich besuchte ich Mara in der Klinik. Ob vor oder nach der Uni, frühmorgens oder in den Pausen von der Arbeit – so oft als möglich traf ich sie, um mit ihr spazieren oder etwas essen zu gehen, ein bisschen zu shoppen oder einfach nur zu plaudern.

Manchmal voller Freude und Zuversicht, andere Male voller Angst und Bangen, machte ich mich auf den Weg in die Klinik. Beinahe jeden Tag verließ ich Mara mit Tränen in den Augen. Ich würde lügen, wenn ich behaupte, wir hatten es fein und lustig gemeinsam. Unsere Treffen waren nur selten ausgelassen und fröhlich. Sie waren voller Schmerz und Sorge, durchzogen von einer tiefen Melancholie. Jedes Mal wurde mir bewusst, dass ich durch den Mord an Larissa nicht nur sie verloren hatte, sondern auch meinen anderen beiden Schwestern fremd geworden war. Waren wir vor einem Jahr noch unzertrennlich gewesen, stand nun jede von uns allein auf zerrüttetem Boden, umgeben von Rissen bis ins Innere, wie nach einem Erdbeben. Zwischen uns öffnete sich ein großer Spalt, und wir drifteten immer weiter auseinander.

Durch die Besuche bei Mara versuchte ich, sie festzuhalten. Doch die Antidepressiva, die sie nehmen musste, und ihre immer stärker werdende Sehnsucht nach dem Tod raubten mir die Kräfte. Ich vermisste nicht nur Larissa, sondern auch Mara und Anna mehr denn je. Gerade jetzt, wo wir uns so einsam fühlten und einander am meisten brauchten, konnten wir uns gegenseitig kaum aushalten. Weil jede anders war, weil jede anders mit ihren Gefühlen und der Trauer umging.

Eines Nachmittags kam ich in Maras Krankenzimmer. Als ich im Türrahmen stand, selbst völlig kraftlos und am Ende, beobachtete ich sie, wie sie sich fertig machte, um ein bisschen mit mir rauszugehen. Abgemagert, blass, die Arme voller Schnittwunden, die Augen dunkel und müde von den Tabletten. Schon als ich in ihr Zimmer kam, spürte ich, dass es kein guter Tag war. Ich schluckte den Kloß in meinem Hals hinunter, und wir setzten uns im Gang ans Fenster.

Heute schaffen wir es nicht nach draußen, dachte ich.

Wir erzählten uns gegenseitig von unserem Tag.

»Ich will nicht mehr leben, Katrin. Das macht doch alles keinen Sinn mehr hier«, fing Mara unvermittelt wieder an, ihre Todessehnsucht auszudrücken. »Lass mich doch einfach gehen. Ich bin doch ohnehin nur noch eine Last. Oder wir gehen zusammen. Dann ist es endlich vorbei«, flehte sie mich an.

Ich musste all meine Kraft zusammennehmen, um mich Mara entgegenzustellen.

»Nein, ich lass das nicht zu, Mara. Wir müssen weiterkämpfen, ich bitte dich. Wir müssen es für Larissa tun, eine für alle und alle für eine. Es wäre egoistisch und unfair gegenüber Anna, Mama und Papa, wir können nicht aufgeben.«

Wie glaubwürdig mir diese Worte über die Lippen kamen. Dabei hätte ich Mara am liebsten gesagt, dass ich genauso nicht mehr will und mit ihr gehen möchte. Ich verkniff es mir.

Mara sagte nicht viel dazu. In ihren Augen konnte ich jedoch sehen, dass ich einen Tag mehr gewonnen hatte, an dem sie sich für das Leben entschied.

VERSCHNAUFPAUSE

Mein neuer schwieriger Alltag erforderte einmal mehr eine kleine Verschnaufpause. Anfang Februar beschloss ich daher, erneut auszubrechen und meine Freundin Amara in London zu besuchen. »Du musst kommen, Katrin. Eine Auszeit tut dir bestimmt gut. Die Flüge sind im Februar saubillig, und bei mir brauchst du ohnehin keine Kohle, das übernehme ich dann, okay?«, schrieb sie mir bereits im Oktober, und ich buchte spontan einen Flug für läppische 45 Euro. Als ich allein im Flieger saß und an den letzten Rom-Ausflug, ans Reisen, an Larissa und mein Leben dachte, schrieb ich folgende Worte in mein Larissa-Buch

Weit weg von daheim, weit weg von Menschen, die ich kenne, weit weg von Orten und Plätzen, an denen ich tagtäglich vorbeischlendere. Eine Flucht aus dem Schmerz? Nein, denn egal, wie weit weg ich mich befinde, der Schmerz ist immer mit dabei. Aber wenn alle Sinne damit beschäftigt sind, das Neue aufzunehmen und zu verarbeiten, macht er eine Pause. Dann kann ich den Schmerz kurz vergessen, und das Leben fühlt sich fast wieder normal an.
Dennoch kann es auch passieren, dass genau diese Eindrücke den Schmerz wiedererwecken, das gehört dazu.
Er zeigt mir doch, dass du real warst und meine Liebe zu dir immer bestehen bleibt.
Ich sitze im Flugzeug, weit weg von allem. Du bist nicht hier, obwohl wir doch geplant hatten, beim nächsten Mal

gemeinsam zu fliegen. Aber du bist in meinem Herzen
und überall um mich. Ich kann dich spüren.
Außerdem ist da noch etwas: Ich kann das Leben wieder
in meinem Körper spüren und mich an dieser Reise er-
freuen. Das ist ein Fortschritt und zeigt mir, dass ich mich
nicht ganz aufgegeben habe. Danke, dass du mir gezeigt
hast, wie schön das Leben sein kann. Ich versuche, es im-
mer in Erinnerung zu behalten.

Erstmals konnte ich in diesem Kurzurlaub die Schönheit des
Lebens wieder sehen und fühlen, trotz der Traurigkeit, die
ebenfalls mit dabei war. Amara kannte ich bereits seit der
Schulzeit, und mit ihr war Lachen immer schon ganz leicht gewesen, einfach weil sie ein wahrer Spaßvogel sein konnte und
ganz viel Freude in den Raum brachte. Sie wusste, was mich
aufheitern würde und wie sie mir ein Lachen entlocken konnte,
ohne es mir aufzwingen zu wollen. Sie zeigte mir ein Video von
einem Mann, der auf eine ganz spezielle, äußerst emotionslose,
fade Art seine Musik auf *Soundcloud* präsentierte. Erstmals
weinte ich stundenlang vor Belustigung. Wir machten ihn
stundenlang nach und kugelten uns vor lauter Lachen auf dem
Bett herum. Am nächsten Tag mussten wir gleich nach dem
Aufwachen wieder loslachen, und sie sagte: »Weißt du was, wir
machen heute eine Tour durch London, spazieren bekannte
Gegenden ab und machen Fotos. Und auf jedem Foto machen
wir den Koji Style, okay?« So hieß der Typ auf seinem Profil.
»O ja, was für eine geniale Idee«, kicherte ich wieder los.

Dennoch durfte ich auch meine traurigen Momente haben
und ernst sein. Beides konnte nebeneinander gefühlt werden
und durfte in mir sein. Ich gab mich dem Leben hin und genoss den Besuch.

Wenn ich heute zurückdenke, muss ich sofort wieder
schmunzeln, so viele lustige Momente erlebten wir in diesen
Tagen gemeinsam. Sie gaben mir einen kleinen Bruchteil meines Lebenswillens wieder und erinnerten mich daran, wie
schön gemeinsames Lachen und Freude sein konnten.

EINE FAMILIE IN DER KRISE

Zurück am Flughafen in Memmingen, holten mich Mara und mein Papa ab. Während der Heimfahrt dauerte es nicht lange, bis ich wieder in meiner neuen realen Welt angekommen war. Mara ging es nicht gut. Die meiste Zeit verbrachte sie in der Klinik in Innsbruck, an den Wochenenden durfte sie aber ab und zu nach Hause.

Sie weinte und erzählte von diversen Streitereien mit Mama.

»Sie versteht mich einfach nicht, Katrin. Sie ist so kalt geworden.«

»Ich weiß, sie meint es nicht so, Mara. Aber ich verstehe dich. Mich belastet das auch oft.«

»Sie umarmt mich nie. Mir kommt es vor, als hätte sie eine fette Mauer um sich herum gebaut. Ich will, dass sie wieder wie früher ist, Katrin.«

Fette Mauer, liefen mir Maras Worte durch den Kopf, *und davor noch ein tiefer Graben, mit einem Stacheldrahtzaun drum herum. Eher so,* fügte ich gedanklich hinzu, während ich aus dem Auto schaute.

»Vielleicht will sie euch nur schützen«, versuchte nun Papa eine Erklärung zu finden, der in seiner Art viel gefühlvoller war. »Sie liebt euch doch noch genauso, aber sie kann das halt nur schwer zeigen im Moment. Das ist alles nicht leicht, auch für uns nicht.«

Wir sprachen zu Hause kaum über Larissa, weil Mama es nicht aushielt. Es war schrecklich, funktionieren zu müssen – sogar in den eigenen vier Wänden. Das war auch einer der

Gründe, weshalb ich im Februar und März weniger oft nach Reutte kam. In meiner Therapie lernte ich zu verstehen, dass dies nur eine Strategie meiner Mama war. Sie musste den Schmerz ausblenden, alles von sich fernhalten, um die Situation zu überleben.

Ihre Art hatte nichts mit der Liebe zu mir oder meinen Schwestern zu tun, und sie wollte uns auch nicht bewusst verletzen. Sie versuchte einfach, stark zu sein. Sie trauerte genauso wie ich. Sie musste genauso kämpfen wie ich. Mein Kopf verstand das, mein Herz war dennoch verletzt. Anna war meiner Mutter sehr ähnlich, und so fühlte es sich an, als hätten sich zwei Fronten gebildet. Die eine emotionale Seite mit Mara, Papa und mir und die harte, abschottende Seite mit Mama und Anna. Dazwischen bildete sich schließlich ein breites Schlachtfeld. Wann die erste Bombe abgeschossen würde, war nur noch eine Frage der Zeit.

Eine Bedingung von Maras Aufenthalt in der Klinik war, dass wir dort regelmäßig gemeinsam die Therapiefortschritte und auch unsere individuelle Trauerwahrnehmung miteinander diskutierten. Somit wurde unsere Familientherapie von Reutte in die Innsbrucker Jugendpsychiatrie verlegt.

Ein Arzt und Maras Therapeutin leiteten die Gespräche. Anfangs lag der Fokus stark auf Maras Befinden und wie wir anderen Familienmitglieder dazu standen. Ähnlich wie bereits in der Therapie in Reutte wurde dann auch Larissas Abwesenheit diskutiert und wie wir im Alltag mit ihrem Tod umgehen. Immer deutlicher trat unsere unterschiedliche Art der Verarbeitung und Wahrnehmung zutage, immer mehr unsere persönlichen Konflikte. Und wie ich es vorhergesehen hatte, kam der Tag, an dem die Bombe hochging, an dem alles eskalierte.

Aber es war nicht Mamas vermeintliche Gefühlskälte, die die Ursache dafür lieferte …

Anna und ich waren von klein auf unterschiedliche Charaktere. Als ich zu studieren begann und nach Innsbruck zog, entwickelten sich unsere Lebensvorstellungen in völlig verschiedene Richtungen. Einerseits waren wir von Grund auf unterschiedlich gepolt, andererseits verstärkte das divergente Umfeld unsere unterschiedlichen Meinungen, Haltungen und Lebensweisen. Bei der Bestrahlung meiner Mutter 2011 in Berlin, als wir erstmals seit unserer Kindheit beinahe 24 Stunden zusammen waren, waren diese zwei Welten zum ersten Mal seit Langem wieder aufeinandergeprallt. Die Belastung durch den Krebs meiner Mutter hatte den Streit emotional verstärkt. Anna verstand meine Lebenswelt nicht und ich die ihre nicht. Geschwisterkonflikte, die ganz normal sind und auftreten können.

Nach einer Waffenruhe während der Feiertage spitzte sich die Situation im Februar erneut zu. Täglich unternahm ich etwas mit Mara. Ich ging mit ihr essen, einen Kaffee trinken, machte einen Spaziergang, oder wir bummelten einfach übers Klinikareal. Eines Abends wollte Mara ins Kino gehen. Mein Budget für die Woche war knapp und erlaubte kein Kino, wenn ich noch Geld für andere Aktivitäten übrig haben wollte. Als ich Anna davon berichtete, rastete sie völlig aus.

Es war Nachmittag, als ich auf dem Heimweg war, nur mehr wenige Meter von meiner Wohnung entfernt. Mein Handy piepste. Ich blieb stehen, begann zu lesen. Das Telefon lag fest in meiner Hand. Wort für Wort las ich, während meine Hand zu zittern begann.

»Ich kann so was nicht mehr hören und bin stinksauer … Tut mir leid, aber Verständnis habe ich keines mehr! Du kannst nach London fliegen und dort ständig essen gehen, aber Kino geht nicht, oder was? Ich wünschte, du würdest endlich mal dein Leben auf die Reihe bekommen! Arbeiten, nicht faul sein, nicht immer alles auf andere schieben, andere Leute nicht um Geld anbetteln!«

Meine Beine gaben nach, ich musste mich auf eine Bank setzten. Tränen liefen meine Wangen herab. Ich bekam kaum Luft, doch ich las weiter.

»Ich bin auch nicht stark. Ich weine oft und bin so kaputt. Aber ich reiße mich zusammen. Ich verlasse mich nicht auf andere. Ich war immer so stolz auf dich, weil du die Klügste von uns bist. Aber ich habe Angst um dich, weil ich merke, wie sich das alles bei dir entwickelt und in welche Richtung du driftest!«

Ich weinte so laut, dass fremde Menschen einen Bogen um mich machten und mich ansahen, als wäre ich eine Aussätzige. Sobald ich konnte, stand ich deshalb auf und schleppte mich die paar Meter nach Hause, während in meinem Kopf ein Feuerwerk krachte.

Versagerin. Du kannst nichts. Du hast alles kaputt gemacht. Du Nichtsnutz und Schmarotzerin. Bin ich das wirklich? Bin ich ein so schlechter Mensch? Ich habe versagt, total, voll und ganz. Sie hat so recht mit allem. Aber ich kann einfach nicht mehr. Ich will es doch besser machen, aber ich habe keine Kraft dafür. Soll sie doch einmal dieses Leben führen hier.

Trauer und Wut wechselten sich im Sekundentakt ab. Gegen mich selbst, gegen Anna, gegen die ganze Welt richtete sich mein Zorn.

Daheim rief ich sofort meine Großcousine Miriam an und erzählte ihr davon, während ich mir weiter die Seele aus dem Leib heulte.

»Du bist kein schlechter Mensch, Katrin. Ich kenne dich doch. Du gibst jeden Tag dein Bestes, mehr kannst du nicht tun. Sie kennt doch deine Situation hier nicht. Außerdem ist es doch nichts Verwerfliches, Hilfe anzunehmen. Man muss sich nicht allein durchkämpfen, darüber haben wir ja geredet …«

»Aber ich krieg echt nichts auf die Reihe. Mit der Uni komme ich nicht voran, da hat sie schon recht. Und ich bin so verschwenderisch mit dem Geld, fahre weg, obwohl ich sowieso nichts habe. Aber ich brauche das, ich halte es hier oft einfach nicht mehr aus.«

»Du musst doch jetzt nicht in einem Monat die Uni abschließen, also bitte! Lass dich da nicht stressen und unter Druck setzen. Du gehst deinen Weg und sie ihren. Und klar darfst du mal wegfahren. Steh zu dir, sag ihr das einfach so.«

»Genau das ist mein Problem. Ich schaffe es nie, zu mir und

meinem Handeln zu stehen. Immer suche ich Ausreden, statt für mich einzustehen.«

Das Handy war schon ganz nass, weshalb ich auf Lautsprecher wechselte und es auf den Tisch legte.

»Rede mit deiner Therapeutin darüber, mit Maras vielleicht auch noch, und am besten natürlich mit deiner ganzen Familie«, empfahl sie mir am Ende des Gesprächs.

Wir legten auf.

»Ich bin gut so, wie ich bin«, versuchte ich mir zu sagen. Die Tränen flossen dennoch weiter.

Ich antwortete Anna nicht sofort. Mir fehlten die Worte.

Wie soll ich ihr das nächste Mal bloß begegnen, wie soll ich mit ihr reden? Irgendwas muss ich ihr davor noch schreiben, überlegte ich noch Tage danach.

Als ich mich wieder gefasst hatte, ging ich jedes Wort ihrer langen Nachricht durch. Noch immer verletzten mich ihre Aussagen, aber zwischen den Zeilen konnte ich ihren Schmerz herauslesen und ihre Angst spüren.

Vielleicht ist sie sogar neidisch, dass ich nicht hundert Prozent funktionieren muss wie sie. Dass ich Hilfe annehmen kann, kam mir ebenso in den Sinn. Gleichzeitig war ich fassungslos, dass sie fähig war, mir so etwas vor den Latz zu knallen. Ein Pingpong der Gefühle mal wieder.

Weitere Tage vergingen, und ich verfasste eine Antwort, in der ich mich kurz verteidigte und rechtfertigte. Den Rest würde ich persönlich klären, dachte ich, denn der nächste Termin für die Familientherapie stand kurz bevor.

Als ich Mara eines Nachmittags kurz vor der nächsten Familiensitzung besuchte, traf ich im Gang auf ihre Therapeutin Christina und bat um ein kurzes Gespräch. Sie willigte ein, und wir setzten uns.

»Was kann ich für dich tun, Katrin?«

Ich erzählte ihr von dem Streit zwischen Anna und mir und ihrer boshaften Nachricht.

»Ich habe große Angst, auf Anna zu treffen, und weiß nicht,

wie sie reagieren wird. Sie ist immer so schlimm wütend. Das war bei ihr von Anfang an. Ich dachte, es wäre kurzzeitig besser geworden, aber jetzt ist es fast noch schlimmer«, erklärte ich ihr.

»Ihr seid alle drei ganz unterschiedliche Typen, und so geht ihr auch alle drei ganz unterschiedlich mit der Trauer um. Manche reagieren stark mit Wut und Zorn. Wahrscheinlich hat sie dieses Gefühl gegenüber dem Leben, gegenüber dem Mörder, gegen sich selbst vielleicht sogar, aber bestimmt nicht direkt gegen dich. Die meisten lassen ihren Zorn dann an den Menschen aus, die ihnen am nächsten stehen. Ich weiß, dass dich das verletzt, aber im Grunde stecken sehr viel Traurigkeit und Angst hinter der Wut, zu denen sie aber vielleicht noch keinen Zugang gefunden hat.«

»Das klingt verständlich und nachvollziehbar.« Ich überlegte kurz und fragte weiter: »Aber wie soll ich dann reagieren?«

»Sag ihr, dass das so nicht geht und sie dich damit verletzt. Aber steh zu dir und dazu, wie du mit deiner Trauer umgehst. Ich werde das bei dem kommenden Termin gleich zu Beginn ansprechen, und dann sehen wir, ob wir diesen Konflikt ein bisschen lösen können.«

»Okay, danke. Ich bin schon sehr aufgeregt.«

»Ich bin da, und wir kriegen das hin, okay?«, munterte sie mich auf.

Da mir die nächste Familientherapie einfach nicht aus dem Kopf ging, sprach ich auch mit Frau Stark darüber.

Ich erzählte auch ihr ausführlich, was geschehen war.

Als ich fertig war, schnaufte ich kurz durch und sagte: »Früher konnten Anna und ich wirklich über alles reden. Wir waren so eng, auch wenn wir verschieden waren. Heute weiß ich nicht mehr, wie ich ihr begegnen soll. Es kommt mir so vor, als würde ich sie kaum noch kennen. Unsere Verbindung fehlt mir so sehr.« Ich spürte Tränen aufsteigen.

»Ihre unterschiedlichen Charaktere zeigen sich nun in dieser Ausnahmesituation verstärkt. Da ist es vollkommen normal, dass es zu Konflikten kommt. Das passiert in den besten Familien. Das Wichtigste ist, dass Sie klar und deutlich kommunizieren, was Ihre Trauer und Ihren Weg angeht. Seien Sie ehrlich und erklären Sie, was Sie verletzt und dass Sie einfach anders damit umgehen. Ich bin mir sicher, dass Anna es verstehen wird, wenn Sie den Konflikt ansprechen und ihr Ihre Situation erklären.«

»Ja, wahrscheinlich.« Ich war noch nicht ganz sicher.

»Ihre Schwester ist kein Unmensch, so wie Sie sie bisher beschrieben haben. Sie ist nur traurig, und das zeigt sich bei ihr durch ihre Wut. Diese Wut lässt Anna nur ihre eigene Situation erkennen, so wie Sie auch nur Ihre persönliche Lebenswelt wahrnehmen und für richtig halten. Das ist die Trauer. Aber Sie können das bestimmt in der nächsten Familiensitzung mithilfe der Kliniktherapeuten lösen.«

»Ich hoffe es.« Ich versuchte, ein zuversichtliches Lächeln aufzusetzen.

Als ich zu Hause angekommen war, fühlte ich mich zwar noch immer skeptisch, aber einen Versuch war es doch wert, sagte ich mir.

»Ich will sie nicht auch noch verlieren. Ich muss da jetzt durch«, redete ich mir einen Tag vor dem Aufeinandertreffen gut zu.

Ich war nervös und hatte Angst vor der Begegnung mit Anna. Wir sagten kaum mehr als »Hallo«, als wir uns in der Klinik trafen. Sie saß mir im Therapiekreis direkt gegenüber, Mara und Papa links von mir, meine Mutter und die Therapeutin rechts.

Schon direkt nach der Begrüßung begann Anna, ein böses Wort nach dem anderen auf mich abzufeuern: »Was ist bloß mit dir los? Warum sagst du nicht ein Mal die Wahrheit? Warum kaufst du dir Schuhe, wenn du doch kein Geld hast? Und dann sagst du, du wärst fast am Verhungern, und bettelst andere an! Aber mit Mara kannst du nicht ins Kino gehen. Gib doch einfach mal zu, dass das scheiße ist, was du da machst. Und warum arbeitest du nicht einfach mehr? Du kriegst dein Leben nicht mehr auf die Reihe, gib es doch zu.« *O mein Gott, da ist sie, ihre Wut,* versuchte ich noch vernünftig zu denken, doch es schien kein Ende in Sicht zu sein. Es traf mich mitten ins Herz, und mein theoretisches Wissen über ihre Trauer ließ mich im Stich. Wie ein kleiner, jämmerlicher Haufen saß ich inmitten meiner Familie und ließ die Worte über mich ergehen. Ich schluchzte. Plötzlich war es still.

Die Therapeutin setzte an: »Wie sehen die anderen diese Situation?«

Sie antworteten ähnlich, nur weniger hart, weniger laut. Anna lehnte sich in ihrem Sessel nach vorne und begann von Neuem. Ich versuchte mich vorsichtig zu verteidigen, doch sie übertönte mich mit ihrer Wut.

Schlagartig schellte ein lautes »Stopp!« durch den Raum. Ich zuckte zusammen. Die Therapeutin legte noch ein paar weitere, sanftere »Stopps« nach, und alle waren still. Dann sprach sie deutlich: »Nun soll Katrin einmal in Ruhe ihren Standpunkt vertreten können. Bitte, Katrin, erklär dich.«

Ich wischte mir die Tränen aus den Augen, atmete ein Mal tief durch, richtete mich auf und begann mit zitternder Stimme: »Ja, ich habe mir diese doofen Schuhe im Herbst gekauft, und ich weiß nicht, warum. Ja, ich weiß manchmal nicht, wie ich mit dem wenigen Geld umgehen soll, und gebe es oft aus, ohne darüber nachzudenken. Ja, ich wollte einfach nicht mit Mara ins Kino gehen und mein Geld lieber für etwas ausgeben, das *ich* gerne wollte. Ist das etwa falsch? Darf ich das denn nicht selbst entscheiden?« Meine Stimme wurde mit jedem Wort gefestigter und bekam Volumen: »Ich gehe zur Uni und kämpfe tagtäglich, dass ich sie irgendwie erfolgreich abschließen kann. Und nebenbei versuche ich zu überleben. Ihr habt alle gar keine Ahnung, wie mein Alltag ausschaut, wie das Leben als Studentin ist, wie es auf meiner Arbeit aussieht, und urteilt darüber, als würdet ihr jeden Tag in meinen Schuhen stecken. Komm doch einmal nach Innsbruck und schau dir an, wie ich lebe, Anna. Ich muss mich für nichts rechtfertigen und bin selbst einfach kraftlos und erschöpft von dieser scheiß Situation.« Ich holte kurz Luft und pfefferte noch lauter nach: »Ich bin anders als du, ich mache es einfach auch anders als du. Und wenn ich Fehler mache und Entscheidungen treffe, mit denen du nicht einverstanden bist, dann ist das halt so. Dazu stehe ich. Du bist auch nicht perfekt!«

Mit großen Augen sah Anna mich an. Auch der Rest der Familie blickte stillschweigend zu mir. Es war das erste Mal, dass ich für mich eingestanden war. Ich spürte Erleichterung und einen starken, unabhängigen Teil in mir. Anna schwieg. Ich schaute sie direkt an.

Ihr Gesichtsausdruck wurde sanfter, und sie sagte: »Gut. Okay. Du hast recht, ich bin auch nicht perfekt. Ich wollte einfach mal, dass du zugibst, dass du dich schwertust, mit dem Geld und der Situation umzugehen. Warum, weiß ich auch nicht.« Sie pausierte kurz und wirkte nachdenklich. Dann sprach sie weiter: »Eigentlich habe ich einfach nur Angst, auch dich noch zu verlieren. Dass du auf einen falschen Weg gerätst. Dass du vielleicht hoch verschuldet endest. Ich wollte dich nicht verletzen. Ich wünsche mir nur, dass du ehrlich mit mir bist und keine Ausreden für alles suchst. Dann kann ich damit umgehen und dich verstehen lernen.«

»Ich ende nicht hoch verschuldet. So schlimm ist es nun auch wieder nicht, wirklich. Ich will dich auch nicht verlieren«, stimmte ich ihr zu, während mir erneut die Tränen herabliefen.

»Und du hast recht. Ich weiß nicht, wie dein Alltag ausschaut. Es tut mir leid, dass ich darüber so urteile. Ich habe selbst oft keine Kraft mehr und bin so wütend«, setzte Anna nach.

»Mir tut es ja auch leid, und ich will nicht mehr streiten.«

»Ich auch nicht.«

Wir diskutierten noch mit den restlichen Familienmitgliedern und beendeten kurz darauf die Sitzung. Die Luft war raus für diesen Tag.

Am Wochenende darauf nahm Anna sich Zeit, um mich in Innsbruck zu besuchen und meine Welt kennenzulernen. Wir spazierten durch die Universität und Bibliothek, gingen ein bisschen bummeln und gemeinsam essen.

»Das bedeutet mir wirklich so viel, Anna. Danke für diesen Tag«, sagte ich zu ihr, während wir gemeinsam durch die Straßen schlenderten.

»Mir ja auch. Ich hätte das viel früher tun sollen. Langsam verstehe ich, dass du deinen eigenen Weg gehen musst. Und der schaut wohl ganz anders aus als meiner.«

Ich nickte stumm.

»Vielleicht bin ich sogar ein bisschen neidisch. Auf deine Freiheit, die mir oft fehlt. Ich weiß es auch nicht«, brachte sie auf einmal hervor.

Ich riss die Augen auf, traute meinen Ohren nicht. Dann antwortete ich: »Ich verstehe, was du meinst. Ich beneide dich oft um deine Sicherheit. Du hast eine schicke Wohnung, einen tollen Job, bei dem du gut verdienst, und Remo an deiner Seite.«

Dann sahen wir uns an und lachten.

»Wie früher, oder? Da waren wir auch immer so neidisch aufeinander«, kicherte sie.

»Ja, wie früher«, grinste ich zurück. Ich legte den Arm um sie und zog sie zu mir heran. An diesem Tag waren wir Schwestern.

Wir haben wieder zusammengefunden, ging es mir durch den Kopf, und ich lächelte.

Noch viele Male sprachen wir später über den Streit und waren selbst erstaunt darüber, wie gut wir das alles hinbekommen haben.

Wir alle – auch die anderen Familienmitglieder – mussten erkennen, dass jeder anders wahrnimmt, fühlt und dementsprechend mit Situationen umgeht. Deshalb sollte jeder in seinem Verhalten akzeptiert und respektiert werden. Wir haben als Individuen unsere eigene Geschwindigkeit, unseren eigenen Rhythmus, dem wir folgen sollten, besonders in der Trauer. Denn jeder, auch wenn wir eine Familie sind, hat andere Lebenslagen, andere Voraussetzungen und Bedürfnisse. Ich bin heute froh, dass wir Hilfe von außen hatten. Unter Anleitung Gespräche zu führen macht alles viel einfacher, denn die außenstehenden Personen empfinden den eigenen Schmerz nicht und können die Dinge objektiv betrachten, wenn wir selbst schon längst in unserer Gefühlswelt stecken und nur noch danach handeln. Heute verstehe ich Annas Verhalten und sie auch meines. Sie ist nicht ich, ich bin nicht sie, und das ist gut so. Wir respektieren und akzeptieren einander vollkommen und sind auch nicht nachtragend. Vergesst niemals: Es gibt nichts Schöneres, als um seiner selbst willen geliebt zu werden.

Trotzdem lag nach dieser Eskalation noch ein weiter Weg vor uns, um wieder in ein normales geschwisterliches Zusammensein hineinzufinden. Ich sehnte mich nach der Leichtigkeit, die unsere Beziehung früher ausgemacht hatte. Bei Mara fühlte ich mich weitgehend als Verantwortliche, Aufpasserin, Therapeutin und Mutterersatz. Die Besuche waren anstrengend und schwer auszuhalten. Doch je näher der Frühling rückte, desto öfter kamen Momente, die mich den Schmerz kurzzeitig vergessen ließen.

Eines Morgens war ich gerade auf dem Weg zur Uni. Es war ein guter Tag. Die Sonne schien auf mich herab, und ich spürte einen kleinen Motivationsschub. Als ich zur Kreuzung vor der Bibliothek kam und wartete, bis die Ampel auf Grün schaltete, blickte ich auf die andere Seite und entdeckte eine kleine Joggergruppe. Mitten zwischen den anderen Läufern winkte und lächelte meine Schwester Mara mir breit zu. In der Psychiatrie standen Bewegung und Sport täglich auf dem Plan. Oftmals gingen sie früh am Morgen eine Runde joggen oder auch Basketball spielen. Und da stand nun meine Mara. Ich traute meinen Augen kaum. Mein Herz hüpfte. Sie strahlte eine Zufriedenheit aus, wie ich sie lange nicht mehr in ihrem Gesicht hatte sehen können. Wenn man nicht gewusst hätte, aus welchem Setting die Gruppe stammte, hätte wohl jeder glauben können, eine Schülergruppe anzutreffen, die ihren Tag mit dem Sportunterricht gestartet hatte.

Was für ein schönes Gefühl, dachte ich dabei. Als die Ampel auf Grün schaltete, trafen wir uns in der Mitte, umarmten uns kurz und ließen mit einem Lächeln voneinander ab.

»Sehen wir uns später dann?«, rief sie mir noch zu.

»Na klar! Bis dann!«

Definitiv ein guter Tag.

Als ich Mara später in der Klinik besuchte, zeigte sie mir einen Raum mit einem Boxsack. Er diente dazu, Wut und aufgestaute Gefühle nach draußen zu lassen, und war für jeden frei zugänglich. Ich war sofort angetan davon und wollte nur noch dagegenhauen. Abwechselnd boxten wir hinein und spürten, wie die Wut in uns aufstieg und unsere Körper mit jedem Schlag verließ. Wir fühlten auch die anschließende Erschöpfung. Gleichzeitig kicherten wir und blödelten herum wie in früheren Zeiten. Ausgelassen und fröhlich.

Wenn es auch nur wenige solcher Momente im ersten Trauerjahr gab, waren sie für mich das Wertvollste in dieser Zeit. Sie gaben mir die Hoffnung, dass ein glückliches Leben vielleicht wieder möglich war.

Geduld und Verständnis für das Gegenüber waren in dieser Zeit unverzichtbar. Was so leicht klingt, war ein langer, schwerer Weg, und doch waren es solche Momente wert, ihn zu gehen.

MONAT 6

»ICH BIN SCHWANGER!«

Ein neues und bewegtes Leben

FREUDIGE NACHRICHTEN

Wir hatten bereits Ende Februar. Es war Abend, ich war in meinem Zimmer und bereitete mich für ein Seminar vor, als mich Anna unerwartet anrief. Im Hintergrund hörte ich alle anderen Familienmitglieder und auch Annas Freund Remo kichern.

»Setz dich hin und stell das Handy auf laut!«

Ich gehorchte, ohne nachzufragen, stattdessen stellten sie mir nun rätselhafte Fragen, die mich verwirrten und neugierig machten: »Wofür steht die Abkürzung SSW?«

»Hä, keine Ahnung gerade. Ich verstehe nicht, was ihr da von euch gebt. Sagt mir doch einfach, was los ist mit euch!«

»Frag Google«, hörte ich weiteres Gekicher.

Ich googelte. Dann kam das Wort: Schwangerschaftswoche.

»O mein Gott!«, quiekte ich laut und warf die Hände vor den Mund.

Anna brüllte ins Handy: »Ich bin schwanger! Du wirst Tante!«

Ich fiel fast aus meinem Schreibtischsessel und musste erst einmal Luft holen.

»Was? O mein Gott. Das ist ja unfassbar. Ich glaube das grad gar nicht. Ernsthaft? Ehrlich? Wirklich jetzt?«, schrie ich, während am anderen Ende der Leitung alle lachten und »Ja!« kreischten.

In der nächsten Sekunde war ich erschrocken, mein Herz verkrampfte sich. Larissas Gesicht tauchte vor mir auf, und all die schrecklichen Dinge aus den letzten Monaten waren plötzlich wieder da. Sie war nicht da. Sie konnte diese Freude nicht miterleben, die wir nun alle teilten. Gerade sie, die Kinder so gernhatte. Ich schob den Gedanken zur Seite.

»Wann kommt denn das Baby? Wie geht es dir? Ich will alles wissen!«, begann ich Anna zu löchern.

»Mir geht es gut so weit. Im Oktober soll es da sein«, antwortete sie, und ich konnte die Aufregung in ihrer Stimme hören. Wir quatschten noch ein bisschen und beendeten dann voller Vorfreude auf unser nächstes Treffen das Telefonat. Ich legte das Handy beiseite und starrte an die Decke. Meine Gefühle fuhren Achterbahn, Freude und Traurigkeit saßen im vordersten Waggon und lenkten das Ding. Ich konnte es nicht fassen.

»Anna, meine kleine Schwester, die für mich gefühlt noch immer 16 Jahre alt ist, wird Mama«, wiederholte ich laut. Ich wusste noch immer nicht, was die nächste Zukunft für mich bringen würde und wie es weitergehen sollte. Für meine Schwester schien die Reise jedoch bereits in eine konkrete Richtung zu gehen.

»Warum *jetzt*? War das geplant? Ist es einfach passiert?«, grübelte ich laut und war auf einmal überfordert. Gleich darauf spürte ich Hoffnung in mir. Auf ein vielleicht doch wieder glückliches Leben. Ich legte mich ins Bett, meinen Blick weiter starr nach oben gerichtet.

»Tante. T-a-n-t-e. Wow. Was für ein Wort. Ich werde Tante«, redete ich weiter mit mir selbst. Mir wurde freudig bewusst, dass mich damit eine neue Rolle, eine große Aufgabe und viel Verantwortung erwarteten. Und da kam schon die nächste Welle Traurigkeit. Ich schaute hinüber zu Larissas Foto, das vor mir im Regal stand.

»Eine Rolle, die du niemals leben kannst. Wie würdest du jetzt wohl reagieren? Was würdest du sagen? Du wärst bestimmt die beste Tante von uns gewesen. Wie soll ich das denn ohne dich hinbekommen?«, hielt ich einen Monolog und fühlte mich schlagartig einsam.

Meine Gedanken wanderten zurück zu Anna, und ich flüsterte weiter vor mich hin: »Wie macht sie das nur, Larissa? Woher nimmt sie diese Kraft für sich? Warum kann ich nicht so weit sein und auch etwas Positives sehen? Wie kann es sein, dass Anna immer wieder diesen Löwenmut besitzt? Und jetzt sogar ein Kind bekommt, während ich nicht mal weiß, wie ich am Morgen aus dem Bett komme?«

Anna war schon immer eine Kämpferbraut gewesen, wie ich es nenne. Doch plötzlich überfiel mich große Angst um sie und auch um mich. »Was, wenn etwas schiefgeht? Würden wir einen weiteren Schlag überleben können?« Ich richtete mich auf und schüttelte entschlossen den Kopf, als würde ich diese Sorge aus mir herausschleudern wollen.

»Konzentriere dich auf das Positive und die Freude«, bearbeitete ich mich selbst.

Als ich eingeschlafen war, träumte ich von diesem neuen Leben in Annas Bauch und meiner Rolle als Tante.

Später fragte ich nach und erfuhr: Anna war ganz bewusst schwanger geworden. Wenn wir heute darüber sprechen, erzählt sie rückblickend, dass sie in Bezug auf ihre Trauer damals wahrscheinlich noch nicht dazu bereit war, ein Kind zu bekommen. Das Trauma und der Schmerz vernebelten ihre Sicht auf das eigentliche Leben. Doch sie war der festen Überzeugung, dass sie es zu dieser Zeit versuchen sollte, weil das Leben mit jedem Tag zu Ende gehen konnte. Die Trauer und gleichzeitig die Liebe zu Larissa, die selbst immer ein Baby hatte bekommen wollen, hatten Anna geleitet. Obwohl sie also vielleicht körperlich oder seelisch im Hinblick auf ihre Trauer und ihr Trauma nicht bereit dazu gewesen war, war sie es in gewisser Weise doch.

Heute, fünf Jahre später, ist Anna großartig in ihre Mutterrolle hineingewachsen, und ich als Schwester und Tante sehe, dass sie eine wundervolle Mama ist, die ihr Kind mit ihrem ganzen Herzen liebt.

Solche Schwangerschaften nach schweren Verlusten sind keine Seltenheit, und ich möchte hier noch einmal betonen, dass jeder diese Entscheidungen selbst treffen muss und niemand von außen beurteilen kann und darf, wer wann dazu bereit ist und wer vielleicht noch nicht. Gegenseitige Unterstützung und ein offenes Ohr sind hier wichtiger als Diskussionen über den richtigen Zeitpunkt. Und unterstützt habe ich Anna aus vollstem Herzen, mit meiner Kraft und Liebe!

Der Schmerz darüber, dass Larissa diese Tanten-Rolle nicht mehr erleben konnte, zog sich durch die ganze Schwangerschaft. Er wurde noch intensiver, als das Baby dann da war. Außer der üblichen Übelkeit verlief Annas Schwangerschaft ziemlich unkompliziert. Anna jedoch veränderte sich von Grund auf. Die Hormone brachten die Mauern, die sie um sich errichtet hatte, zum Einsturz. Sie weinte viel und begann zunehmend, über Larissa zu reden und ihre Gefühlswelt uns gegenüber zu öffnen. Dieser neue Charakterzug meiner Schwester berührte mich sehr. Wir fanden einen neuen Zugang zueinander, unsere Verbindung wurde wieder enger.

Wir wussten bald, dass es ein Junge werden würde. Der Kleine ließ sich ganz schön Zeit und kam ein bisschen später als geplant, am 28.10.2014, zur Welt. Ein Tag, den wir als Familie niemals vergessen werden. Ich hatte Glück, dass ich zu der Zeit gerade in Reutte war und nicht bereits auf Sri Lanka, wohin ich zwei Wochen später reisen sollte. Wir saßen frühmorgens daheim im Wohnzimmer, als wir die Nachricht bekamen, dass die Wehen eingesetzt hatten und das Baby bald kommen würde.

Ungeduldig warteten wir alle am Tisch.

»Ich hoffe, alles geht gut. Wie sie sich wohl gerade fühlt? Was mag wohl grad passieren? Wie schlimm sind die Schmerzen, Mama? O Gott, ich hoffe, sie packt das echt. Irgendwie habe ich Angst um sie«, quasselte ich unentwegt, weil ich so nervös war.

»Ich habe auch Angst. Hör auf, du machst mich ganz verrückt mit deiner Fragerei«, entgegnete Mama genauso hektisch und zappelte durch den Raum.

Weitere Minuten vergingen.

»Wie er wohl aussehen wird? Was, wenn ich ihn nicht niedlich finde, ihn nicht lieben kann oder so? Du weißt ja, dass ich nie so eine Babyfanatikerin war wie Larissa. Sie könnte das bestimmt besser jetzt als ich«, stotterte ich erneut in Mamas Richtung.

»Ach, du wirst ihn lieben, von der ersten Sekunde an, ganz bestimmt. Und du wirst eine tolle Tante«, beruhigte sie mich.

Um 14:19 Uhr war es dann so weit, der kleine Junge erblickte das Licht der Welt. Kurz darauf stürmten wir alle das Krankenzimmer meiner Schwester. Als ich dieses kleine Wesen dort liegen sah, begannen in mir Gefühle tiefster Liebe zu sprudeln, die ich so nur von den Geburten meiner Schwestern gekannt hatte. Ich liebte ihn vom ersten Augenblick an, als ich ihn sah, aus tiefstem Herzen. Er war einfach so unfassbar schön.

»Du bist das schönste Baby auf der ganzen Welt und sooo putzig«, strich ich mit meiner Hand über seinen Kopf. Ich war nun wirklich Tante. Als ich ihn in meinen Armen hielt, in die Runde blickte und sah, wie sich alle Anwesenden freuten und glücklich waren, spürte ich die Sehnsucht nach Larissa im Raum. Ich wusste, dass jeder von uns in diesem Moment an sie dachte und wünschte, sie wäre jetzt hier. Ich war so unfassbar stolz auf Anna, wie toll sie diese Geburt gemeistert hatte. Du musst es zulassen, das kleine Baby in dir aus deinem Schutz in diese Welt zu entlassen. Ich stellte mir das nach Larissas Tod besonders herausfordernd vor. Am Ende ging aber alles gut. Anna kämpfte sich tapfer durch und ging stärker aus der Geburt hervor als jemals zuvor. Für mich ist sie die beste Mama und eine der bewundernswertesten Persönlichkeiten.

Mit diesem neuen Leben kam ein Stück Lebendigkeit in unsere Familie. Der Kleine erinnert uns daran, dass das Leben ein Kommen und Gehen ist, ein Kreislauf, der niemals endet. Und er zeigte uns ganz deutlich, dass das Empfinden von Glück wieder möglich sein kann, sofern wir uns darauf einlassen.

SEELENSPORT FÜR DEN TRAUERNDEN KÖRPER

Doch kehren wir zurück zum März. Damals realisierte ich, dass beinahe ein Jahr seit meinem Skiunfall vergangen war. Meinem Knie ging es zwar langsam besser, aber wirklich stabil und schmerzfrei war ich nicht. Vor allem fehlte mir die schützende Muskulatur am rechten Bein. Sie war noch immer sehr schwach und behinderte mich in meinem Alltag. Aus diesem Grund stand nun ein Kontrolltermin bei meinem Operateur in Zams an, einem Ort etwa 60 Kilometer westlich von Innsbruck.

Ich nahm den Zug dorthin und überlegte während der Fahrt, was der Arzt wohl zu meinen Fortschritten sagen würde. Glücklich sein würde er bestimmt nicht. Schließlich hatte ich auch nie aktiv etwas gegen meinen Zustand unternommen. Im Grunde also kein Wunder, dass meine Streckung und Beugung weit unter dem Durchschnitt lagen. Ich erhielt einen Sondertermin an einem Sonntag, damit ich mir die langen Wartezeiten in einem Zimmer voller Menschen ersparen konnte. Solche Situationen waren meist unangenehm, weil die Leute mich oft erkannten und ansprachen, um mit mir über meine Schwester zu diskutieren.

Schnell war ich an der Reihe. Der Arzt tastete vorsichtig mein Bein ab, machte unterschiedliche Tests. Sein Blick verhieß nichts Gutes. Er legte das Bein ab, sah mich an und sagte eindringlich: »Katrin, ich weiß, dass es derzeit mehr als schwer für dich ist, aber du musst langsam wirklich deine Muskulatur aufbauen. Sonst wird sich dein Zustand nie verbessern, und es könnten vielleicht noch weitere Probleme dazukommen. Schlimmstenfalls kannst du dann nicht mehr wirklich wandern oder joggen gehen. Sport und Bewegung tun gut, probier es doch einfach mal aus.«

»Ich weiß. Ich werde es versuchen«, versprach ich, eher um ihn zum Schweigen zu bringen, und verließ den Raum.

Auf dem Weg aus dem Krankenhaus hallten die Worte des Arztes in meinem Kopf nach.

»Einfach mal Sport machen.« *Wenn das so leicht wäre, hätte ich es ja schon getan*, schimpfte ich vor mich hin.

Die Aussage, »nicht mehr wandern oder joggen gehen« zu können, beschäftigte mich den restlichen Weg zum Bahnhof und die komplette Zugfahrt zurück nach Innsbruck. Ich fand einen freien Platz am Fenster und blickte hinauf in den blauen Himmel, der von ein paar Wolken durchzogen war.

Du, Larissa, hast immer so gerne Sport gemacht und dich bewegt, und ich soll nun all das nicht mehr tun können, wenn ich mich nicht reinhänge. Aber woher soll ich die Kraft dazu nur nehmen?, führte ich ein stilles Gespräch mit meiner Schwester.

Ich bin nie besonders sportlich gewesen. Die durchschnittliche Studentin, die ab und zu aus schlechtem Gewissen ein Fitnessstudio besucht und sich auf den Stepper oder ein anderes Cardiogerät setzt. Manchmal besuchte ich zur Abwechslung klassische Kurse, wie etwa »Bauch, Beine, Po«. Seit ich mit dem Studium begonnen hatte, lebte ich außerdem eher ungesund, was vor allem fettiges Fast Food und viel Alkohol bedeutete. Ich war zwar noch immer relativ schlank, fühlte mich aber dennoch in meinem Körper nicht wohl. Hier zu viel, dort zu wenig. Doch all das war bis zu diesem Augenblick kein Grund für mich gewesen, meinen Lebensstil zu ändern.

»*Sport und Bewegung tun gut*«, zogen die Worte des Arztes wie in Dauerschleife durch meine Gedanken, während ich noch immer den Himmel beobachtete. *Was weiß der denn schon. Wie soll ich mich denn bitte dazu aufraffen, wenn ich es früher schon kaum geschafft habe? Du hattest damit ja nie Probleme, Larissa.*

Larissa hatte Sport geliebt. Sie war regelmäßig laufen gegangen oder mountainbiken, war ständig in den Bergen unterwegs gewesen und hatte mehrmals pro Woche ein Fitnessstudio besucht, wo sie hauptsächlich Krafttraining nach einem Trainingsplan gemacht hatte. Wenn ich doch einmal versucht hatte, den Sport mehr in meinen Alltag zu integrieren, war sie mein großes Vorbild gewesen. Leider war ich immer wieder in mein altes Schema zurückgefallen, unter anderem auch deshalb, weil meine engsten Freunde so wie ich nicht besonders sportbegeistert waren. Aber das war wohl eher eine bequeme Ausrede.

Wie anders dagegen Larissa! Während der Sommermonate vor ihrem Tod hatte sie mich immer wieder ins Fitnessstudio geschleppt. Ich hatte damals von meinem Operateur die Aufgabe bekommen, mit dem Ergometer zu radeln. Bei den ersten Malen war ich derart langsam, sodass sich die elektronische Bedienung des Rades gar nicht erst einschaltete.

Eines Nachmittags waren Larissa und ich wieder gemeinsam dort gewesen. Wie so oft nahm ich auf meinem Ergometer im Studio Platz, während Larissa hinter mir auf dem Laufband lief. Mit einem Mal leuchtete die Anzeige meines Gerätes, und ich brüllte nach hinten: »O mein Gott, Larissa, komm her, du wirst es nicht glauben. Das Rad läuft!«

Sofort sprang sie vom Laufband und tanzte neben mir: »Yeah, ich wusste es! Und nächstes Jahr gehst du dann mit mir auf'n Berg, voll geil, hey! Du wirst das schaffen! Ich helfe dir dabei!«

Obwohl ich mir das überhaupt nicht vorstellen konnte, glaubte ich ihr auf Anhieb. Sie gab mir das Gefühl, dass ich das wirklich schaffen könnte. Sie versprach, mir dann noch mehr Übungen zu zeigen, die vor allem das Bein aufbauen sollten. Der Gedanke, dass wir gemeinsam diese Wanderung erleben würden, stimmte mich glücklich und motivierte mich. Eines unserer Wanderziele legten wir an jenem Tag auch noch fest: die Nordkette Innsbrucks.

Nach der Zugfahrt und den vielen aufwühlenden Erinnerungen fühlte ich mich bereit für eine kleine Wanderung. Vielleicht würde mir das ja wirklich guttun. Das Wetter sollte in den nächsten Tag gut werden, und ich beschloss, auf die Rumer Alm zu wandern. Sie befindet sich weit unterhalb auf der Strecke zur Nordkette hinauf.

Es war einer dieser ersten Frühlingstage im März, an denen die Wärme der Sonne deutlich zu spüren ist und der Schnee bereits taut. Kleine Knospen kämpften sich am Rande des Weges ans Licht, und ein Gefühl von neuem Leben war zu spüren. Sogar Schmetterlinge waren schon unterwegs. Jeder einzelne schenkte mir ein Lächeln und das Gefühl, dass Larissa mich auf diesem Weg begleitete. Ich fühlte mich lebendig und für ein paar Momente zufrieden. Die Natur tat meinem Herzen gut. Ich las ein Schild, auf dem »40 Minuten bis zur Alm« stand. Die geschotterte Strecke verlief quer durch einen lichtdurchfluteten Wald und bot Ausblicke hinunter auf die Stadt.

Voller Motivation lief ich los, doch trotz der kurzen Distanz hatte mein Körper schwer zu kämpfen. Meine Ausdauer war schlecht, eigentlich grauenhaft. Alle paar Meter musste ich hecheln und eine Pause einlegen. Meine Lunge brannte, als würde ich Kette rauchen. Mein Knie schmerzte bei jedem einzelnen Schritt. Deutlich spürte ich, dass es mir an Muskulatur fehlte. Ich erkannte, dass ich es in dieser körperlichen Verfassung nicht auf die Nordkette schaffen würde, denn das bedeutete eine Wanderung von mehr als zwei Stunden.

Als ich nach weit mehr als 40 Minuten auf der Alm saß, die warmen Sonnenstrahlen und eine leckere Almjause genoss, fühlte ich mich ein klein wenig stolz, diese kurze Wanderung überhaupt gemacht zu haben. Ich dachte an meinen Arzt.

Er hat wohl recht gehabt, gestand ich mir ein. *Ich muss definitiv etwas ändern. Für dich, Larissa, und auch für mich.*

In den letzten Monaten hatte mich Marie-Christine einige Male in Fitnesskurse geschleppt. Das war okay gewesen, auch wenn mich das Funktionierenmüssen dort meistens erschöpfte. Doch ich wusste, dass solche Kurse nicht reichen würden, wenn ich etwas verändern wollte. Ich musste meine Muskulatur gezielter aufbauen. Am Krafttraining führte daher kein Weg vorbei.

Der erste Gang allein ins Studio, ohne meine Freundin, war für mich eine riesige Überwindung. Den Tag zuvor musste ich noch an den Sommer mit Larissa und das Studio in Reutte zurückdenken. Ich hatte Angst, im Studio den Schmerz und die Wut darüber, dass sie nicht dabei sein konnte, zu spüren. Kurz bevor ich reinging, sagte ich mir deshalb selbst noch einmal: *Bloß nicht losweinen. Hoffentlich triffst du niemanden, der danach fragt.*

Ich huschte schnell in die Umkleide und hielt den Blick auf den Boden gerichtet. Nachdem ich in meine Sportkleidung geschlüpft war, spazierte ich am Empfang vorbei und wurde mit einem Lächeln begrüßt. Ich nickte zurück und drückte mich durch das Drehkreuz, hinter dem die Kraftkammer lag. Mein erster Blick erfasste ein Gerät, das die Bauchmuskeln trainierte. Larissa hatte es geliebt. Ich blieb ruckartig stehen, starrte darauf und sah sie vor mir trainieren.

»'tschuldigung«, holte es mich zurück in die Gegenwart, als ein junger, muskelbepackter Kerl beim Vorbeigehen meine Schulter streifte.

»Nix passiert«, sagte ich, während ich spürte, wie sich meine Augen mit Tränen füllten. Ich wischte sie schnell weg.

Reiß dich zusammen, Katrin, schimpfte ich und taumelte zur Beinpresse. Ich setzte mich und erinnerte mich an die Reha in Kärnten, kurz bevor Larissa gestorben war. Dort hatten wir ein solches Gerät öfters verwendet. Ich probierte fünf Wiederholungen, ohne zu wissen, wie sie korrekt auszuführen waren. Beim sechsten Andrücken begann mein Bein stark zu zittern.

»Zu viel Gewicht. Oder falsch ausgeführt. Ach, keine Ahnung«, seufzte ich, ließ die Beine locker und meinen Kopf hängen. Wieder wurden meine Augen feucht.

Ich dachte wieder an den letzten Sommer, als plötzlich eine

Stimme neben mir fragte: »Hey, brauchst du noch lange? Wie viele Durchgänge hast du schon?«

»Oh. Äh, also. Ähm. Ach, du kannst her, ich bin fertig«, stotterte ich zurück, nahm mein Handtuch und verließ das Gerät. Verloren stand ich in der Mitte des Raumes, über meine Wange liefen Tränen. Ich tupfte mit dem Handtuch mein Gesicht ab, als würde ich Schweiß abtrocknen wollen.

Ich will nur noch nach Hause, dachte ich und machte mich auf den Weg.

Mitte März kam mein Mitbewohner auf mich zu und erzählte mir von einem Trainingsplan, der schnell fit mache und Muskulatur aufbaue. Die Übungen waren nur mit dem eigenen Körpergewicht zu machen und somit überall durchführbar.

Perfekt, dachte ich, *genau das Richtige, um mein Knie aufzubauen, damit ich die Nordkette besteigen kann. Und alles, ohne das Studio besuchen zu müssen.*

Der Plan war auf 15 Wochen ausgelegt. Ich berechnete, dass ich somit im Juli fertig sein sollte. Wann die Verhandlung gegen Larissas Mörder stattfinden würde, wusste ich zu dem Zeitpunkt noch nicht. Ich hatte aber die Information erhalten, dass es in den nächsten Monaten so weit sein sollte. In diesem Moment entstand der Gedanke, dass mir der Trainingsplan vielleicht helfen konnte, die Zeit bis dahin durchzustehen und zu überleben.

Doch konnte ich mich voll und ganz auf den Plan konzentrieren und diesen, komme, was wolle, durchziehen? Ich saß mit dem Ausdruck des PDFs in meinem Zimmer und betrachtete neugierig die einzelnen Übungen.

Larissa hätte das bestimmt gemeinsam mit mir gemacht, kam es mir in den Sinn. Als wir im Sommer davor über das Ziel, gemeinsam nach Wien zu gehen, gesprochen hatten, träumte sie davon, dort zusammen zu trainieren. Sie hatte mir fest versprochen, mich fit zu machen. Besonders große Freude hatte sie an Sport-Challenges gehabt, wie sie oft im Internet zu finden sind. Übungen, die in einer bestimmten Zeit absolviert werden sollen, oder tägliche Herausforderungen, die bewältigt werden müssen.

So wie dieser 15-Wochen-Plan, hing ich der Erinnerung nach, während Tränen auf das Blatt tropften.

An einem Nachmittag versuchte ich mich am ersten Workout. Mein Zimmer war 25 Quadratmeter groß, genug Platz, um mich auszutoben. Drei Übungen waren vorgesehen, eine Ganzkörperübung, Kniebeugen und eine Bauchübung. Davon sollte ich jeweils eine bestimmte Anzahl machen. Ohne mich besonders aufzuwärmen, legte ich los und merkte bereits nach den ersten zehn Wiederholungen, wie mir die Luft ausging.

»Unfassbar, wie unfit ich bin«, schnappte ich nach Luft.

Ich konzentrierte mich darauf, eine Übung nach der anderen zu schaffen. Je höher die Anzahl, desto mehr drehte sich mir der Kopf. Ich schwitzte und mein Körper zitterte.

Nach und nach drängten sich während der kurzen Durchschnaufpausen Gedanken in meinen Kopf: *Warum muss das so anstrengend sein? Warum muss ich diese Scheiße nur erleben? Warum ist das alles mir passiert?*

Mit jeder weiteren Übung platzten zornige Schreie der Anstrengung aus mir heraus. Hitze stieg mir in den Kopf und in meine Fäuste. Der Drang, all den Schmerz sofort rauszulassen, war zu groß. Meine glühende Faust knallte voller Wucht gegen den Kleiderschrank: »Du verdammtes Arschloch. Ich hasse dich! Warum hast du das nur getan!«

Ich hämmerte noch einige Male fest gegen den Schrank, bevor ich unter Tränen auf den Boden sank. Ich atmete tief durch, stand wieder auf und beendete das Work-out mit den letzten Wiederholungen. Erschöpft sank ich auf meine Matte und blieb dort liegen. Ein wildes Gefühlschaos breitete sich in mir aus. Unerwartet lachte ich lauthals los. Es war ein erleichterndes Lachen. Ich fühlte mich das erste Mal seit dem Tod von Larissa einfach frei. Mein ganzer Körper bebte, die Muskeln zuckten, und ich war glücklich, mich selbst so intensiv zu spüren.

Ich lebe, schoss es mir durch den Kopf.

Wut und Zorn waren wie weggeblasen, und all der Ballast fühlte sich für einen Moment ganz leicht an.

Damit ich mein Zimmer nicht komplett auseinandernahm, beschloss ich, das nächste Training nach draußen zu verlagern. Ich suchte mir eine Stelle im Traklpark, an der kaum Menschen vorbeikamen und wo sich auch eine Klimmzugstange befand. Der Trainingsplan, den ich von meinem Mitbewohner erhalten hatte, beinhaltete nämlich auch Klimmzüge.

Es war einer der ersten schönen, warmen Frühlingstage. Am frühen Vormittag joggte ich Richtung Park. Zwischendurch musste ich immer wieder kurz gehen, weil mir die Puste ausging. Keine drei Kilometer waren es von meiner Wohnung bis zum Park, und trotzdem war ich schon bei der Ankunft fix und fertig.

Doch keine Müdigkeit vortäuschen. Klimmzüge. Eine harte Übung, die Unmengen an Kraft erfordert. Dabei sollte ich mich aus den Armen heraus an einer Stange nach oben ziehen. Gerade für Frauen zählt diese Übung zu den schwierigsten. Ich stand vor dieser Stange. Ich umfasste sie und hängte mich dran. Mit aller Kraft versuchte ich, mich hochzuziehen, doch es bewegte sich nichts. Gar nichts. Ich baumelte wie ein nasser Sack an der Stange, bis mich meine Finger nicht mehr halten konnten.

Wie zum Teufel soll ich mich aus all der Scheiße ziehen, die mich belastet, wenn ich mich doch nicht ein einziges Mal an einer doofen Stange hochziehen kann?, ärgerte ich mich und schlug auf das Metall. Ich beschloss, hochzuspringen und mich wieder langsam nach unten zu lassen. Na ja, relativ langsam. Eigentlich ließ ich mich eher wieder fallen. Doch nur so konnte ich die vorgeschriebenen Wiederholungen überhaupt irgendwie schaffen.

Es gibt immer einen Weg, irgendwie. Ich wiederholte die Übung zwei, drei Mal, bis meine Arme nicht mehr konnten, und pausierte dann. Während ich danach meine Arme durchschüttelte, betrachtete ich die Umgebung. Die Bäume, die Blätter, die ersten Blümchen, ein paar vereinzelte Menschen, die auf dem Weg zur Arbeit waren. Plötzlich sah ich die Dinge, die mir vorher ganz vernebelt vorgekommen waren, völlig klar. In diesem kleinen Park fühlte ich mich auf einmal noch freier als nach dem ersten Training zu Hause vor wenigen Tagen. Und irgendwie fühlte ich mich stark. Vielleicht war das die Anspannung in den Muskeln? Was es auch sein mochte, es fühlte sich einfach gut an. Zu lange hatte ich mich selbst schon nicht mehr gespürt.

Die nächste Übung war eine Ganzkörperübung. Daheim hatte ich gerade noch gefrühstückt. Keine gute Idee, wie sich dann herausstellte. Knapp fünfzig Wiederholungen später lag mein Frühstück auf dem Gras.

Nie mehr kurz vor dem Sport essen, Katrin, lernte ich schnell aus diesem Fehler. Mit einem leicht flauen Gefühl im Magen, aber glücklich spazierte ich erschöpft nach Hause zurück. In meinem Larissa-Buch erzählte ich ihr von diesem Training und wie anstrengend es gewesen war, aber auch, dass ich weitermachen würde:

Ja, es ist echt verdammt anstrengend. Aber aufgeben ist keine Option. Ich habe mir versprochen, das durchzuziehen. Und weil du nicht mehr da bist, um mich anzutreiben, muss ich das jetzt selbst tun.
Du warst.
Ich bin.
Also trainiere ich nun für uns zwei!

Ich beschloss also, den Trainingsplan weiterhin durchzuziehen. Allerdings brauchte ich eine Laufbahn, wenn ich alle Übungen korrekt ausführen wollte. Im Internet stieß ich auf das Innsbrucker Leichtathletikstadion, das öffentlich zugänglich war. Dort war viel Platz und eine tolle Aussicht. Aber es würden auch andere Menschen dort sein.

Anfangs verunsicherte mich das stark, und ich traute mich

kaum, dort zu trainieren. Nachdem ich mich aber einige Male überwunden und mir ständig gesagt hatte, dass ich doch das Schlimmste überlebt hätte und mich jetzt deswegen nicht so anstellen solle, stellte ich schnell fest, dass es eigentlich niemanden interessierte, wenn ich dort ein bisschen rumturnte. Manchmal muss man sich überwinden und Dinge einfach tun, um zu merken, dass es doch nicht so schlimm ist. Was hatte ich schon zu verlieren? Denn es waren doch mein Leben, meine Bewegung, mein Körper. Solange ich niemanden störte, sollte ich mir keine Gedanken darüber machen, was andere von mir und meinen Übungen hielten. Warum denken wir ständig in so vielen Lebenslagen darüber nach, was andere von uns denken? Berauben wir uns dadurch nicht wertvoller Momente, die uns lebendig machen und uns frei fühlen lassen?

Ich absolvierte erfolgreich mein Work-out, saß anschließend verschwitzt auf dem Boden und beobachtete die anderen Athleten auf dem Platz. *Sollte es mir dann nicht auch egal sein, was andere darüber denken, wie ich mit meiner Trauer umgehe?*, kam mir der Gedanke. »Eigentlich doch schon«, sagte ich entschlossen zu mir selbst, packte meine Sachen und verließ den Platz.

Trotz dieser positiven Momente war die tief sitzende Traurigkeit weiterhin da. Durch den Sport entwickelte ich jedoch einen besseren Umgang mit ihr und all den anderen Gefühlen. Nicht nur körperlich und seelisch veränderte ich mich positiv. Das Training half mir auch in anderen Lebenslagen, die von meiner Trauer beeinflusst waren.

MONAT 7

»ICH KANN ES SCHAFFEN!«
Der Überlebenskampf geht weiter

HÖHEN UND TIEFEN

Ende März nahm ich erneut Anlauf, um mich wieder ernsthaft in den Uni-Alltag zu integrieren. Das neue Semester hatte begonnen. Es konnte doch nur besser werden als das letzte.

Der Anfang war hart. Erst im Februar hatte ich es geschafft, wieder regelmäßiger in die Bibliothek zu gehen. Meine zwei Bachelorarbeiten musste ich in den Bereichen Österreichische Geschichte und Alte Geschichte schreiben. Erstere beschäftigte sich mit Josef Hundegger, einem Studenten, der im Revolutionsjahr 1848 in Südtirol gekämpft hatte. Ich musste seine Briefe und Tagebücher analysieren. Im Grunde genommen eine spannende Aufgabe. Für mich zu dem Zeitpunkt aber eine riesige Herausforderung. Es waren Zeilen, die von Krieg, Angst und Tod erzählten und es mir schwer machten, mich zu konzentrieren. Ständig schweifte ich ab und musste an Larissa denken und daran, dass sie tot war.

Aus diesem Grund beschloss ich, mich erst mal auf die Bachelorarbeit in Alter Geschichte zu konzentrieren und danach die nächste in Angriff zu nehmen. Nebenbei vereinbarte ich mit den Professoren aus dem letzten Semester nun endlich außerordentliche Termine für meine Prüfungen und die Abgabe der Seminararbeiten, die ich ebenfalls noch schreiben musste.

Meine erste Prüfung sollte am 1. April 2014 stattfinden. Sie war mündlich. Ich hasste diese Art von Prüfungen. In der Vergangenheit hatte ich vor lauter Nervosität das Gelernte oft vergessen.

Wie soll ich so eine Prüfung dann jetzt überstehen?, fragte ich mich tagtäglich. Das Thema an sich war interessant. Es handelte vom Bodenseeraum in der Zeit von 1500 bis 1800 n. Chr. Doch auch hier kamen immer wieder Begriffe vor, die mich an die Tat und den Mord erinnerten. Früher konnte ich innerhalb eines Tages mehrere Seiten erlernen. Nun brauchte ich etwa zwei Wochen für die gleiche Menge. Allerdings half mir auch hier das körperliche Training. Es sorgte dafür, dass ich mich wacher und konzentrierter fühlte.

Als ich eines Nachmittags vor meinen Unterlagen saß, überlegte ich, das Lernen als eine Art Aneinanderreihung von sportlichen Übungen zu betrachten. Jeder Absatz stellte eine solche Übung dar. Ich versuchte, mich in den nächsten Minuten ausnahmslos auf den einen Absatz zu konzentrieren. Auch wenn es anfangs große Kraft kostete, schaffte ich es irgendwann, schneller zu werden und dieses Vorgehen zu automatisieren, ohne großartig abzuschweifen. Ich war selbst höchst erstaunt darüber. Das Training half mir also auch, beim Lernen weiterzukommen. Und die Aussicht, nach dem Lernen wieder trainieren zu können, war ein weiterer Ansporn für mich. Das Training wurde so zu meiner ganz eigenen Form der Belohnung.

Am Tag der Prüfung, es war ein Dienstag, war ich richtig nervös. Um die Aufregung zu lindern, hörte ich laute Musik, die all die Anspannung und Gedanken an die letzten Monate aus meinem Kopf drängen sollte.

Ich stellte mir vor, wie Larissa neben mir stehen und mich mit eindringlichen Sätzen motivieren würde: »Du schaffst das, Katrin. Ich glaube an dich. Nach dem, was du bisher überlebt hast, ist das doch ein Klacks.«

Entschlossen marschierte ich in den Prüfungsraum ein. Der Professor fragte nach meinem Gefühlszustand: »Wie geht es Ihnen? Sind Sie bereit dafür? Lassen Sie sich nicht stressen. Wir haben ausreichend Zeit.«

Ich konnte nur nicken.

Er legte mir den Zettel mit den Fragen vor, die ich in Ruhe

durchlesen sollte. Eine nach der anderen arbeitete ich gedanklich durch: *Weiß ich. Weiß ich auch. Kenne die Antwort. Kann ich.* Mein Gehirn lief auf Hochtouren, und ich war voll und ganz bei der Sache.

Ich blickte auf.

»Sind Sie so weit?«

Ich nickte abermals, und die Antworten sprudelten nur so aus mir heraus, ohne dass ich lange überlegen musste. Der Professor war sichtlich erstaunt, er riss die Augen weit auf und fand kaum Worte. Auch ich konnte kaum begreifen, was soeben geschehen war. Ich bekam ein glattes »Sehr gut«. Unfassbar!

Nach der erfolgreichen Prüfung stürmte ich nach draußen. Ich hatte das Gefühl, kaum noch Luft zu bekommen. Vor der Uni blieb ich einen Moment stehen, beugte mich vornüber, stützte mich auf meinen Beinen ab und atmete tief durch. Meine Gefühle tanzten Samba. Mir wurde heiß und kalt, und ich wedelte mit meinen Armen wild durch die Gegend. Da war sie, die fast vergessene Freude. Mein Herz schlug Saltos.

Dann machte es einen gewaltigen Ruck in meiner Brust, ein Gedanke jagte durch meinen Kopf, der mich mit voller Wucht auf den Boden der Tatsachen zurückbrachte:

Ich kann ihr nicht davon berichten. Ich kann ihr nicht schreiben. Ich kann sie nicht anrufen und meine Freude mit ihr teilen.

Larissa war immer eine der Ersten gewesen, mit denen ich nach solchen Erfolgen hatte sprechen wollen.

»Meine erste erfolgreiche Situation, und du bist nicht da. Das ist so unfair«, schrieb ich ihr erzürnt per WhatsApp.

Trotz allem, was bisher war, habe ich noch die Fähigkeit, etwas zu schaffen. Das hätte ich niemals gedacht, schoss es mir durch den Kopf, während ich auf dem Heimweg war. *Vielleicht hält das Leben doch noch etwas mehr für mich bereit als nur Trauer und Schmerz.* Ich teilte meine Freude mit der restlichen Familie, indem ich sie nacheinander anrief und berichtete. Anna hob gleich ab, und mein Jubel schoss aus mir heraus: »Anna? O mein Gott, du wirst es nicht glauben, aber ich habe die Prüfung geschafft! Mit einem Einser sogar! Ist das nicht Wahnsinn?«

»Echt jetzt? Boah, krass, hey. Ich wusste, dass du das packst. Hab ich es dir doch gesagt! Mega, hey! Ich bin so stolz auf dich!«, gratulierte Anna freudig.

»Ich war so nervös, sag ich dir. Niemals hätte ich mit einem Einser gerechnet!«

»Ich hab dir schon öfter gesagt, dass du die Klügste von uns bist. Echt richtig toll, hey! Das müssen wir feiern, sobald wir uns sehen!«, Anna war spürbar stolz.

»Danke dir, auch dass du an mich geglaubt hast!«

»Klar doch! Du machst das richtig gut alles!«

Ihre Worte waren wie Balsam für meine Seele. *Endlich sind wir wieder Schwestern, endlich unterstützen wir uns wieder,* dachte ich, während sie mir noch von ihrem Tag erzählte. Wir beendeten unser Telefonat. Ähnliche Gespräche folgten über den Tag verstreut mit meinen anderen Familienmitgliedern. Jeder war stolz, dass ich diese Prüfung geschafft hatte. »Larissa wäre es bestimmt auch gewesen«, sagte ich mir, bevor ich ausnahmsweise mal zufrieden einschlief.

Rückblickend waren diese Erfolge, seien sie noch so klein gewesen, Meilensteine. Ich lernte zu akzeptieren, dass Freude und Traurigkeit nebeneinander da sein durften.

Das gehört zu diesem neuen Leben und ist bis heute so.

Zwei Seminare mit Anwesenheitspflicht standen in diesem Sommersemester an. Die Professoren waren verständnisvoll und machten mir diese Einheiten so erträglich wie möglich.

In einem der Seminare musste ich ein Referat halten. Nachdem die erste Prüfung so positiv verlaufen war, war ich überzeugt, dass ich auch das schaffen konnte. Ich versuchte, mich ausreichend vorzubereiten, spürte aber schnell, dass meine Kraft nachließ. Ich war müde und geschlaucht von den letzten Lernwochen, dem Recherchieren für die Bachelorarbeit und der Arbeit neben der Uni. Die einzigen Dinge, die mir wirklich Energie schenkten, waren mein Training und viel Schlaf.

Bis zum Vorabend des Referats hatte ich es nicht geschafft, auch nur annähernd die Hälfte vorzubereiten. Ich war einfach überfordert. Lange Weinphasen, die weiterhin regelmäßig daherkamen, belasteten mich zwischendurch zusätzlich. An diesem letzten Abend versuchte ich mit aller Kraft, den restlichen Stoff aufzubereiten, scheiterte aber kläglich. Tränenüberströmt saß ich am Schreibtisch und wusste, dass ich die Aufgabe nicht meistern konnte.

Versagerin, klang es in meinem Kopf. Von mir selbst enttäuscht griff ich zu meinem Laptop und schrieb dem Professor, dass ich das Referat nicht halten könne, und bat um einen neuen Termin. Er zeigte Verständnis, und ich durfte das Referat verschieben. Ich konnte durchatmen und Kraft sammeln.

Wenige Wochen später referierte ich erfolgreich vor der Gruppe.

Dieses »Scheitern« machte mir klar, dass alles nur Schritt für Schritt ging und ich mich nicht hetzen durfte. Die Trauer hatte noch immer die Führung übernommen, und ich musste im Takt mit ihr schwingen und nicht dagegen, nur so war es möglich voranzukommen.

DU BIST, WAS DU ISST

Nicht allein dem Sport war es zu verdanken, dass es mir körperlich und seelisch langsam besser ging. Ich hatte schnell erkannt, dass ein gutes Training nur mit richtiger und ausreichender Nährstoffaufnahme funktionierte. Bis zu diesem Zeitpunkt jedoch hatte diese eher miserabel ausgesehen.

Meine Ernährung hatte fast ausschließlich aus Fertigprodukten oder Gerichten bestanden, die ich schnell beim Asiaten um die Ecke oder beim nächsten Dönerladen besorgt hatte. Dass diese Ernährung mangelhaft war, konnte man meinem Körper regelrecht ansehen. Mein Haarausfall war nicht nur dem Stress geschuldet. Auch meine Haut litt unter dem fettigen, zuckerhaltigen Essen. Meine Wangen waren übersät von kleinen Pickelchen, die Neurodermitis an den Armen breitete sich zunehmend aus. Ich war dauerhaft müde und kraftlos. Auch meine Verdauung arbeitete nicht richtig, entweder hatte ich Durchfall oder Verstopfung, auf jeden Fall täglich mit Bauchschmerzen zu kämpfen. Vor allem aber war es der Alkohol, der mich an meine psychischen und körperlichen Grenzen brachte. Und dennoch trank ich. Oft und viel. Bis Weihnachten hatte ich meinen Pegel mehr oder weniger gehalten, im neuen Jahr hatte sich nur meine Art zu trinken geändert – nicht die Menge. Zwar trank ich nicht mehr täglich, wenn aber, dann sehr, sehr viel. Fast immer überfielen mich dann meine Emotionen, die ich kaum noch kontrollieren konnte und vor denen ich eigentlich hatte fliehen wollen. Ich war ihnen in diesem Rauschzustand aber umso mehr ausgeliefert. Und der nächste Tag war oft noch schlimmer. Eine emotionale Achterbahnfahrt.

Als ich eines Abends mit einer Freundin aus war, eskalierte das Ganze. Wir waren für 20 Uhr verabredet. Während ich mich zurechtmachte, trank ich schon drei Gläser Wein. Leicht angetrunken torkelte ich zur Veranstaltung, einer Party, auf der auch andere Freunde waren.

Ich stürmte sofort an die Bar und bestellte Weinschorle. Nach kurzer Zeit kippten wir die ersten Shots. Wir tanzten dazwischen eine Runde und holten uns zwei, drei weitere Getränke. Dann weiß ich nichts mehr.

Am nächsten Morgen wachte ich in meinem Bett auf. Alles stank nach Alkohol, mir war kotzübel.

»Was ist letzte Nacht passiert?«, fragte ich mich und schrieb meiner Freundin.

»Du weißt nichts mehr?«, schrieb sie zurück.

»Nein, ich kann mich nur noch daran erinnern, dass wir zur Party sind, dann wird alles verschwommen, und der Rest ist komplett weg.«

Sie erzählte mir von meinen Tanzeinlagen, den durchgeknallten Leuten, mit denen wir gequatscht hatten, unserer Taxifahrt nach Hause und einem Kaugummi in ihrem Haar. Nicht einmal, als ich davon las, konnte ich mich an irgendwas erinnern. Alles war schwarz.

»Fuck, so einen Blackout hatte ich noch nie«, tippte ich ins Handy.

»Krass. Du hast aber auch wirklich viel getrunken, Katrin. Echt viel«, antwortete sie mir, ohne mich zu belehren. Da wusste ich, dass ich aufhören musste.

Endlich sprach ich auch mit meiner Therapeutin über meinen Alkoholkonsum und erzählte ihr, dass ich im Laufe meines Studentenlebens schon öfter mal über die Stränge geschlagen hatte. Auch schon in der Zeit vor Larissas Tod.

»Warum haben Sie damals so oft und so viel getrunken? Können Sie das sagen?«, wollte sie von mir wissen.

»Na ja, es war ja voll normal in meinem Freundeskreis, mit den ganzen Studenten. Ich wollte den Stress aus der vorangegangenen Woche mal für einen Moment vergessen.«

»Ist der Stress dann weniger geworden?«, kam die Frage.

»Nein, natürlich nicht. Er war mehr«, antwortete ich und wurde nachdenklich. Ich fragte mich, ob es das denn alles wirklich wert gewesen war. An den Montagen danach war es mir immer schlecht gegangen, und ich hatte schon am Anfang der Woche dem Wochenende entgegengefiebert, um mich wieder betrinken zu können. Weil ich mich mit meinen Problemen nicht auseinandersetzen wollte, oder eher, weil ich nicht wusste, wie ich damit umgehen sollte, gab es nur die Strategie des Trinkens.

So hatte ich die letzten Jahre meines Studiums verbracht. Doch nun schien das Trinken vollkommen aus dem Ruder zu laufen. Ich erzählte ihr von den letzten Monaten.

»Irgendwie wurde es seit Larissas Tod immer schlimmer. Da habe ich oft täglich getrunken, nicht mehr nur an den Wochenenden. Und letztens hatte ich einen heftigen Blackout. Ich konnte mich an nichts mehr erinnern.«

Ich schwieg kurz, seufzte dann laut aus.

»Glauben Sie denn, ich bin eine Alkoholikerin? Anscheinend kenne ich nicht mehr meine eigenen Grenzen. Bin ich bereits krank?«, fragte ich die Therapeutin unsicher.

»Nein, so, wie Sie das schildern, haben sie einen schlechten Umgang damit und flüchten vor Ihren Problemen und Gefühlen. Das macht Sie noch nicht zu einer Alkoholikerin, da gehört noch mehr dazu. Aber wenn sich nichts ändert, könnten Sie natürlich in eine Abhängigkeit schlittern.«

Ich nickte und sagte dann: »Das will ich auf gar keinen Fall. Ich weiß auch, dass ich körperlich noch nicht abhängig bin, sondern eben nur nicht diesen Schmerz spüren wollte.«

»Ja, genau darum geht es. Sie haben bereits letztes Jahr nach ihrer Knieoperation monatelang nichts getrunken. Das hat auch funktioniert, nicht wahr?«

»Ja, sogar voll gut, und es ging mir sehr gut damit.«

»Wissen Sie, wie viele Trauernde täglich zu einem Glas greifen, wenn sie plötzlich jemanden verloren haben? Bei manchen ist es der Alkohol, andere wiederum dämmen ihre Gefühle mithilfe von Antidepressiva ein. Sie sind damit also nicht allein. Wichtig ist nun, ob Sie es schaffen können, einen gesunden Umgang damit zu finden.«

»Ich will es unbedingt, und ich war schon immer so, dass ich es einfach durchgezogen habe, wenn ich etwas wirklich wollte. Als ich mit 23 Jahren aufhören wollte zu rauchen, habe ich es einfach getan, von heute auf morgen. Ich weiß, dass ich das mit dem Trinken genauso schaffen werde. Vor allem verträgt es sich überhaupt nicht mit dem Sport, und der tut mir so gut gerade. Das ist meine größte Motivation!« Mir entfloh ein Lächeln, und ich spürte einen Antrieb in mir.

»Na, das ist doch wirklich eine tolle Strategie. Und so, wie ich Sie bisher kennenlernen durfte, kann ich bei Ihnen sehr viel Durchsetzungsvermögen in all Ihren Vorhaben erkennen.«

»Stimmt«, antwortete ich und musste an die letzte Prüfung, das Gespräch mit Anna und die Trainings denken. *Ich ziehe das durch und kümmere mich endlich um mich, meinen Körper und meine Gefühle,* sagte ich im Stillen und verließ mit diesen motivierenden Gedanken die Praxis.

Noch bis tief in die Nacht beschäftigte mich der Gedanke an meine Trink-Eskapaden und die vielen Filmrisse.

Wie viele Erinnerungen an Larissa kannst du jetzt nicht mehr abrufen? Wie viele Abende mit Freunden? Nur weil du trinken musstest, ärgerte ich mich über mich selbst.

Ich bereue noch heute jeden Tag meines Lebens, an dem ich zu viel getrunken habe. Ich wünschte, ich könnte es rückgängig machen.

Als ich aufhörte, Alkohol in großen Mengen in mich hineinzuschütten, ging es mir körperlich rasant besser. Im ersten Jahr nach dem Tag der Entscheidung trank ich kaum einen Schluck. Hin und wieder mal ein Glas an Silvester oder an einem Geburtstag. Daneben verschlang ich Bücher über gesunde Ernährung, Nährstoffe und den menschlichen Körper.

Mein Sinneswandel brachte mich bei manchen Freunden und Bekannten in Erklärungsnöte. Ich war erschrocken darüber, wie viele Menschen darauf beharrten, mich trinken sehen zu wollen. Ich besuchte, kurz nachdem ich aufgehört hatte, ein Festival mit ein paar Freunden und weiter entfernten Bekannten. Bevor wir das Festivalgelände betraten, wurde bereits eine Weinflasche herumgereicht. Ich lehnte ab.

»Was? Warum denn, bist du etwa krank?«, fragte mich ein Bekannter.

»Oder schwanger?«, platzte es aus einem anderen Kumpel heraus, und beide begannen zu kichern.

»Nein. Ich möchte nur einfach gerade nichts trinken. Danke«, versuchte ich ruhig zu bleiben und nicht nachzugeben.

»Spielverderberin«, kam es leise aus einer Ecke der Gruppe.

»Lasst sie doch, wenn sie nicht mag, okay?«, stand eine Freundin von mir für mich ein und flüsterte mir zu: »Vergiss die Typen. Ich versteh dich gut!«

Immer wieder kam es zu solchen Situationen. Deshalb zog ich mich ein Stück weit aus dem Nachtleben zurück, obwohl ich so gerne tanzte. Ich hatte das Gefühl, Tanzen war nur in Verbindung mit Alkohol erlaubt.

Meine engsten Freunde und meine Familie akzeptierten meine Entscheidung jedoch sofort, andere Bekannte gewöhnten sich erst nach Monaten langsam daran, wieder andere versuchen heute noch, mir Schnaps anzudrehen.

»Ein bisschen Spaß muss doch mal drin sein.« – Es sind immer die gleichen Sätze, die ich mir anhören muss.

Für mich bedeutet trinken aber nur Schmerz und Leid. Wenn ich heute zurückdenke, habe ich das Gefühl, dass sich viele Menschen selbst belügen, wenn sie sagen, dass es Spaß macht, sich vollkommen zu betrinken. Und dass sie in ihrem Inneren vielleicht auch vor sich selbst weglaufen und sich selbst nicht aushalten können, schon gar nicht ihre Emotionen. Das mag vielleicht eine gewagte Behauptung sein, aber genau so war es bei mir, und daher glaube ich auch, dass es so noch viel mehr Menschen geht, insbesondere Trauernden.

Mit diesen Gedanken möchte ich niemanden verurteilen, denn ich wusste es ja selbst lange nicht besser. Aber vielleicht kann mein Beispiel Anstoß dazu geben, genauer hinzuschauen, sich Gedanken zu machen, zu sich zu stehen und etwas zu verändern. Obwohl das Aushalten aller Gefühle ohne Betäubung anfangs schwer und herausfordernd war, machte es mich lebendiger und nahm mir zunehmend die Angst vor meinen Emotionen.

MORD!

Nicht nur meine Einzeltherapie lief weiter, auch unsere Familiensitzungen. Ein neuer Termin stand bevor, der inhaltlich etwas anders ablaufen sollte als die bisherigen.

Nachdem wir unsere Begrüßungsrunde beendet hatten, warf unser Therapeut eine interessante Beobachtung in den Raum: »Etwas ist mir besonders aufgefallen an Ihnen allen. Sie sprechen von Larissas Tod so, als wäre sie an einem natürlichen Tod oder an einem Unfall gestorben. Kein einziges Mal fiel bisher der Name des Mörders. Auch die Tat selbst ist noch von keinem diskutiert worden. Wie fühlt sich das für Sie an?«

Tatsächlich, er hatte recht. In meinem Hals bildete sich sofort ein Knoten. Tränen und Wut stiegen in mir auf. Ich glaube, für jeden von uns war die Art des Todes zu schlimm und noch immer nicht zu begreifen, als dass wir von uns aus darüber sprechen wollten. Jeder wird früher oder später mit dem Tod konfrontiert, jedoch fast immer mit einer natürlichen Todesursache. Mit einem Mord, wie man ihn nur aus Filmen und Krimis kennt, können wir Menschen nicht umgehen. Gerade als Betroffene vermeiden wir, uns damit auseinanderzusetzen, und können es uns einfach nicht vorstellen, dass so etwas Grausames doch Wirklichkeit sein kann.

Larissa war gewürgt und anschließend mithilfe einer Bodylotion und einer Socke erstickt worden. Der Täter hatte Kratzspuren im Gesicht und am Hals gehabt. Das konnte die Polizei feststellen, als sie ihn allein befragt hat. Larissa scheint sich gewehrt zu haben. Für uns war die Art ihres Todes eine derart schreckliche Vorstellung, dass wir sie automatisch verdrängten. Larissa hatte ihr ganzes Leben lang Angst gehabt, keine Luft zu bekommen. Schon ein normaler Husten war für sie die Hölle gewesen. Dass sie dann genau so sterben musste, machte uns wahnsinnig.

Gleichzeitig spürten wir auch den Wunsch, nachzuempfinden, was Larissa in dem Moment des Erstickens durchleben musste. Wir wollten wissen, wie es ihr in ihren letzten Minuten ergangen war, ob sie lange zu leiden gehabt hatte und welche Gedanken ihr in diesen Momenten durch den Kopf gingen.

Ich hatte sogar im Internet recherchiert, um herauszufinden, wie schlimm diese Art zu sterben wohl sein mochte. Offenbar wird man, wenn man gewürgt wird, schnell bewusstlos, es sei denn, das Opfer wehrt sich und der Täter kann nicht fest genug zudrücken. Wenn die Person dann erst einmal ohnmächtig ist, versucht der Körper wieder nach Luft zu schnappen. Auch bei Larissa war das wohl der Fall gewesen. So entstand das röchelnde Geräusch, das den Mörder so nervös gemacht hatte, dass er die Lotion in ihren Mund kippte.

In einem Surf-Urlaub in Portugal im Jahr 2016 konnte ich am eigenen Leib erfahren, wie es ist, wenn einem die Luft genommen wird. Ich verbrachte dort eine Woche mit meinem Freund Benni, mit dem ich seit einem halben Jahr zusammen war.

In den ersten Tagen hatte ich erste Surf-Erfahrungen gesammelt und sollte mich nun ins tiefere Wasser wagen. Als ich gerade mit einem anderen Mädchen aus der Surfschule hinaus ins Wasser paddelte, türmte sich plötzlich eine riesige Welle vor mir auf.

Scheiße, du musst da noch drüberkommen. Gib alles. Mach schon!, schrie es in meinem Kopf. Ich sah das Mädchen neben mir gerade noch über die Spitze gleiten, blickte dann nach vorne und merkte, dass ich mich genau unter dem Wellenbruch befand.

»O mein Gott!«, brüllte ich panisch und holte noch kurz

Luft, als sie über mich hereinbrach. Schon riss es das Board nach hinten, und ich wurde wild durch das Wasser geschleudert. Ich wusste nicht mehr, wo oben und unten war, spürte nur, dass die Luft in meinen Lungen langsam knapp wurde. Plötzlich tauchte mein Kopf kurz auf. Ich versuchte verzweifelt, mich zu orientieren, sah aber nur die nächste enorme Welle auf mich zukommen. Vor lauter Panik konnte ich kaum atmen. Die Kraft der Welle drückte mich nach unten. Ich öffnete meine Augen, wedelte mit den Armen um mich. Dann sah ich ein Bild: das Gesicht meiner Schwester Larissa. Ich wusste, dass ich keine weitere Welle überleben würde. Wieder tauchte ich auf, konnte nur noch schnappatmen, schrie um mein Leben. Auf einmal sah ich Benni, der in meine Richtung schwamm.

»Hilf mir, bitte hilf mir! Ich kann nicht mehr!«, schrie ich in Todesangst. Die nächste Welle war da. Ich schaffte es nicht mehr, die Luft anzuhalten, ich schluckte Unmengen an Wasser, das ich sofort wieder erbrach. Unter Wasser dachte ich wieder an Larissa, überlegte eine Sekunde, den Mund zu öffnen und das Wasser einzuatmen. Doch da packte mich Benni, zog mich auf das Board und schubste mich darauf in Richtung Ufer. Die Wellen wurden kleiner, je näher wir zum Strand gelangten. Ich hustete, würgte und weinte, während ich auf dem Brett lag. Am Strand ließ ich mich in den Sand fallen, zitterte am ganzen Körper.

Nachdem ich mich Stunden später von dem Schock erholt hatte, sagte ich unter Tränen zu Benni: »Ich dachte, ich sterbe. Es war so furchtbar alles. Wie schlimm muss das für Larissa gewesen sein! Wie schlimm. Ich pack das grad gar nicht. Niemand war da, um ihr zu helfen. Nur der Mörder, der ihr die Luft wegnahm. Benni, wirklich, das ist so schlimm, wenn du nicht atmen kannst. Ich habe mich immer gefragt, was sie wohl erleben musste. Ich halt das nicht aus, das tut so weh.«

»Ich verstehe dich. Ich weiß«, versuchte Benni mich zu beruhigen und streichelte über meinen Rücken.

Ich habe lange gebraucht, um mich davon zu erholen.

Noch heute wird mir übel, wenn ich diese Zeilen niederschreibe.

Mara entdeckte eine andere Methode für sich, um diesen schrecklichen Moment nachzuempfinden. Wir sprachen einige Male über das Erwürgen und wie es sich anfühlen musste.

»Weißt du, vielleicht könntest du mich ja mal würgen, damit ich weiß, wie das ist. Nur kurz«, schlug sie eines Nachmittags vor, als ich bei ihr in der Psychiatrie zu Besuch war und wir auf dem Bett saßen.

»Sag mal, spinnst du jetzt komplett?«, fuhr ich sie an und stand auf. Ich bekam eine Gänsehaut, allein wenn ich daran dachte. »Ich will das nicht und kann das auch nicht. Ich kann dir nicht an den Hals fassen. Du hast ja den Verstand verloren«, war ich weiter entsetzt und begann im Zimmer auf und ab zu laufen.

»Dann versuche ich es halt selbst oder frage jemand anderen«, schnauzte sie mich an, legte ihre Arme um die Beine und schaute mich böse an.

»Hör bitte auf mit diesem Blödsinn, ja? Das kann doch nicht dein Ernst sein, oder?« Ich setzte mich wieder neben sie und versuchte ruhiger zu werden. »Mara, ich verstehe, dass du wissen willst, was Larissa durchgemacht hat. Das will ich doch genauso. Aber das kann doch nicht die Lösung dafür sein. Du kannst so was nicht von mir verlangen.«

Mara hob den Kopf und nickte. »Ja, ich weiß ja. Es tut mir leid.« Dann weinte sie.

Später saß ich zu Hause auf dem Bett und dachte über unser Gespräch nach. Langsam hob ich meine Hände und legte sie mir um den Hals. Ich drückte dagegen und spürte gleich den Schmerz an der Kehle. Erschrocken ließ ich locker und senkte die Arme.

Das ist Wahnsinn. Hör auf damit, Katrin.

Wir wollten einfach nachfühlen können, was Larissa passiert war, so dumm das auch klingen mag.

Darüber, dass sich Mara selbst bewusstlos würgen könnte,

machte ich mir keine Sorgen. Ich hatte mich nämlich gleich nach unserem Gespräch an das Klinikpersonal gewandt. Man hatte mir daraufhin ausführlich erklärt, dass das aus eigener Kraft gar nicht möglich sei.

Glücklicherweise ließ dieser Wunsch nach einigen Monaten nach, und wir sahen ein, dass diese Handlung absolut sinnlos war. Später entwickelte sich bei mir daraus eine Panik. Berührungen am Hals versetzten mich in Todesangst. Noch heute kann ich nicht an dieser Stelle angefasst werden, auch nicht von meinem Freund, zu heftig ist die Angst.

In der Familientherapie-Sitzung herrschte nach der Frage des Therapeuten erst mal erdrückende Stille, und wir sahen einander hilflos an.

Wie fühlte sich die Tat für uns an?

Ich wusste selbst nicht recht, was ich darauf antworten sollte, zu viele Gefühle tobten in mir. Vor allem die Wut. Aber ich fürchtete mich, sie hier in der Sitzung rauszulassen und auszusprechen. Ich hatte Angst, dass sie mich zerreißen würde, sobald sie aus meinem Mund käme.

Ich kann mich nicht mehr erinnern, wer als Erstes antwortete. Als ich schließlich doch sprach, sagte ich: »Ich bin wütend, sogar sehr. Aber ich kann irgendwie kaum damit umgehen, weil der Schmerz zu groß ist.« Viel mehr brachte ich nicht heraus. Den anderen ging es ähnlich wie mir.

Nur meine Mutter legte eine ganz andere Gefühlslage offen. Sie wirkte ruhig und in sich gekehrt, als sie die Worte aussprach: »Ich weiß nicht so recht. Nein, ich bin nicht wirklich wütend gerade. Ich habe Mitleid mit der Mama und der Familie des Täters und irgendwie sogar mit ihm, dass er sich sein Leben so verbaut hat.«

Was zum Teufel hatte sie soeben gesagt? Ich traute meinen Ohren nicht. Noch mehr Zorn kam in mir hoch, diesmal gegen sie.

»Verdammt, du solltest doch wütend sein, dass er *unser* Leben zerstört hat«, sagte ich trotzig.

»Ja, aber ich kann es grad eben nicht. Ich muss nun mal gerade an die andere Mama denken«, erklärte sie sich. Nichts in mir brachte auch nur ein Quäntchen Verständnis gegenüber ihrer Aussage auf. Ich fühlte einfach nur reine Wut, sonst nichts.

»Das ist doch Bullshit, Mama. Du solltest doch mit *uns* Mitleid haben und nicht mit anderen!«, bebte ich in meinem Sessel und feuerte die Worte in ihre Richtung.

Mit einem Mal wurde Mama ganz laut.

»Es bringt doch auch nichts, in der Vergangenheit rumzuwühlen. Das holt sie doch auch nicht zurück. Wir sollten lieber in die Zukunft schauen. Immer wieder diese ganze Scheiße aufzurollen und darüber zu diskutieren, das bringt doch nichts. Larissa ist tot, und wir können das nicht ändern«, schrie Mama nun, während alle anderen stumm weinten. Da war nichts mehr von ihrer kühlen, beherrschten Fassade. Da war nur noch Wut.

»Und was löst dieser Tod, dieser Mord in Bezug auf Larissa sonst in Ihnen aus?«, unterbrach sie der Therapeut.

Sie überlegte, sagte dann ruhiger: »Larissa hat nun keine Schmerzen mehr. Das tröstet mich ein Stück weit. Ich fühle mich ihr gerade sehr viel näher als je zuvor. Ich spüre sie in mir, ganz tief.«

Mamas Lippen zitterten. Mir kamen die Tränen. Meine Wut ließ nach. Es herrschte Stille im Raum. Keiner wollte weiter darüber sprechen.

Heute verstehe ich, wie es Mama ging. Sie weinte, sogar sehr viel, aber nicht vor mir. Sie war wütend, doch sie versteckte diese Wut vor uns. Sie drückte ihre Trauer aus und sprach darüber, aber mit Freunden. Wir sind ihre Kinder. Für uns musste sie funktionieren, kämpfen, weitermachen, in die Zukunft blicken, Hoffnung geben, stark sein.

Das erklärte sie mir in einem Gespräch, das wir Jahre später führten.

»Wenn ich mich fallen gelassen hätte, mich vor euch ebenso

meiner Trauer hingegeben hätte, dann hätte ich vielleicht auch meine anderen drei Töchter verloren, und das wollte ich nicht riskieren. Einer musste doch kämpfen und vorwärtsgehen.«

In diesem Augenblick verstand ich meine Mutter. Trotzdem hätte ich mir damals Gefühle gewünscht, eine Mama, die auch mal weinte und ihre Kraftlosigkeit zeigte.

Wer aber sagt einem schon, wie du dich verhalten sollst, wenn dein Kind ermordet wurde? Wo stehen die Regeln geschrieben, was nun für deine noch lebenden Kinder wichtig ist und wie du damit umgehen sollst?

Nirgends und doch überall. Denn es gibt zahlreiche Trauerbegleiter und viele Bücher, die in dieser aussichtslosen Situation hätten helfen können. Doch wer trauert, geht mit Scheuklappen durchs Leben. Und genau deshalb habe ich irgendwann begonnen, meinen Blog zu schreiben – und dieses Buch. Ich möchte zeigen, wie wichtig es ist, offen miteinander zu sein und Gefühle zu zeigen.

Als trauernder Mensch handelt man instinktiv und tut das, was man in diesem Moment für richtig hält. Strategien und Muster, die man in seiner Vergangenheit aus Krisensituationen heraus entwickelt hat, setzt man dann automatisch ein, egal ob sie hilfreich sind oder nicht.

Niemand kann und darf für seine Strategien verurteilt werden, denn jeder Mensch hat seine eigene Vergangenheit. Aber eine professionelle Begleitung kann helfen, neue Türen zu sich selbst zu öffnen.

Durch unsere Therapie habe ich ein Stück weit das Verhalten meiner Geschwister und Eltern verstehen gelernt. Vor allem aber habe ich gelernt, sie zu akzeptieren und dabei gut auf mich selbst zu achten.

MONAT 8

»SCHRECKLICH,
MIT DEINER SCHWESTER!«

Medien und ständige Konfrontation

VIEL ZU VIEL AUFMERKSAMKEIT

Seit Ende März arbeitete ich wieder in der Eisdiele, in der ich schon in den letzten Jahren während des Sommers gejobbt hatte. Ich war froh, in eine bekannte Umgebung zurückzukehren. Andererseits hatte ich mich zunächst vor der Arbeit gefürchtet. Sie war meist hektisch und anstrengend, wenn die halbe Stadt Innsbruck gleichzeitig Eis wollte. Ich hatte deshalb Angst, dass ich dieser Herausforderung vielleicht noch nicht gewachsen wäre. Doch ich hatte es versucht – und es klappte.

Als ich meine Chefleute zum ersten Mal wiedergesehen habe, sagten sie nicht viel zu dem Vorfall, worüber ich ziemlich erleichtert war. Ich hätte meine Trauer nicht mit ihnen teilen wollen. Auch viele meiner Arbeitskolleginnen stellten in den gemeinsamen Schichten kaum Fragen, was mir half, mich zu konzentrieren. Am meisten Sorgen machte mir aber die Begegnung mit der Kundschaft.

Es war Mitte April, und das Eisgeschäft nahm mit dem warmen Wetter zu. Ich hatte Panik davor, erkannt zu werden.

Was, wenn ich meine Trauer nicht verstecken kann, mit der Tüte Eis in der Hand einfach losweinen muss?, fragte ich mich täglich, bevor die Schicht losging.

Hin und wieder wurde meine Befürchtung wahr. Menschen fragten, wie es mir denn derzeit gehe. Am liebsten hätte ich geantwortet, dass es mich innerlich zerreißt und ich allem kaum standhalten kann. Dass ich mich fast jeden Tag in den Schlaf weine und mich deshalb unendlich müde fühle. Dass mir meine Schwester fehlt und ich noch immer nicht wahrhaben kann, was mit ihr passiert ist.

Stattdessen antworte ich jedoch: »Danke, ja, geht schon. Ganz okay.«

Und sogar diese Antwort überforderte manche Leute und gab ihnen das Bedürfnis, meine Traurigkeit kleinreden zu müssen. Sie reagierten mit Sätzen wie: »Ja, es tut mir so schrecklich leid, aber das Leben muss jetzt weitergehen. Da musst du jetzt stark sein. Deine Schwester möchte auch, dass du lachst. Du musst nun nach vorne schauen. Am Ende macht alles einen Sinn.«

Das war zwar als Trost und Aufmunterung gedacht, die Worte verletzten mich jedoch.

Manche Leute fingen auch an, über den Mörder zu schimpfen und ihn zu verfluchen. Sie hatten keine Ahnung, was sie mit solchen Aussagen anrichteten. Wie sollten sie auch? Eine solche Tat war nicht üblich in unserer kleinen Stadt. Da waren viel Wut und Angst, die vor allem durch die Medien geschürt wurden und die ich als Angehörige dann abbekommen habe. Doch während der Arbeit musste ich selbst kämpfen, meine Wut und meine Ängste in Schach zu halten. Durch Aussagen wie »Dieser Scheißkerl, wenn ich du wäre, würde ich ihm alles Böse der Welt wünschen« oder »Man kann sich heute ja nicht mehr auf die Straße trauen, wenn so was Schlimmes passiert ist« fiel mir das aber unendlich schwer. Wie sollte ich jemals meinen Zorn und meine Panik verarbeiten können, wenn stetig Öl ins Feuer gegossen wurde?

Ich nahm die Sätze einfach stumm an. Mir fehlte die Kraft, mich dagegen zu wehren. Als Eisverkäuferin war ich der Situation ausgeliefert und musste sie durchstehen. Jeden Tag aufs Neue. Ein Kampf, der zur Routine wurde und notwendiges Geld einbrachte.

An manchen Tagen fiel es mir besonders schwer, mich zusammenzureißen. Ich heulte auf der Toilette und redete mir streng zu, dass ich nicht schwach sein dürfe.

Ich war zu hart zu mir, meiner Trauer und den Gefühlen.

Doch ich hatte keine Wahl. Ich musste funktionieren und brauchte den Job.

Wie könnte eine Lösung für ein solches Dilemma aussehen? Voraussetzung, um gut zurück in eine Arbeit finden zu können, ist Verständnis seitens des Chefs. Er sollte eingeweiht werden und das Team informieren. Für solche Fälle gibt es sogar Trauerbegleiter, die auf Trauer am Arbeitsplatz spezialisiert sind. Wenn möglich, sollte die Arbeitskraft in kleinen Schritten wieder eingegliedert werden. Erst ein paar einzelne Stunden, dann mehr – sofern es die trauernde Person so möchte. Manche stürzen sich regelrecht in die Arbeit, um sich abzulenken, was genauso hilfreich sein kann. Direkter Kundenkontakt kann, wenn gewünscht, zumindest phasenweise vermieden werden. Mara war zum Beispiel im Lebensmittelhandel tätig und somit den Kunden permanent ausgeliefert. Sie konnte damals eine Zeit lang im Lager arbeiten, wo sie ihre Ruhe hatte und sich keiner wegen ihrer Tränen gestört fühlte. Offene Kommunikation und Verständnis sind auch am Arbeitsplatz unerlässlich.

Nicht nur die Arbeit erschwerte meinen Alltag. Besonders die Medien trugen dazu bei, stetig neue Wunden zu öffnen. Anfangs war ich dankbar gewesen, dass die Journalisten so viel Aufmerksamkeit auf die Geschichte gelenkt hatten, was wiederum so viele Menschen dazu bewegte, bei der Suche mitzuhelfen. Nachdem die grausame Wahrheit ans Licht gekommen war, waren sie jedoch zu einem regelrechten Fluch für mich und meine Familie geworden.

Der Paparazzo auf dem Friedhof war der Höhepunkt des Ganzen gewesen. Nun brachten mich die zahlreichen Detailmeldungen zum Stand der Ermittlungen um Larissas Tod, die beinahe wöchentlich erschienen, abwechselnd zum Explodieren oder durch detaillierte Beschreibungen fast zum Erbrechen. Ich konnte mich auch nicht davon abschirmen, das Thema war zu präsent in den Medien. Egal wo ich war, Menschen sprachen darüber, und ich hörte, wie sie sich über die neuesten Berichte austauschten. Das Getuschel verfolgte mich bis in meine Träume, und ich wachte wieder vermehrt schweißgebadet auf. Jeden Tag war die Angst vor neuen grauenvollen Details präsent.

Das Schrecklichste war, dass ich ab und zu auf Menschen stieß, die sich direkt mit mir über neue Details austauschen wollten. Sie sagten Dinge wie: »Also, das Erwürgen fand ich ja schon schrecklich, aber das mit der Bodylotion ist einfach nur unmenschlich. Der ist ein Monster. Ich kann mir gar nicht vorstellen, wie es dir mit solchen neuen Erkenntnissen ergehen muss, wenn es mich schon so trifft.«

In solchen Momenten fühlte es sich für mich an, als würde mir jemand seine Faust in den Bauch rammen, meinen Magen packen, ihn hin und her schütteln und anschließend fest zusammendrücken.

Liebe Leserin, lieber Leser – ich hoffe, dass ihr niemals in solch eine Situation kommt. Aber ich bitte jede und jeden Einzelnen von euch darum, sich nicht mit Angehörigen von Opfern über die Tat zu unterhalten oder über Erkenntnisse aus den Medien auszutauschen. Auch wir haben nicht gelernt, damit umzugehen, wir sind genauso hilflos wie ihr!

Aus den vielen Details, die mir so gegen meinen Willen immer wieder zugetragen worden waren, entwickelte ich den schlimmsten Albtraum meines Lebens. Auch diesen habe ich in meinem Larissa-Buch aufgeschrieben:

Larissa, ich glaube, ich werde nie mehr schlafen gehen. Ich werde den Schlaf verweigern, so wie in dem Buch »Schlafes Bruder«. Aber nicht aus der Liebe heraus, nein, einfach weil mich diese Albträume zu sehr quälen.
Gestern Nacht hatte ich wieder diesen einen, der mich im Moment so sehr beschäftigt. Und es ist immer derselbe. Ich komme in einen großen, dunklen Theatersaal. Der Eingang befindet sich hinter den Stuhlreihen, und mein Blick fällt nach unten zur großen schwarzen Bühne. Es ist ein

großer Saal. Plötzlich geht ein Licht an auf der Bühne. Der Vorhang hebt sich. Die Kulisse ist zu erkennen. Es ist das Zimmer von Dominik. Ich gehe langsam auf die Bühne zu und beobachte das Geschehen.

Du kommst mit ihm in das Zimmer, und ihr knutscht heftig rum. Doch du bist betrunken, und er ist immer noch sauer, weil du dich mit Stefan unterhalten hast. Ihr beginnt darüber zu diskutieren, doch du machst wie immer deine Späßchen und sagst, er solle sich beruhigen und dass da doch niemals was war. Und plötzlich rastet er aus und greift an deinen Hals und würgt dich.

Ich stürme runter, kreische aus vollem Hals und möchte auf die Bühne springen. Doch ich pralle an einer riesengroßen Glaswand ab. Schnell stehe ich auf und klopfe und schreie und will dir nur helfen. Und während er seine Hände an deinem Hals hat, blickt er zu mir und lächelt mich bösartig an.

Du kämpfst um dein Leben, und ich kann dir einfach nicht helfen, Larissa. Ich muss zuschauen und kann dir einfach nicht helfen, und es zerreißt mir mein Herz. Ich muss alles sehen, was er dir weiter antut, und ich kann nichts machen.

Warum kann ich diese Scheibe nur nicht zerbrechen, warum muss ich das alles sehen? Warum muss ich diese schreckliche Szene immer wieder erleben?

Es soll aufhören, Larissa.

Ich kann nicht mehr. Ich habe keine Kraft mehr.

Warum konnte ich dir bloß nicht helfen, Larissa?

Dieser Traum hat mich noch lange Zeit verfolgt. Heute, mit genug Abstand, kann ich besser damit umgehen. Inzwischen sind meine Albträume seltener geworden, und dennoch werden sie vermutlich niemals ganz verschwinden.

Schon ein einziger Satz, ganz ohne bösen Hintergedanken vorgebracht, kann bei einem Trauernden und Traumatisierten für solche Reaktionen sorgen. Deshalb rate ich jedem, im

Zweifelsfall lieber ein bisschen zu sensibel zu sein – als zu wenig.

Auch übers Radio wurden wir ständig mit Details der Mordnacht konfrontiert. Als Mara schlimme Zahnschmerzen hatte und wir im Wartezimmer eines Zahnarztes saßen, lief nebenbei das Radio. Plötzlich hörten wir den Moderator sagen: »Neues vom ›Fall Larissa‹.«

Wir saßen dort und konnten nicht weghören.

Die Medien sind in solchen Fällen Fluch und Segen zugleich. Ich bin ihnen nicht mehr böse, auch wenn ich sie damals verflucht habe – vor allem, nachdem wir selbst bei der Beerdigung von ihnen verfolgt worden waren – und ihnen das auch mitgeteilt habe. Die Leute dort müssen ihren Job machen, das weiß ich. Doch ändert es nichts an der Tatsache, dass sie unsere Lage durch ihre ständige Berichterstattung nur noch schwieriger gemacht haben.

Ganz grundsätzlich bin ich der Überzeugung, dass sich an der medialen Berichterstattung bei Mordfällen etwas ändern muss. Es hilft niemandem, weder den Angehörigen noch den Lesern, wenn jedes noch so winzige Detail aufgebauscht und zur Sensationsmeldung gemacht wird. Diese Herangehensweise schürt nur Wut, Hass und Ängste in der Bevölkerung. Stattdessen wäre ich dafür, Berichte darüber zu schreiben, wie in solchen Fällen geholfen und mit kollektiver Trauer umgegangen werden kann. Außerdem fände ich es passender, die Opfer ins Zentrum zu stellen, statt ständig das Profil des Täters zu beleuchten. Ich habe mir zum Beispiel oft gedacht, wie schön es wäre, wenn es Berichte über Larissa und ihre lebensfrohe Art gäbe. Das würde einige Leser vielleicht traurig machen, vielleicht würden sie so aber auch motiviert, ihr eigenes Leben freudvoller zu gestalten. Am Ende würde die Liebe vorherrschen. Wäre das nicht im Sinne von uns allen?

ENDGÜLTIGER ABSCHIED

Eines Nachmittags Ende April kam ein Anruf von der Kriminalpolizei. Überrascht hob ich ab. Es war einer der Beamten, die für Larissas Fall verantwortlich gewesen waren, und mit dem wir deshalb schon häufiger gesprochen hatten. Er erklärte mir, dass die Untersuchungen abgeschlossen seien und sie die Materialien nicht mehr brauchten.

»Um welche Materialien geht es denn?«

»Um Schmuck und Piercings Ihrer Schwester. Sie können demnächst gerne hier vorbeikommen und sie abholen.«

Meine Hand bebte, als ich auflegte.

Als ich mich etwas gefasst hatte, lief ich im Eilschritt zu Mara in die Klinik, die ich sowieso hatte besuchen wollen, und erzählte ihr davon. Sie wollte mich unbedingt begleiten.

Wir machten uns also auf den Weg zur Kriminalpolizeistelle, um den Schmuck unserer toten Schwester zu holen. Ein flaues Gefühl im Magen begleitete uns beide. Schließlich war das der Ort gewesen, an dem wir tagelang Aussagen gemacht hatten und wo wir am Ende die bittere, schmerzvolle Wahrheit erfahren haben.

Der Beamte schien jedoch gar nicht mitzubekommen, wie aufgewühlt wir waren. Mitten auf dem Gang empfing er uns und erklärte uns noch einmal gut gelaunt, dass die Untersuchungen abgeschlossen seien. An die restlichen Worte kann ich mich kaum noch erinnern. Ich starrte nur auf das Säckchen, das mit dem Schmuck gefüllt war. Er hielt es in der Hand und wedelte damit herum. Es erinnerte mich an Krimiserien, in denen Beweismaterialien mit Nummern versehen sind.

Während der Beamte weitererzählte, öffnete er das Säckchen und leerte die paar Schmuckstücke auf den Tisch, ohne sich darüber Gedanken zu machen, was dieser Anblick in uns bewirken würde.

Mit einem Mal schoss mir Magensäure in die Speiseröhre, mir wurde furchtbar schlecht. Jedes Piercing und jeder Ohrring erinnerte mich an Larissa. Im Wechsel sah ich ihren lebendigen und ihren toten Körper vor mir.

Was ist nur mit dem Schmuck passiert?, fragte ich mich verzweifelt, während ich daraufstarrte. Knicke, Abfärbungen und fehlende Ecken ließen nur noch erahnen, wie die Stücke ausgesehen hatten.

Als hätte ich meine Gedanken laut ausgesprochen, sagte der Beamte: »Ach ja, die sehen ein bisschen anders aus, weil sie durch den langen Wasseraufenthalt deformiert wurden.«

Der Mann war sonst immer höchst professionell und gut in seiner Arbeit. Doch in der Begegnung mit uns Trauernden hatte er schon bei unseren letzten Begegnungen eher überfordert und ziemlich empathielos gewirkt. In so einem Beruf ist dieses Verhalten wahrscheinlich üblich, um sich selbst einen gewissen Abstand zu bewahren. Deshalb bin ich hier auch nicht nachtragend. Für mich war die Situation damals jedoch kaum auszuhalten.

Ich sah nur noch das Bild ihres leblosen Körpers vor mir. Larissas Leichnam im Wasser, die Piercings an den einzelnen Stellen. Ich musste arg schlucken, um nicht erbrechen zu müssen. Dazu mischten sich Schmerzen im Halsbereich. Mara nahm ich kaum mehr wahr. Ich sah nur noch diese Piercings vor mir. Wir verabschiedeten uns und machten uns mit den Überbleibseln im Beweissäckchen auf den Weg nach draußen. Kaum aus dem Haus gelangt, brach es aus uns beiden heraus. Unsere Beine schlotterten, mit Mühe schleppten wir uns weg vom Gelände.

»Was war das denn bitte eben? Ich glaub das nicht. Mir ist

richtig schlecht. Ich glaub, ich muss kotzen«, sprach ich aus, was mir durch den Kopf ging.

Mara nickte, fasste sich an den Magen: »Mir auch. Ich dachte, ich muss gleich zusammenbrechen. Ich will zur Christina, jetzt sofort.«

Tränenüberströmt gingen wir zurück zur Klinik, die nur fünf Minuten entfernt lag. Christina war Maras Therapeutin. Wir waren von Anfang an per Du gewesen. Sie wartete bereits auf uns.

»Ich weiß nicht, was mit mir los ist, aber der Anblick dieser Schmuckstücke hat mich grad komplett mitgenommen«, stotterte ich weinend in ihrem Therapieraum.

»Mich auch. Es ist so schlimm, das zu sehen. Irgendwie macht es das Ganze so real, plötzlich«, weinte auch Mara, die neben mir saß.

»Das kann ich gut verstehen. Ihr habt Larissa selbst ja nie gesehen nach ihrem Tod. Deshalb wühlt es so auf«, erklärte Christina.

»Der Typ hat uns den Schmuck einfach so gegeben, mitten auf dem Gang, ohne jegliche Empathie. Das hat mich grad echt fertiggemacht«, beschwerte sich Mara über den Beamten.

»Ich glaube nicht, dass ihm bewusst war, wie sehr diese Teile euch triggern würden. Aber ich verstehe natürlich, dass sich das unangenehm anfühlen musste«, versuchte Christina, sein Verhalten zu erklären.

»Was sollen wir denn nun mit diesen ganzen Piercings machen?«, fragte Mara nachdenklich und fummelte mit ihren Händen an dem Säckchen herum.

Die Therapeutin hatte sofort einen Vorschlag parat: »Du bastelst doch so gerne, Mara. Ich finde, sie sollten einen wertvollen Platz bekommen. Vielleicht eine kleine Holzkiste, die du selbst gestaltest?«

»O ja, das wäre doch wirklich schön, oder?«, war ich auf Anhieb einverstanden und schaute Mara erwartungsvoll an.

»Ja, voll, das mache ich! Gleich heute noch werde ich damit beginnen!«

Wenn ich heute über die kleine Holzkiste streiche, in der Larissas Schmuck liegt, dann sehe ich meine lebendige Schwester vor mir, die mir vom Piercing-Stechen erzählt und dabei lacht und sich freut.

Erlebnisse wie diese sind nach einem Mordfall unvorhersehbar und können zusätzlich belasten, das Trauma verstärken. Im Nachhinein wurde mir noch mehr bewusst, dass diese Begegnung mit dem Schmuck unser erster wirklicher Abschied war, unser erstes wirkliches Begreifen. *Ihren leblosen Körper habt ihr ja nie gesehen,* hallten die Worte aus dem Gespräch mit Christina nach. Diese Piercings waren der erste Berührungspunkt zwischen ihrem Körper und uns. Eine solche Begegnung gehört aus meiner heutigen Sicht professionell begleitet und vonseiten der Kriminalpolizei viel besser organisiert – so gut der Polizist, der uns so vor den Kopf gestoßen hatte, seinen Job sonst auch gemacht haben mag.

Nach dieser Begegnung folgten erneut schlaflose Nächte, ein intensives Gedankenkreisen und Bilder in meinem Kopf, die mich nicht losließen. Und dann war da noch diese Angst davor, was noch alles passieren konnte und kommen würde.

Wann darf ich endlich ein wenig zur Ruhe kommen? Wann darf ich mich endlich mal nur um meine Trauer kümmern, ohne ständig an die bevorstehende Verhandlung denken zu müssen?, waren die Fragen, die ständig in meinem Kopf kreisten.

WIE VIEL KOSTET MEIN SCHMERZ?

Nach dieser emotionalen Prüfung war nun wieder mein Körper dran. Ich wurde von meiner Unfallversicherung zu einer Untersuchung geladen, die meine Invalidität abklären sollte. Die Versicherung hatte ich glücklicherweise bereits viele Jahre zuvor abgeschlossen. Je nach Höhe der Invalidität würde sich eine Schmerzensgeldsumme ergeben, die dann an mich ausbezahlt werden würde.

Da ich mich beinahe sechs Monate nicht wirklich mit meinem Knie auseinandergesetzt hatte, wusste ich, dass diese hoch sein würde. Streckung und Beugung waren viel schlechter als bei anderen Patienten. Schmerzen waren meine täglichen Begleiter, obwohl sie durch den Sport langsam weniger wurden. Trotzdem waren noch große Einschränkungen vorhanden. Die Ärztin reagierte sichtlich erbost, dass mein Knie in derart schlechtem Zustand war.

»Da haben Sie sich aber ganz schön gehen lassen, junge Dame. Da sind ja kaum Muskeln. Warum haben Sie sich nicht darum gekümmert?«, warf sie mir vor.

»Meine Schwester wurde letztes Jahr ermordet. Mein Knie war mir die Monate danach vollkommen egal, das gebe ich offen zu. Seit mehr als einem Monat trainiere ich aber«, erzählte ich ihr wie ein emotionsloser Zombie.

Ihre Strenge war wie weggeblasen, stattdessen zeigte sie Mitgefühl und Verständnis. Ich wurde auf zehn Prozent eingestuft und erhielt wenig später den Bescheid, dass ich knapp 5000 Euro von der Versicherung erhalten würde. Obwohl das

Geld mein Knie nicht heilen konnte, war ich erleichtert, ein Polster für den Sommer zu haben. So konnte ich mir Zeit nehmen, mich mit mir und meiner Trauer auseinandersetzen, mich auf mein Studium konzentrieren und musste nicht Vollzeit arbeiten.

Doch es war nicht das einzige Gutachten, das mich erwartete. Das Bundessozialministerium sieht im Verbrechensopfergesetz vor, dass Angehörige, die ein Familienmitglied durch ein Verbrechen verloren und dadurch traumatische Nachwirkungen erlitten haben, eine Art Schmerzensgeld erhalten. Das Geld wurde direkt von der staatlichen Einrichtung an die Angehörigen gezahlt. Allein die Tatsache, dass meine Schwester gestorben war, reichte dafür nicht aus. Ein Psychiater musste uns begutachten. Anhand dieses Gutachtens wurde dann das Schmerzensgeld festgelegt. Verständlich, wenn man bedenkt, wie viele Verwandte keinerlei Kontakt miteinander haben und dann aus einem Todesfall vielleicht einen Nutzen für sich ziehen möchten. O ja, solche Menschen gibt es auch …

Für jeden von uns wurde ein Termin mit einem Psychiater festgelegt. Das Gutachten würde etwa eine Stunde dauern. Auf dieser Grundlage sollte der Psychiater beurteilen, wie stark mich der Tod von Larissa in meinem neuen Alltag beeinträchtigte und ob ich davon traumatisiert war. Mein Gutachten fand in Innsbruck statt. Eine Frau führte das Gespräch, das sich eher wie ein Verhör anfühlte. Fragen zu allen Lebenslagen wurden gestellt. Mit jeder Minute trat mir deutlicher vor Augen, wie sehr sich mein Leben zum Negativen verändert hatte, wie sehr es aus den Fugen geraten war, wie schmerzvoll seitdem jeder Tag verlaufen war und wie enorm meine Familie und ich uns verändert hatten. Immer wieder musste ich weinen und Pausen machen.

Nach dem Gespräch wurde ich zurück auf die Straße entlassen. Mit geschwollenen Augen, Schmerzen im Hals und in der Brust trat ich meinen Heimweg an. Nachdem jeder sein Gutachten durchgestanden hatte, kamen Wochen später die »Ergebnisse«. Ich würde 4000 Euro Schmerzensgeld erhalten.

Diese Zahl schockierte mich. Ein paar Wochen zuvor hatte ich noch gut 5000 Euro für mein kaputtes Knie erhalten. Für den Mord an meiner Schwester hingegen um einiges weniger. Das alles stand in keiner Relation. Ich war wütend auf den Mörder, der doch bezahlen sollte für das, was er angerichtet hatte. Gleichzeitig war ich sauer auf den Staat, dass er das Leben meiner Schwester und den durch ihre Ermordung ausgelösten Schmerz als so geringwertig eingestuft hatte. Doch im selben Moment fragte ich mich, wie viel Geld denn angemessen gewesen wäre. Denn im Grunde konnte kein Geld der Welt meinen Schmerz erleichtern oder annähernd wiedergutmachen. Larissas Leben war unbezahlbar. Das Geld erleichterte mir finanziell den kommenden Sommer, aber es nahm mir keinesfalls den Schmerz. Mein Verstand wusste, dass eine gewisse Summe festgelegt werden musste, dennoch machte mich der Betrag traurig.

Noch verletzender war das Vorgehen der Behörden jedoch für meine Schwester Anna. Jede von uns war an einem anderen Tag dran, sich »verhören« zu lassen. Meine Eltern und Mara bekamen zeitgleich das Ergebnis. Posttraumatische Belastungsstörung und 4000 Euro. Anna wurde in die Klinik geladen, in der Mara seit Monaten behandelt wurde. Nervös betrat sie den Raum, kam allerdings bereits nach 15 Minuten wieder heraus.

»Hm, das war ja eh gar nicht so schlimm, das ging ja sehr schnell. Der wollte nur kurz wissen, wie es mir gerade so geht, beruflich und privat, und ob es was gibt, worüber ich mich freuen kann. Natürlich, dass ich ein Baby bekomme, hab ich ihm gesagt. Puh, ich bin echt froh, dass der nicht so nachgebohrt hat, weil das hätte ich in meinem Zustand gerade nicht ertragen.« Sie strich sich über den Bauch, ihre Augen weit aufgerissen, sichtlich überrascht. Sie wusste von meiner langen Befragung und wie fertig ich danach gewesen war.

»Ich mag das ja sowieso überhaupt nicht, wenn die so nachbohren. Das tut nur unnötig weh. Wie soll es mir schon gehen, immer dieselbe Frage.« Sie verdrehte die Augen und war erleichtert, dass es vorbei war.

Wochen später bekam auch Anna den Bescheid zugeschickt. Sie öffnete ihn und traute ihren Augen nicht: »Der Tod der Schwester beeinträchtigt weder ihr privates noch das berufliche Leben. Keinerlei Folgen erkennbar und feststellbar. Schmerzensgeldsumme: 00,00 Euro.«

Anna tobte, stieß einen schrillen Schrei aus und wählte sofort die Nummer des Bundessozialministeriums. Sie donnerte der Dame am anderen Ende der Leitung Beschimpfungen entgegen. Sie wollte einfach den Schmerz loswerden und der Ungerechtigkeit Ausdruck verleihen.

Jahre später erzählte sie mir: »Nicht die Geldsumme hat mich damals verletzt, sondern diese Aussage, dass mir Larissas Tod praktisch egal sei, mich nicht traurig macht, mich keinesfalls beeinträchtigt hat in meinem Alltag. In 15 Minuten haben sie sich das Recht herausgenommen, meine Trauer zu bewerten. Wer, verdammt noch mal, hat dieses Recht? Das fand ich unfair, das finde ich noch immer skandalös.«

Mama ging mit ihr in Revision. Anna erhielt einen neuen Termin bei einem anderen Psychologen. Diesmal begleitete meine Mama sie. Wenig später erhielt Anna ein neues Gutachten, in dem ihr 2000 Euro zugesprochen wurde. Noch immer nur die Hälfte von dem, was wir bekamen. Bis heute sitzt ihre Verletzung tief.

Trauer und ihren Ausdruck vergleichen, bewerten. Darf das möglich sein, so, in dieser Form? Ich sage Nein. Hier muss etwas verändert werden: Längere Gespräche, vor allem auch mit Therapeuten und Beratern, die schon mit den Angehörigen gearbeitet haben, auch ein Austausch zwischen den einzelnen Gutachtern wäre hilfreich, denn ich hatte in meinem Gespräch auch sehr viel von Anna und ihrem Trauerweg erzählt. Auch ein Gruppengespräch kann sinnvoll sein. So wie es bei uns abgelaufen ist, wünsche ich es in jedem Fall keiner anderen Familie. Was, wenn da jemand sitzt, der nicht so stark ist wie Anna und daran zerbricht? Denn so hat dieses Verfahren, das uns doch eigentlich helfen sollte, fast mehr Schaden gebracht als Erleichterung geschaffen.

Ich konnte Anna die Empörung, den Schock darüber ansehen. Meine starke Schwester, die nach außen so tat, als würde sie gut klarkommen, aber innerlich doch so zerbrechlich war. Gerade sie, die durch ihre Schwangerschaft ein noch intensiveres Gefühlschaos durchlebte und dadurch um das ungeborene Kind bangen musste. Niemand konnte begreifen, was hier passiert war. Vielleicht reagiere ich hier überempfindlich und zu betroffen. Aber diese Situation hat mich und uns alle verletzt und soll hier deshalb offen angesprochen werden.

Wir haben uns nicht weiter gewehrt danach, weil keine Kraft mehr da war. Also waren wir dankbar, immerhin ein bisschen Hilfe bekommen zu haben, die uns den Sommer ein wenig erleichtern würde.

UNGEWOLLTE VERLETZUNGEN

Bis Mitte April war noch immer vollkommen unklar, wann genau die Verhandlung stattfinden würde. Ende April kontaktierten mich dann meine Eltern, um mir den Termin mitzuteilen, den sie von ihrem Anwalt erfahren hatten. Es war der 13. Juni 2014.

Ich schaute auf den Kalender und konnte es kaum glauben.

»Wieder ein Freitag, der 13. Genau neun Monate nach dem Tag, an dem meine Party stattgefunden hat«, sagte ich zu mir selbst. Ich war nie abergläubisch gewesen, aber dieser Zufall löste ein mulmiges Gefühl in mir aus. Mein fester Plan war, der Verhandlung an diesem Tag beizuwohnen und ihm, dem Mörder, noch einmal in die Augen zu sehen.

Am 23. April las ich darüber ausnahmsweise in der Zeitung. Jemand hat mir den Online-Artikel zugeschickt, und ich öffnete ihn blind. Die Zeitung kündigte im Bericht auch den Verkauf der Platzkarten an, denn es war eine öffentliche Verhandlung. Der Verkauf sollte am 2. Juni beginnen. Die Nachfrage sei offenbar groß, schrieb das Blatt.

»Wer will da denn bitte freiwillig hin?«, fragte ich mich, als ich den Bericht wegklickte.

Einen Tag später saß ich mit einem guten Freund, Benjamin, auf dem Vorplatz der Universität. Wir machten gerade Pause und aßen eine Kleinigkeit, als mein Handy piepste.

»Hi. Wie schaut das denn mit den Karten für die Verhandlung aus? Kannst du mir eine besorgen?«, schrieb mir ein Bekannter. Seit der Beerdigung hatten wir keinen Kontakt mehr gehabt. Ich musste mich hinsetzen, so schwindelig wurde mir.

Ich las die Nachricht noch ein paarmal, als Benjamin fragte: »Hey, was ist denn mit dir? Du schaust aus, als hättest du einen Geist gesehen?«

Ich stieß einen aggressiven Schrei aus, schlug mit meinen Fäusten auf die Sitzfläche neben mir.

»Hey, hey, hey, beruhig dich und sag jetzt, was los ist. Was hast du da gelesen?«

»Dieses Arschloch! Nie hat er sich gemeldet, nie. Und jetzt das! Wie kann er es nur wagen?«, schrie ich und hielt Benjamin das Handy vor die Nase.

»Okay, krass. Warum will er da denn überhaupt hin?«, war er überrascht.

»Keine Ahnung. Aber ich schreibe ihm jetzt zurück.«

Aggressiv tippte ich in die Tasten: »Wie hättest es denn gerne? Erste Reihe, zweite oder doch dritte? Du solltest dich besser gar nicht dort blicken lassen. Nie hast du dich sonst gemeldet, wie es uns geht oder so. Das ist geschmacklos und unfassbar!«

Ich legte das Handy zur Seite, ließ den Kopf hängen.

»Warum hat er sich nie gemeldet? Nie angerufen? Warum hat er sonst nie Hilfe angeboten? Warum war er nie da, wenn ich am Boden zerstört war? Wo, verdammt, war er die letzten acht Monate? Und jetzt kommt er mir so daher?«, rief ich schluchzend, während mich Benjamin tröstete.

In der nächsten SMS betonte der Bekannte, dass er sich sehr wohl gemeldet habe und sich denken konnte, wie es uns geht, deshalb nie nachgefragt habe.

»Hat er sich denn vielleicht doch gemeldet?«, fragte Benjamin.

»Ich glaube. Ich weiß es nicht mehr genau, wann. Am Anfang vielleicht, als die Beerdigung war. Zu dem Zeitpunkt war ich nicht wirklich anwesend in dieser Welt. Vielleicht hat er damals Hilfe angeboten. Aber da habe ich an die tausend Nachrichten erhalten und einfach keine Kraft gehabt, irgendeine Hilfe anzunehmen. Seitdem hab ich aber nichts mehr von ihm gehört.« Ich weinte noch lauter.

»Ich wünschte, er wäre einfach mal vorbeigekommen, hätte mich direkt angerufen und nachgefragt, wäre einfach da gewesen, so wie du und Anja oder die anderen. Das hätte ich so sehr gebraucht.«

Mein Bekannter hatte mich bestimmt nicht verletzten wollen, und ihm war sicherlich auch gar nicht bewusst, was seine Frage in diesem Moment in mir auslösen würde. Aber es kränkte mich als Trauernde abgrundtief, dass ich gut genug war, wenn es darum ging, seine Sensationsgier zu stillen – meinen Kummer in persönlichen Begegnungen aushalten konnte er jedoch nicht.

Heute tut es mir leid, dass ich ihm so boshaft geantwortet habe. Ich würde jetzt anders reagieren. Verletzt in meiner Gefühlswelt, aber sachlicher und respektvoller im Ausdruck. Meine traumatische Ausgangslage ließ in dieser Zeit leider keine anderen Worte zu, weshalb ich den Kontakt dann schließlich abgebrochen habe. Ich hatte keine Kraft, noch weiter zu streiten.

EINE WICHTIGE ENTSCHEIDUNG

Die Verhandlung rückte langsam in greifbare Nähe. Anfangs hatte es geheißen, dass alle aussagen sollten, die am 13. September auf meiner Party gewesen waren, inklusive mir selbst. In meinem Kopf malte ich mir schreckliche Befragungsszenarien aus, wie ich sie aus schlechten Filmen kannte. Wir hatten inzwischen Anfang Mai. Meine Gedanken drehten sich nur noch um die bevorstehende Verhandlung. Wie sollte ich sie nur überstehen, vor allem wenn ich auch noch in den Zeugenstand treten musste?

Meine Freundin Anja und mein Ex-Freund erhielten per Post ihre Vorladung. Ich hatte noch keinen Brief erhalten und wurde jeden Tag nervöser. Eines Nachmittags arbeitete ich in einer der Eisdielenfilialen, die an ein ortsbekanntes Café angrenzte. Plötzlich spazierte der Chef der Kriminalpolizei in Begleitung einer Frau in das Lokal. Ich bekam Herzrasen. Sofort sah ich aber meine Chance, direkt nachzufragen, was denn nun mit der Verhandlung und meiner Aussage sei. Er war nett und erklärte mir, dass ich nicht aussagen müsse und auch keinesfalls verpflichtet sei, an der Verhandlung teilzunehmen. Erleichtert ging ich zurück an meine Arbeit.

Ich muss nicht teilnehmen, klang es in meinem Kopf nach, während ich die nächste Eiskugel formte.

Ein Gedanke, der mich auch in den darauffolgenden Tagen weiter beschäftigte. Bei Spaziergängen, vor dem Schlafengehen, in den Pausen an der Uni, zu jeder Zeit kreiste in meinem Kopf alles um die Verhandlung.

Ich schlenderte über den Fußgängerweg hin zur Uferstelle am Inn, um Larissa um Rat zu fragen.

»Hallo«, begann ich zaghaft. »Ich hab einen inneren Konflikt, und ich weiß einfach nicht, was ich tun soll.«

Ich pausierte und blickte auf das strömende Wasser, das mit hoher Geschwindigkeit an mir vorbeizog. Die Sonne schien, es war warm. Ich setzte mich auf den Sand und erklärte weiter: »Die Verhandlung ist bald. Ich dachte, ich muss daran teilnehmen, aber muss ich gar nicht zwangsläufig, Larissa. Und irgendwie frage ich mich seitdem ständig, ob ich überhaupt teilnehmen *will*.«

Eine Frau mit einem Collie kam den Hang herunter, grüßte mich und warf dem Hund ein Stöckchen zu.

Hoffentlich hat sie mich nicht gehört, dachte ich, *die Leute müssen denken, ich bin verrückt, wenn ich ständig mit mir selber rede.* Ich musste schmunzeln.

Nachdem die Frau weitergegangen war, setzte ich mein Gespräch mit Larissa fort: »Was bringt es mir, Larissa, wenn ich dorthin gehe? Was macht es besser, anders? Es ändert ja gar nichts an der Situation, außer dass es mir danach vielleicht sogar noch schlechter geht, oder?«

Ich nahm einen Stock und malte ein Herz in den Sand.

»Weißt du, ich trau mich das fast nicht zu sagen, aber irgendwie geht es mir grad endlich ein bisschen besser. Körperlich und seelisch. Ich vermisse dich noch immer so fest, aber der Sport macht es grad irgendwie leichter.«

Ein wenig beschämt stocherte ich mit dem Stück Holz im Sand herum.

»Darf ich so denken, Larissa? Darf es mir denn besser gehen, wenn du nicht mehr bist?«

Ich spürte, wie sich ein Kloß in meinem Hals bildete.

»Ich habe so Angst vor der Verhandlung, Larissa. Ich will da einfach nicht hingehen. Ich will nicht mehr, dass es mir so schlecht geht. Ich will ihn auch nicht sehen müssen. Ich will doch nur dich sehen.«

Tränen tropften in den Sand.

»Würde dieser Arsch dadurch nicht noch viel mehr in mir zerstören, als er es schon getan hat? Scheiße! Ich weiß einfach nicht, was ich tun soll, und keiner kann mir helfen. Keiner kann mir eine Antwort geben. Nicht mal die Therapeutin. Das muss ganz allein ich entscheiden, hat sie gesagt.«

Ich schleuderte den Stock ins Wasser und zerstörte das gemalte Herz mit meinen Füßen.

»Was soll ich nur tun, was, was, was?«, brach es aus mir heraus.

Während ich weinte, hörte ich eine innere Stimme wiederholt flüstern: *Geh nicht hin. Tu das nicht.*

Diese beiden Sätze wurden die Tage darauf immer lauter, bis ich den Entschluss fasste, nicht an der Verhandlung teilzunehmen.

Meine Platzkarte gab ich an Larissas ehemals beste Freundin Nina weiter. Ich wusste, dass es für sie wichtig war, vor Ort zu sein. Meiner Familie erklärte ich meine Absicht, die auf Anhieb von ihnen akzeptiert wurde, ohne mich zu hinterfragen oder zu verurteilen.

Was aber sollte ich stattdessen tun? Allein daheimzusitzen war für mich keine Option, und der Gedanke, dass Freunde bei mir sein könnten, tröstete mich für diesen Tag nicht. Ich wollte nicht in der Nähe des Gerichtssaals sein, nicht einmal in derselben Stadt. Ich wollte weg vom Trubel, von den Medien, den Menschen, die mich kannten. Ich sehnte mich nach Ruhe und Erholung.

In einem Gespräch mit meiner Therapeutin erzählte ich ihr von meinem Entschluss.

»Nun frage ich mich, wohin ich fahren sollte? An irgendeinen fernen Ort, aber auch nicht zu weit weg.«

»Das klingt nach einem schönen Gedanken. Sammeln wir gemeinsam ein paar Orte. Gibt es einen Ort, den Sie mit Larissa verbinden?«

»Wien eigentlich, aber da bin ich bereits ein paar Tage zuvor mit meiner Familie, weil Mara Geburtstag hat«, erklärte ich ihr und überlegte weiter.

»Ach, wie schön. Ihre ganze Familie fährt dorthin?«, wollte Frau Stark noch mehr darüber wissen.

»Na ja, nicht ganz. Mara und eine Freundin von ihr, Anna und Remo, Mama und ich«, zählte ich auf und tippte dabei meine Finger einzeln an.

»Sehr schön, das freut mich. Haben Sie dort etwas geplant?«

»Ja, wir hatten Mara zu Weihnachten Konzertkarten für so eine Popsängerin geschenkt, die wir uns zusammen anschauen werden. Vom 8. bis 11. Juni werden wir dort sein. Das Konzert findet sogar genau an ihrem Geburtstag statt. Ich bin wirklich gespannt, wie es uns allen gehen wird.«

»Und Ihr Vater?«, fragte sie weiter, notierte sich währenddessen etwas auf ihrem Block.

»Ach, dem ist der Mädelstrubel zu viel, hat er gesagt. Ich glaube, er ist froh, ein bisschen für sich sein zu können.« Ich musste lächeln.

»Verstehe. Nun zu Ihrem anschließenden Trip. Wie wäre es denn dann mit dem Süden? Italien? Gardasee?«, machte sie ein paar Vorschläge.

»Gardasee. Hm, da war ich noch nie, ja. Ist da nicht Verona in der Nähe? Da wollte ich schon immer mal hin.« Mein Lächeln wurde breiter, und ich spürte einen Funken Zuversicht. Verona und der Gardasee. Die Orte waren also gefunden. Dort würde es warm sein, und ich hätte genug Abstand.

Ich buchte über ein Reisebüro ein Hotel. Als ich die Bestätigung per Mail erhielt, hüpfte mein Herz.

Ich glaube, ich freue mich, fasste ich mir mit der Hand ans Herz. *Dann kann die Entscheidung nicht ganz so falsch sein, hoffentlich.*

Bis dahin war es jedoch noch fast ein Monat.

Der restliche Mai verlief besser, als ich erwartet hatte.

Einige Wochen nachdem ich mit meinen Work-outs begonnen hatte, erzählte mir mein Mitbewohner, dass es eine Community gebe für Leute, die auf diese Art und Weise trainierten. Ich suchte auf Facebook danach und stieß in einer Gruppe auf ein Mädchen, das mir sympathisch vorkam. Lisa schrieb in der Gruppe, dass sie auf demselben Sportplatz trainiere, und fragte, ob jemand Lust hätte, gemeinsam zu trainieren. Nach kurzem Zögern beschloss ich, sie anzuschreiben. Wir verstanden uns auf Anhieb, und es fühlte sich an, als würden wir uns ewig kennen. Da sie Polizistin war, wusste sie auch gleich Bescheid wegen Larissa und reagierte einfühlsam: »Das tut mir von ganzem Herzen so sehr leid. Bewundernswert, dass du es dann schaffst, regelmäßig diese Trainings zu machen.«

Nachdem wir eine Weile hin- und hergeschrieben hatten, fragte ich sie, ob wir nicht zusammen trainieren wollten. Sie sagte sofort zu, und wir machten ein Treffen aus. Trotzdem hatte ich Angst, dass ich vielleicht einen Fehler gemacht hatte. Allein konnte ich meinen Gefühlen freien Lauf lassen. Zu zweit würde ich mich vielleicht wieder mehr zusammenreißen müssen.

Ich beschloss, dem Ganzen eine Chance zu geben, und meine Zweifel wurden gleich beim ersten Training aufgelöst.

»Du trainierst ja schon seit Monaten, oder? Ich schwöre dir, die ersten Klimmzüge, die ich machen sollte, waren überhaupt nicht möglich. Ist dir das auch so gegangen? Kannst du schon welche?«, fragte ich Lisa aufgeregt.

»O ja, ich hing da, und nichts bewegte sich«, begann sie zu erzählen.

»Ja, ich eben auch!«, fühlte ich mich verstanden.

»Mittlerweile kann ich es aber. Und ich kann dir ein paar Tipps geben, wenn du magst?«

»Boah, ja, voll gerne, danke!«

Wir spazierten zu einer der Trainerbänke neben dem Fußballfeld. »Das ist unsere Stange«, sagte sie und zeigte zur Bank. »Etwas Besseres haben wir hier leider nicht. Damit müssen wir leben«, zwinkerte sie mir zu.

Also verwendeten wir die Überdachung der Trainerbank, um uns daran hochzuziehen – zumindest sie, ich hingegen hüpfte noch immer hoch und ließ mich langsam herunter.

Das gemeinsame Bewegen machte Spaß, und wir lachten

viel. Von da an waren wir beide ein Herz und eine Seele und verbrachten viel Zeit zusammen, auch außerhalb der Trainings. Daraus entwickelte sich eine Freundschaft, die mir in dieser schweren Zeit neue Perspektiven und Lebensgewohnheiten aufzeigte. Ihr Beruf schenkte mir vor allem Sicherheit. Da ich noch immer Angst vor fremden Männern hatte, fühlte ich mich in ihrer Nähe beschützt. Und obwohl sie die Geschichte mit meiner Schwester kannte, quälte sie mich nicht mit Fragen, wenn ich nicht darüber reden wollte.

Viele meiner Freunde bemerkten in den folgenden Wochen die Veränderungen an meinem Körper, aber auch an meiner Seele. Ich lachte mehr, ich begann zu strahlen, und das steckte an. Manche waren neugierig und kamen beim Training vorbei, um mitzumachen. Daraus entstanden kleine Gruppentrainings, die mir Freude schenkten und gleichzeitig die Möglichkeit gaben, mich meinem Körper und meinen Gefühlen zu widmen.

Auch davon erzählte ich Larissa in meinem Buch:

Es macht Spaß, und ich fühle mich wieder glücklich,
Larissa. Ich habe eine Aufgabe, tolle Menschen um mich,
neue Freunde, ich bin Vorbild und habe Spaß.

Obwohl ich wieder lachen konnte und mir das Training Kraft schenkte, gewann am Abend im Bett stets die Traurigkeit. Doch irgendwie konnte ich diese viel mehr annehmen und wehrte mich nicht stetig gegen sie. Dann weinte ich halt, und es befreite mich jedes Mal vom Druck in der Brust, der sich tagsüber oft gesammelt hatte, wenn ich lange Arbeits- oder Uni-Schichten hatte. Das Training und das Weinen waren meine Ventile geworden.

Ich fühlte mich mittlerweile auch fit genug, um die Nordkette zu besteigen, die ich unbedingt mit Larissa hatte erobern wollen, zwei Freundinnen begleiteten mich dabei. Ich war langsam, und gegen Ende musste ich viele Pausen einlegen. Trotzdem schaffte ich den Aufstieg und erreichte das Ziel.

»Über den Wolken, so nah bei dir, kleine Schwester. Ich wünschte, du wärst nun hier mit dabei! Ich hoffe, du bist stolz auf mich«, sagte ich oben zu Larissa.

Ich blickte in das Blau des Himmels und weinte vor Stolz, Freude und Traurigkeit. Ich hatte das Unmögliche geschafft.

Und der Sport half mit weiterhin. Jeden Tag wieder freute ich mich auf diesen Teil des Tages, wenn ich mich frei bewegen konnte, mich spüren und stärken. Die kleine Trainingsgruppe aus Freunden und Bekannten wurde stetig größer. Das schönste Gefühl daran war, dass mich die anderen Trainierenden nicht mit einem mitleidigen Blick betrachteten, tuschelten oder mich über die Verhandlung ausquetschen wollten. Sie wurden echte Sportsfreunde, wie es so schön heißt. In unserer Gruppe zählten nur die Wiederholungen und der Moment. Sonst nichts. Alle strahlten so viel Lebensfreude und Motivation aus, die meine Seele nährten. Und wenn ich an anderen Tagen allein trainieren wollte, dann tat ich das ganz einfach, etwas abseits oder zu einer anderen Uhrzeit. Niemand fragte nach, jedem wurde das zugestanden, was er gerade brauchte.

Meinen Plan zog ich weiter durch, mein Körper veränderte sich in seiner Form, meine physischen Fähigkeiten wuchsen, und meine psychosomatische Gesundheit verbesserte sich: Verspannungen, die durch das Zusammenreißen gekommen waren, wurden lockerer. Meine Kopfschmerzen, die vom vielen Grübeln kamen, ließen nach, und auch meine Haut und meine Haare erholten sich langsam. Die Zeit, in der ich mich bewegte und mich selbst spürte, wurde zu meiner glücklichsten Zeit des Tages. Und das gilt bis heute.

MONAT 9

» NICHTS BRINGT DICH WIEDER ZURÜCK ! «

Die Verhandlung und eine Reise nach Italien

Der Juni dagegen startete weniger gut. Nicht nur, weil die Verhandlung bald stattfinden würde – es war eher der Verkauf der Platzkarten, an dem ich zu knabbern hatte. Am 2. Juni ab acht Uhr konnten diese beim Landesgericht Innsbruck erworben werden. Viele Menschen hatten den Suchaufruf nach Larissa damals im Internet mitbekommen und haben den Fall auch in den darauffolgenden Monaten weiter mitverfolgt. Das Interesse war groß. Schon vor acht Uhr fand sich eine Menschenschlange vor dem Gericht. Innerhalb von 25 Minuten war die begrenzte Stückzahl von 70 Karten weg.

Für mich war dieser Andrang unfassbar, löste teilweise sogar Zorn aus. »Welcher Mensch möchte freiwillig einen Mörder sehen? Was genau bringt ihm das, wenn er doch gar nicht persönlich betroffen ist?«, fragte ich mich.

Ich versuchte Antworten zu finden. Ich las Bücher zu diesem Thema, setzte mich mit menschlichen Reaktionen und der Faszination fürs Abgründige auseinander und versuchte, mich in diese Menschen hineinzuversetzen. Die Antworten, die ich fand, stellten mich nicht wirklich zufrieden, doch sie waren ein Erklärungsansatz.

Die Menschen wollten demnach vermutlich nicht zu dieser Verhandlung, weil ihnen meine Schwester am Herzen lag, sondern weil sie ihrer menschlichen Natur folgten und neugierig waren, wie ein Mörder wohl aussehen mag und sich verhält. Handlungen, die wir nicht verstehen und nachvollziehen können, wirken faszinierend auf uns. Diese Menschen fragten womöglich ebenfalls jeden Tag nach dem Warum und erhofften sich, vor Ort eine Antwort zu finden.

DURCHATMEN IN WIEN

Schließlich kam der 8. Juni, und wir machten uns auf nach Wien. Meine Familie stieg in Imst in den Zug, und ich gesellte mich ab Innsbruck dazu. Die Zugfahrt war voller Lachen und Freude. Wir waren froh darüber, ein paar Tage Abstand gewinnen zu können.

Als wir in Wien angekommen waren und uns auf die Suche nach unserem Hotel machten, wirkten wir fast wie eine »normale« Familie auf einem Städtetrip. Etwas orientierungslos irrten wir durch die Stadt. Wir legten unsere Sachen im Hotel ab, anschließend machten wir uns auf den Weg, um Wien zu erkunden. Es war ein so tolles Gefühl, mit meiner Familie durch die Straßen zu gehen, ohne ständig von Blicken erfasst zu werden, die in Innsbruck und meiner Heimat Reutte inzwischen Normalität waren. Mitleidige Blicke, auch voller Mitgefühl, die mich immer an meine Trauer und mein Leid erinnerten.

In Wien, weit weg von daheim, sah die Welt plötzlich ganz anders aus. Es war eine Welt, die uns ein Stück weit das Leben zurückgab, wie wir es zuvor gelebt hatten. Manchmal waren es nur ein paar Minuten, dennoch schenkte die Stadt mir Kraft und Zuversicht. Wir unterhielten uns kaum darüber, wie die bevorstehende Verhandlung aussehen würde, sondern vielmehr über belanglose, alltägliche Dinge. Auch das war einfach nur schön.

Am 10. Juni war der 18. Geburtstag meiner jüngsten Schwester. Gleich frühmorgens überraschten wir Mara mit einem bunt dekorierten Frühstück im Hotel.

Verschlafen kam sie in den Raum, und wir sangen laut »Happy Birthday«.

Ihre Augen funkelten, und sie lächelte: »Danke! So toll, was ihr da gemacht habt. Danke!«

Ich gratulierte ihr und drückte sie fest: »Happy Birthday, mein kleines, putziges Baby. Ich habe dich so lieb.«

Sie hasste es, wenn ich sie so nannte. »Ich bin nicht mehr putzig, jetzt bin ich achtzehn.«

»Jaja, für mich wirst du immer das kleine, putzige, niedliche Baby bleiben«, neckte ich sie und zwickte sie in die Wange.

Alle lachten.

Nach dem Frühstück machten wir uns auf zu einer Shoppingtour in der Innenstadt, tranken zwischendurch ein Glas Sekt und lachten mehr, als dass wir traurig waren. Wenn wir auch kaum über Larissa redeten, waren die Gedanken an sie lauter als jedes gesprochene Wort.

Da Mara und ihre Freundin Katja Tickets für den Golden Circle des Konzerts, also Stehplätze in den ersten Reihen, hatten, fuhren sie bereits am späten Nachmittag zur Konzerthalle, um sich anzustellen und einen guten Platz zu ergattern. Wir »Oldies« würden später weiter oben unsere Sitzplätze einnehmen, um alles aus ferner Perspektive zu betrachten. Daher konnten wir uns Zeit lassen.

»Wahnsinn, mich erinnert das an unsere Kindheit, dich nicht? Als wir noch auf den Kelly-Family-Konzerten getanzt haben«, schwelgte Anna in Erinnerungen, während wir unsere Plätze schließlich einnahmen.

»Ja, das war so schön damals. Unglaublich, wie lange das her ist. Jetzt ist Mara auch schon achtzehn«, lächelte ich.

Der DJ im Vorprogramm startete, wir standen auf und tanzten wild drauflos. Anna schwang ihren bereits kugeligen Bauch hin und her, während Mama und ich neben ihr rumhüpften.

Ist das alles gerade Wirklichkeit? Halleluja, dass ich das erleben darf heute!, war ich still dankbar und bewegte mich noch schneller zur Musik.

Wenig später begann Miley Cyrus mit ihrem Bühnenprogramm. Obwohl wir kaum einen Song kannten, jodelten wir trotzdem irgendwelche Melodien mit und schwangen unsere Hüften. Mama setzte sich irgendwann hin und hielt sich immer wieder die Ohren zu.

»Mir ist das manchmal zu laut und zu wild!«, schrie sie uns beiden zu. Und doch hielt sie bis zum Schluss durch, was keinesfalls selbstverständlich war, nach allem, was wir erlebt hatten in den letzten Monaten.

Mara und Katja hatten sich im Golden Circle zwar ziemlich ausgepowert, aber sie lachten beide wie zwei Honigkuchenpferde, als sie nach dem Auftritt in einer Bar vor der Konzerthalle zu uns stießen.

»Wie schön es ist, dich so lachen zu sehen«, freute ich mich mit ihr.

Wild durcheinander erzählten die beiden uns von ihrem aufregenden Abend direkt vor der Bühne. Zwei Stunden später fielen wir erschöpft ins Bett und konnten eine letzte erholsame Nacht genießen, bevor uns der Zug zurück nach Innsbruck brachte.

So groß wie die Sehnsucht nach Larissa, so groß war auch die Liebe, die uns durch diese Tage begleitet hatte. Die Liebe zum Leben, die Liebe zwischen uns allen und auch die Liebe zu Larissa.

Auf den ersten Kilometern unserer Heimreise lag noch die Leichtigkeit der letzten Tage in der Luft. Doch je näher wir Innsbruck kamen, desto schwermütiger wurden wir und unsere Themen. Wir unterhielten uns über die kommenden Tage und auch über die Verhandlung. Jede sprach über ihre Gedanken und Sorgen. Ich war dabei mit meinem Kopf bereits in Italien. Ich freute mich darauf, dem Geschehen fernbleiben zu können. Dennoch machte ich mir in einer Hinsicht Sorgen. Ich setzte mich zu Mama.

»Hey, ich möchte dich um etwas bitten, Mama.«

»Ja, klar, was ist es?«

»Wenn die Verhandlung ist, also an dem Tag, will ich nichts darüber lesen oder hören, außer, wie viele Jahre er bekommen wird, also das Urteil. Ich werde auch nicht online gehen, um nicht in Zeitungsartikeln oder auf Facebook Dinge darüber lesen zu müssen.«

»Okay. Warum das?«

»Ich bin allein da unten, und ich habe voll Angst, dass etwas mit Mara oder Anna ist und ich dann nicht so schnell weg-komme, um an eurer Seite zu sein. Das würde ich nicht aus-halten, so allein, vielleicht krieg ich dann eine Panikattacke oder so was. Keine Ahnung, wie ich dann reagiere. Deshalb will ich das alles erst wissen, wenn ich zurück bin«, erklärte ich ihr.

»Das hätte ich dir so auch vorgeschlagen. Ich habe nämlich auch Angst um dich, wie es dir da unten gehen wird. Bitte pass auf dich auf, Katrin.«

»Ja, das werde ich. Ich schaffe das schon irgendwie, be-stimmt. Mach dir da keine Sorgen. Passt ihr auf euch auf!«

»Du willst also ganz sicher nur das Urteil wissen?«, versi-cherte sie sich noch mal bei mir.

»Ja, bitte. Danke, Mama!« Ich umarmte sie.

»Du meldest dich aber bitte auch, um zu sagen, wie es dir geht, okay?«, forderte sie abschließend.

Ich nickte und drückte sie nochmals.

Kurz vor Innsbruck verabschiedeten wir uns alle voneinan-der. Mit schwerem Herzen verließen Mara und ich den Zug. Ich begleitete sie in die Psychiatrie und drückte sie zum Ab-schied ganz fest. »Pass gut auf dich auf, okay? Bitte versprich mir, dass du keinen Blödsinn anstellst.« Mara nickte fest und antwortete: »Ja, du bitte genauso!« Wir umarmten uns noch einmal, dann verließ ich mit einem mulmigen Gefühl die Kli-nik. *Hoffentlich geht das alles gut.*

EINE REISE NACH ITALIEN

Daheim packte ich meine Koffer um und bereitete mich auf die Reise in den Süden vor. Die Nacht vor der Abreise war trotz der Aufregung erträglich. Ich versuchte, meine Gedanken auf Italien zu lenken und die Verhandlung ein bisschen beiseitezuschieben.

Noch bevor die ersten Sonnenstrahlen schienen, machte ich mich mit dem Zug auf den Weg nach Verona.

Zeit meines Lebens habe ich das Zugfahren geliebt, besonders allein. Unterschiedliche Orte betrachten zu können, während meine Lieblingsmusik im Ohr klingt, ist pure Erholung für mich. Diese Zugfahrt war jedoch schwerer und voll widersprüchlicher Gefühle. Einerseits freute ich mich auf den Abstand, auf historische Orte, auf fremde Menschen und eine fremde Sprache, auf das Alleinsein. Im selben Moment überkamen mich aber Zweifel über meine Entscheidung, ich machte mir Sorgen um meine jüngeren Schwestern. Ich hatte Sehnsucht nach Larissa. Mir tat es so schrecklich weh, dass sie auf dieser Reise nicht mit dabei sein konnte, die ich eigentlich nur wegen ihr unternahm. Weil sie eben tot war.

So viele Gedanken in so kurzer Zeit. Mein Kopf schmerzte, mein Herz ebenso, und ständig kullerten mir Tränen über die Wangen. Aus Angst, dass mich jemand so sehen könnte, wischte ich sie weg und versuchte dagegen anzukämpfen, was mir noch mehr Kopfweh bereitete. Heute würde ich sie einfach fließen lassen. Wenn ich lache, verstecke ich mein Lachen auch nicht, warum sollte ich es mit meinen Tränen tun?

In Verona erschlug mich fast die Hitze. Diese Stadt der Liebe war meine erste Station, wo ich eine Nacht Aufenthalt hatte, bevor es weiter nach Desenzano gehen würde. Mit meinem Gepäck schleppte ich mich ins nahe gelegene Hotel. Im Zimmer warf ich mich erst mal aufs Bett und weinte all die unterdrückten Tränen heraus. Der Raum war klein, alles war in warmen Gelbtönen gehalten. Ausgeweint überlegte ich den nächsten Schritt. Es war bereits Mittagszeit, und im Zimmer herrschte dank Klimaanlage eine angenehme Temperatur.

»Du brauchst jetzt ein Training«, befahl ich mir. Das Zimmer war gerade groß genug dafür. »So bekommst du den Kopf für ein paar Minuten frei.« Ich wählte ein paar besonders komplexe Übungen, um mich abzulenken.

Verschwitzt und erleichtert sprang ich danach unter die Dusche, machte mich fertig und schnappte mir an der Rezeption einen Stadtplan. In gemütlichem Tempo spazierte ich bei 40 Grad in die Stadt hinein. Während ich durch die historischen Gassen schlenderte, musste ich an Shakespeares Liebesgeschichte *Romeo und Julia* denken. In Verona konnte der berühmte Balkon der Julia in einem Innenhof besucht werden. Eine Wand dieses Hofs war bedeckt mit Liebesbriefen.

Obwohl Shakespeare nie in Verona gewesen sein soll und der Balkon erst später angebaut wurde, herrschte an diesem Ort eine ganz besondere Energie. Beinahe jeder kennt diese berührende Geschichte, die mit dem Tod der beiden endet. Als ich vor der vollgeklebten Wand hin und her lief, die liebevollen Worte las, spürte ich so viel Hoffnung aufkommen.

»Auch wenn du aus so viel Hass heraus sterben musstest, gibt es zum Glück noch so viel Liebe auf dieser Welt, Larissa. Für sie lohnt es sich zu leben, oder?«, flüsterte ich der Mauer entgegen.

Ich ging weiter um die Ecke auf die Piazza delle Erbe. Entspannt genoss ich die italienische Küche und sog das historische Flair der Stadt in mich ein. Da ich selbst Geschichtswissenschaften studierte, faszinierten mich ihre historischen

Aspekte besonders, und ich machte den restlichen Nachmittag eine ausgiebige Sightseeingtour.

Abends schlief ich erledigt in meinem kleinen Hotelbett ein.

Am nächsten Morgen ging ich mit einem flauen Magen zum Frühstück. Es war der Tag der Verhandlung. Ich sah auf die Uhr. Die Zeiger zeigten kurz vor acht.

Wahrscheinlich sind die anderen jetzt gerade auf dem Weg zum Gericht. Wie es ihnen wohl gehen mag?

Ich überlegte kurz, eine Nachricht zu schreiben, entschied mich dann doch dagegen. Ich sammelte mir ein paar Lebensmittel vom Frühstücksbuffet zusammen und setzte mich an einen kleinen Tisch. Ein kurzer Blick auf die restlichen Frühstücksgäste zeigte mir fröhliche, laut diskutierende Italiener.

Einsam und allein, schossen mir die Worte durch den Kopf. Ich probierte es mit Mozzarella und ein paar Tomaten. Mein Magen schmerzte, und mir wurde übel. Alles drehte sich. Ich fühlte mich seltsam fehl am Platz.

Der Mörder deiner Schwester wird gleich verurteilt, und du sitzt da in diesem Hotel beim Frühstück, sprach die Stimme des Zweifels zu mir. Ich versuchte, sie zu überhören und mich daran zu erinnern, warum ich hier war.

Dein Körper hat ohnehin bereits schrecklich gelitten, und deine Seele hätte diesen Anblick und Schmerz nicht ertragen. Außerdem hätte Larissa gewollt, dass du gut auf dich aufpasst. Dieser Tag hätte dich in deiner Weiterentwicklung nicht gefördert, sondern nur negativ beeinflusst, Katrin, hielt die mutige Seite in mir dagegen.

Ohne wirklich etwas zu mir genommen zu haben, begab ich mich nach dem Frühstück zum Bahnhof, um weiter nach Desenzano zu fahren. Nur 20 Minuten dauerte die Fahrt, und ich ließ mich anschließend mit einem Taxi zum Hotel bringen. Der Anblick des Hotels zauberte mir ein Lächeln ins Gesicht. Es war drei Stockwerke hoch, die Fassade orangefarben gestrichen, die Balkone aus Holz. Kleine Palmen zierten den Eingangsbereich. An der Rezeption erhielt ich meinen Zimmerschlüssel. Über Marmortreppen begab ich mich in mein Zimmer.

Ich suchte mir sogleich alles Notwendige für den Pool zusammen. Es war später Vormittag, und ich war erstaunt darüber, dass ich noch nicht eine Träne vergossen hatte und mich, abgesehen von den Magenschmerzen, relativ stabil fühlte. Ich griff nach meinem Larissa-Buch und einem Foto, auf dem sie in die Luft sprang und aus vollem Herzen lachte. Am Pool war nicht viel los, was mir ganz gelegen kam. Ich hatte Angst, dass mich wieder eine Welle des Schmerzes oder der Wut überrollen würde. Ich legte mich auf eine der weißen Liegen unter einem Sonnenschirm und beobachtete das Wasser und die Umgebung.

Das Wetter war schön und die Trauerwelle blieb aus. Ich war überrascht, wie friedvoll und ruhig ich war. Ich begann zu schreiben. Und ich konnte nicht mehr aufhören. In mir brannte die Sehnsucht nach Larissa, und ich ließ die letzten Monate Revue passieren:

Neun Monate. So lange ist es nun her, dass du mit deinem strahlenden Lachen durch meine Haustür spaziert bist und mich umarmt hast. Dass wir geredet, gelacht, getrunken und gefeiert haben. Und unseren letzten Tanz zusammen getanzt haben. »And we danced, and we cried and we had a really, really good time ...« Es kommt mir noch immer vor, als wäre dieser letzte Abend erst gestern gewesen. Dein Lachen hallt noch in meinen Ohren nach, und auch das glückliche Gefühl kann ich noch ganz schwach nachempfinden, wenn ich daran zurückdenke. Und ein Teil von mir kann noch immer nicht fassen, dass ich dich nie wiedersehen werde. Wenn ich diese Zeilen so niederschreibe, dann wird dieser Teil kleiner, und der Schmerz und die Realität werden größer.

Heute ist Freitag, der 13. Genau wie vor neun Monaten. Heute wird dem Menschen der Prozess gemacht, der dich mir genommen hat. Doch ich bin nicht dort, Larissa, und

*ich glaube, du würdest es verstehen. Ich habe sehr lange
darüber nachgedacht. Anfangs wollte ich unbedingt dabei
sein. Ich wollte ihn noch mal sehen. Ich wollte verstehen,
wie es so weit kommen konnte. Ich wollte nachvollziehen
können, was du alles durchmachen musstest in dieser
einen Nacht.*

*Wie du mitbekommen hast, ging es mir in der letzten
Zeit ziemlich schlecht. Mein Körper hat diesem seelischen
Stress nicht standhalten können. Aber ich habe eine
Methode gefunden, dass es mir körperlich und seelisch
besser geht. Ich habe zu trainieren begonnen.*

Ich erzählte ihr ausführlich von meiner neuen Begeisterung
und Liebe zum Sport und wie sehr ich mir gewünscht hätte,
mit ihr gemeinsam zu trainieren. Wie sich mein Training und
dieses neue Körpergefühl positiv auf alle Lebensbereiche aus-
gewirkt hatten. Und auch, wie ich zu dem Entschluss gekommen war, nicht an der Verhandlung teilzunehmen:

*Zum ersten Mal stellte ich mir die Frage: Will ich dort
wirklich hin? Will ich mich den ganzen Tag damit foltern,
sodass es mir wieder wochenlang schlecht geht? Was
würde es denn wirklich ändern? Es bringt dich mir auch
nicht zurück. Ich möchte dich, dein Gesicht sehen und
behalten und nicht seines stattdessen. Deshalb, Larissa,
habe ich mich dagegen entschieden. Und obwohl ich die
letzten Tage Zweifel hatte, im Moment fühlt es sich einfach
richtig an.*

Nur das zählt.

Oder?

Am späten Nachmittag erfuhr ich in einer Nachricht von
Mama vom Urteil.

»20 Jahre und Inhaftierung in einer Anstalt für geistig ab-
norme Rechtsbrecher. Ich hoffe, es geht dir gut. Bussi, Mama«,
las ich.

Ich starrte auf das Handy, und entgegen meinen Erwartungen fühlte ich nichts als Leere. Die Monate zuvor waren so voll Schmerz und Angst, so voll Wut gewesen, und plötzlich war da einfach nichts. Ich legte das Handy beiseite. Ich richtete mich auf, beobachtete im Wechsel den Himmel und das klare Wasser im Pool, auf dessen Oberfläche die Sonnenstrahlen spielten. Ich war wie benommen, klappte mein Buch zu und legte es ebenso zur Seite. Ich war nicht mehr fähig, auch nur ein Wort zu schreiben, so leblos und seelenlos war ich in diesem Augenblick. Larissas Foto legte ich am Ende der Liege auf meine Füße und betrachtete es. Nichts. Ich weiß nicht, wie lange ich dort ausdruckslos saß. Die anderen Menschen am Pool nahm ich nicht mehr wahr. Ich war wie in einer Blase von Nichts gefangen. Dieses Nichts war schlimmer als jedes Gefühl, das ich bisher durchlebt hatte.

Irgendwann atmete ich tief ein, nahm mein Buch wieder in die Hand. Ich öffnete es ganz langsam auf der letzten Seite. Nach weiteren Minuten begann ich wie in Trance zu schreiben:

Das Urteil.
Ich hab gerade »20 Jahre« gelesen. Das trifft mich. Oder auch nicht? Ein komisches Kribbeln im Bauch. Ich glaube, Schwindel, Wut, Trauer und Angst sind auch da. Genau weiß ich es grad nicht. 20 Jahre bist du wert. 50 sollten es mindestens sein, denn so lange muss ich damit vermutlich noch leben. Aber egal, wie viele Jahre er bekommt: Es ändert nichts. Du bist trotzdem nicht mehr hier. Nie wieder. Auch wenn er 50 Jahre eingesperrt würde.

Ich weiß heute nicht, warum ich das Urteil auf die letzte Seite geschrieben habe. Vielleicht spürte ich bereits, dass dieses Kapitel nun zu Ende war und ein neues beginnen würde. Ein Kapitel, in dem ich endlich wieder an eine Zukunft denken durfte und konnte, auch wenn Larissa nicht mehr physisch an meiner Seite sein würde. Ein Kapitel, in dem ich mich endlich mit meiner Trauer auseinandersetzen durfte, ohne ständig von neuen Schlagzeilen über die Verhandlung aus der Bahn geworfen zu werden. Ein Kapitel, das die Hoffnung darauf mit sich brachte, dass ein Leben mit ein bisschen Leichtigkeit wieder möglich sein würde. Irgendwann. Ja, vielleicht war mir das alles unbewusst bewusst in diesem Augenblick.

Um dem Gefühl der Leere zu entkommen, flüchtete ich aus der Situation. Ich eilte in mein Zimmer, zog mir meine Sportklamotten über und begab mich raus zur Straße. Ich hoffte, wenn ich trainierte, würde sich auch seelisch etwas in mir rühren. Ich wollte mich spüren und fühlen.

Nach meinem Plan war Krafttraining an der Reihe.

Das passt grad gar nicht. Ich brauch was Schnelles, ich möchte laufen, überlegte ich. Ich entschied mich für Intervallläufe und Sprünge. Mit jedem einzelnen Meter, den ich vorwärtslief, und jedem Sprung, den ich so hoch wie möglich sprang, begannen sich meine Gedanken zu ordnen und damit auch meine Gefühle zu bewegen. Meine Tränen lösten sich langsam und liefen mit jedem Schritt die Wangen hinab. Das Stampfen gegen den Boden half mir, meine Wut auszudrücken und loszuwerden. 20 Minuten später sank ich erschöpft zu Boden, spürte Schmerz und Erleichterung gleichzeitig.

Doch ich fühlte, ich war lebendig.

Am Abend aß ich am See und dachte dabei über die vielen wunderschönen Momente nach, die ich mit Larissa erlebt hatte. Ich konnte gut schlafen, worüber ich ein bisschen verwundert war.

Am nächsten Tag fühlte sich mein Kopf klarer an, meine Gefühle waren spürbar, und ich war dem Tag gegenüber positiv gestimmt. Nach dem Frühstück setzte ich mich wieder an den Pool, um weiterzuschreiben.

Gestern war das Urteil.
Ich habe noch nichts darüber gelesen, außer dem,
was Mama mir geschrieben hat. Werde ich die nächste
Zeit auch nicht tun. Auch meine Freunde wissen, dass
sie mir nichts darüber erzählen sollen.

Ich bin so dankbar für diese Freundschaften, Larissa.
Ich bin auch wirklich stolz, dass ich das gerade schaffe.
Ich hoffe, du bist es auch. Diese mentale Stärke habe ich
allein dem Training und der Therapie zu verdanken.
Vor vier Monaten hätte ich noch vollkommen anders
gehandelt. Unfassbar, was sich in so kurzer Zeit für mich
geändert hat.
Therapeuten und Ärzte haben mir die letzten Monate
immer wieder gesagt, ich solle mir und meinem Körper
etwas Gutes tun. Anfangs dachte ich, die spinnen doch.
Wie soll das denn gehen, wenn ich für meine Familie da
sein soll und rundherum der ganze Stress ist? Doch genau
das ist es, was dich am Ende rettet und somit auch alle an-
deren. Indem ich auf mich schaue, geht es auch meiner
Familie besser, weil sie sich nicht noch zusätzlich um mich
sorgen muss. Ich hatte zwei Möglichkeiten – und ich habe
mich für das Leben entschieden und gegen die Selbstzer-
störung. Der Schmerz ist noch der gleiche, die Trauer noch
dieselbe, doch ich kann nun besser damit umgehen, weil es
neue Ziele gibt und einen Weg dorthin. Und der wird von
Freude, Spaß, Motivation, Teamgeist, Gesundheit, Fitness,
Wille, Selbstvertrauen und Glaube an mich begleitet.
Du bist der Grund für all das.
Danke, kleine Schwester.
Ich liebe dich.

In mir glühten plötzlich so viele positive Gedanken, dass ich es
selbst gar nicht fassen konnte. Ich war so unglaublich erleichtert, dass dieses Warten auf die Verhandlung endlich ein Ende
hatte. Ich fühlte mich bereit für das, was da kommen sollte,
und schrieb weiter. Diesmal fasste ich stundenlang alle Dinge
zusammen, die mir in der Trauer geholfen hatten, und meinen
persönlichen Weg hierher. Ich schrieb darüber, was das alles
für einen Sinn machen sollte, und nannte dieses Kapitel in
meinem Larissa-Buch schlichtweg »Sinn«.

*Wie oft haben wir uns gefragt, was das denn alles für
einen Sinn haben soll, dass du nicht mehr bei uns sein
darfst?!*

*Neun Monate später – und ich weiß, es hat keinen Sinn.
Dein Tod ist schlicht und einfach nur sinnlos. Mama hat
versucht, einen Sinn darin zu finden, und sagte, wenn es
einen gibt, dann den, dass so viele Menschen zusammengefunden haben und hilfsbereit waren. Sie sagte das im
Oktober. Ob sie das noch immer so sieht, weiß ich nicht,
Larissa. Vielleicht hat sie recht.*

*Ich für meinen Teil habe die Suche nach dem Sinn auf-
gegeben und mich stattdessen gefragt, was ich für mich
persönlich aus dieser schrecklichen Situation an Positivem
herausnehmen kann. Du fragst dich vielleicht, wie ich so
denken kann, Larissa, aber du warst es immer, die in
allem etwas Positives zu finden versucht hat, oder nicht?
Nur so geht das Überleben. Es bringt nichts, das Negative
rauszusuchen, denn davon gibt es ohnehin genug und
wird es immer geben. So brauche ich etwas Positives, um
das Negative schlagen zu können, wenn es mich wieder
angreift.*

Noch heute glaube ich nicht, dass Larissas Tod einen Sinn
hatte. Für mich war er schlichtweg sinnlos. Ich glaube vielmehr, dass jeder Einzelne, der in irgendeiner Weise mit ihrem
Tod in Verbindung kam, für sich seinen eigenen sinnvollen
Nutzen daraus kreieren muss. Der Tod an sich ist nur insofern
sinnvoll, als er das Leben lebenswert macht. Die Tatsache, dass
unser Leben vergänglich ist, macht es so wertvoll und besonders. Erst durch das Akzeptieren dieser Vergänglichkeit lernen
wir, wirklich zu leben. Weil Larissa so früh sterben musste,
habe ich beschlossen, ihre Philosophie und Weltanschauung
in mir zu bewahren und ihre positiven Sichtweisen auf das Leben für mich zu verwenden. Und das waren viele: Menschen,
die schwächer waren, die Hilfe brauchten, nahm sie an der
Hand und unterstützte sie. In jedem Schicksalsschlag sah sie

Positives und konnte damit anstecken und Mut machen. Sie brachte mit ihrer lustigen, quirligen Art jeden im Raum zum Lachen. Ging es mir mal schlecht, hatte sie immer ein offenes Ohr, urteilte nie und war einfach nur da. Larissa war so voller Liebe und Lebensfreude, dass sie mich sogar über ihren Tod hinaus gerettet hat. Sie saß nicht einfach ihre Lebenszeit ab, sondern füllte sie mit Lebendigkeit und Abenteuern. Was für ein unglaublicher Mensch sie doch war.

So habe ich für mich aus dieser tiefen Sinnlosigkeit etwas Sinnvolles gezaubert, das in mir weiterlebt.

Und genau das wünsche ich mir auch für dich.

Wenn du selbst nicht betroffen bist, aber diese Geschichte dich berührt hat und du nun das Gefühl hast, mich und meine Schwester ein wenig kennengelernt zu haben, dann kehre in dich und finde für dich einen sinnvollen Nutzen aus diesem Leid, dem Schmerz und der Sehnsucht. Und wenn es nur eine Umarmung und liebevolle Worte für deine Familie sind oder Momente, die du plötzlich intensiver wahrnimmst, dann ist viel gewonnen, und dein Leben hat aus dieser eigentlich sinn-losen Tatsache einen Sinn gewonnen.

Was kann denn schöner sein als das?

Und als selbst Betroffene oder Betroffener kannst vielleicht auch du aus deinem Verlust eine Aufgabe entwickeln, die dich erfüllt und dir wieder einen Sinn im Leben schenkt. Sei es ein Jobwechsel, ein neues Hobby, das plötzlich begeistert, eine Reise, die schon lange geplant war, doch niemals gemacht wurde. Probiere dich aus in der Vielfalt der Möglichkeiten, und lerne dich damit selbst neu kennen. Das Leben hält noch so viel bereit, auch wenn du es vielleicht noch nicht sehen kannst.

Nachdem ich so viele Dinge im Larissa-Buch niederge-schrieben hatte, die mich am Leben gehalten und mir in mei-ner Trauer geholfen haben, schrieb ich am Ende meines Gar-dasee-Aufenthalts:

Nur dir habe ich das zu verdanken, Larissa. Noch nie
habe ich so sehr auf mich selbst geschaut. Noch nie habe
ich mich so stark gefühlt. Ich habe gelernt, mich selbst zu
schätzen, meinen Körper zu achten und auf mich aufzu-
passen. Und ich habe eine Vision. Ich möchte Menschen
damit helfen und ihnen zeigen, dass das Leben trotz allem
schön sein kann. Ich möchte ein Vorbild sein, so wie du es
für mich warst. Ich möchte etwas für diese Welt tun.
Meinst du, ich kann das schaffen, Larissa?!
Hilfst du mir dabei?
Ich habe keine Angst mehr.
Ich liebe dich.

Als ich diese Zeilen niederschrieb, realisierte ich ihre Bedeu-
tung und ihr Ausmaß noch nicht. Ich genoss meine letzten
Tage in Desenzano, bevor ich mich ein Stück weit erholt auf
die Heimreise begab.

Wochen später erst schrieb ich wieder in mein Buch. Ich las
die letzten Zeilen.

Eine Vision … Anderen Menschen ein Vorbild sein … Hm,
wie soll ich das anstellen?, fragte ich mich. Der Grundgedanke
zu meinem Start-up »SeelenSport«, ein gefühlsorientiertes
Trainingskonzept, das ich erst Jahre später auf den Weg bringen würde und das sich vor allem an trauernde Menschen
richtet, wurde in dieser Woche in Italien aus meinem tiefsten
Herzen und der Liebe zu meiner Schwester heraus geboren.

Ich hatte keine Ahnung, wohin mich diese Reise tragen
würde und was mich noch alles an Hindernissen und Steinen
erwartete. Aber eines war sicher: Ich hatte diese Vision in mir,
und mit meiner Schwester im Herzen würde ich sie in die Welt
hinaustragen können.

Die Tage der tiefen Trauer und der Sehnsucht sind jedoch
geblieben. Sie werden niemals enden und sollen es auch nicht.
Denn sie sind es, die meine tiefe Liebe zu meiner Schwester
ausdrücken. Wenn ich nie mehr traurig wäre und sie nicht
mehr vermissen würde, was würde das über meine Liebe zu

ihr aussagen? Und dennoch darf auch die Freude wieder ihren Platz neben der Trauer finden. Ich habe gelernt, diese Trauer als meine beste Freundin zu sehen, die mich durch das Leben begleitet und mir zeigt, dass Liebe das Wichtigste ist. Meine Trauer hat mich näher an mich herangebracht als alles zuvor.

EPILOG

oder »Du bist da, du bist immer da!«

Der Wecker klingelt. Müde wälze ich mich im Bett hin und her, im Gegensatz zu meinem Freund Benni, der gleich aus dem Bett springt. Wenige Minuten später schaffe ich es endlich, mich aus dem Bett zu rollen und Richtung Wohnzimmer und Küche zu bewegen.

Ich gehe zum Fenster und blicke lächelnd hinaus.

Was für ein tolles Wetter, denke ich und beobachte den blauen Himmel. Mein nächster Blick fällt an die Wand daneben, die mit Fotos von Larissa geschmückt ist.

»Happy Birthday, kleine Schwester«, flüstere ich, und eine Träne läuft meine Wange hinunter. *Ein Geburtstag mehr ohne dich,* geht mir durch den Kopf. Ich rechne kurz nach. 20. Juni 2019. Sechs Jahre. Wie die Zeit doch vergeht.

»Alles okay?«, ruft Benni aus dem Bad. Er umarmt mich.

»Ja, alles gut. Schon der sechste Geburtstag ohne sie, hab ich kurz gedacht.«

Er umarmt mich noch mal und sagt anschließend: »Machst du dich dann fertig?«

»Ja, mach ich. Ich bin fast ein bisschen nervös heute«, antworte ich und muss kichern.

»Du schaffst das!«, ermutigt er mich. Nachdem ich meine Sportkleidung angezogen und eine Kleinigkeit gefrühstückt habe, sehe ich Benni durch die Wohnung sausen.

»Taschen, Flyer, Mikro …«, redet er mit sich selbst, packt alles in unterschiedliche Taschen.

Was für ein Geschenk dieser Mann doch ist!, geht es mir durch den Kopf. Ich denke zurück an die Zeit in Wien, als ich ihn kennengelernt habe. Über drei Jahre sind wir nun zusammen, und jeder neue Tag ist noch schöner als der letzte.

»Was ist?«, schaut er mich verdutzt an.

»Ach, nichts, ich liebe dich einfach so sehr«, sage ich und küsse ihn.

»Ich dich auch«, küsst er zurück. »Ich glaube, wir haben alles. Ich fahr dann mal los mit dem Auto«, verabschiedet er sich.

»Passt, wir treffen uns dann an der Brücke. Es ist sowieso schon kurz nach sieben.« Ich packe meine Sachen und trete mit ihm aus der Wohnung.

Ich will gerade auf das Fahrrad steigen und losfahren, als eine Frau plötzlich mit dem Rad neben mir hält und ruft: »Hey, guten Morgen, du bist doch die Katy vom SeelenSport? Voll toll! Ich bin grad auf dem Weg zu deinem SeelenLauf. Großartig, was du da heute machst. Fahren wir zusammen?«

Ich bin überrascht: »Hey, liebend gerne. Toll, dass du dabei bist!«

Ich bin gespannt, wie viele noch kommen und mitlaufen werden, denke ich, und wir fahren los.

»Ich verfolge deinen SeelenSport schon lange. Das ist echt eine richtig tolle Sache. Wie lange machst du das jetzt genau?«, möchte die junge Frau wissen.

»Im Mai 2017 habe ich den Blog gestartet, und seit September 2017 bin ich selbstständig.«

»Wahnsinn. Wirklich beeindruckend, was du da leistest.«

»Danke«, lächle ich ihr zu.

Bei der Brücke angekommen, fallen mir sofort die ersten Läufer und Läuferinnen auf. Einer nach dem anderen begrüßt mich freundlich und erzählt mir, wie toll er die Idee des SeelenLaufes findet.

Benni ist bereits dabei, die Versorgungsstation aufzubauen. Immer mehr Menschen kommen aus allen Richtungen, in der

Erwartung, dass es losgeht. Ich nehme das Mikrofon in die Hand und spüre beim Atmen den Kloß im Hals. Trotzdem beginne ich zu sprechen: »Danke, dass ihr an diesem Feiertag alle hier seid. Ich freue mich über so viele fremde Menschen. Heute hätte meine Schwester Larissa Geburtstag gehabt. Sie wäre 27 Jahre alt geworden.«

Ich muss kurz schlucken und spüre Tränen in meinen Augen.

»Puh, ich hoffe, ich schaffe es, alles loszuwerden, was ich sagen möchte. Weinend lässt es sich immer schwer sprechen, letztes Jahr hat es leider gar nicht geklappt. Moment, ich muss noch mal kurz durchatmen«, erkläre ich mit humorvoller Stimme und schnaufe anschließend durch. »Larissa durfte nur einundzwanzig werden, denn sie wurde 2013 von ihrem Freund gleich hier in der Nähe ermordet. Vor sechs Jahren haben wir auf dieser Brücke noch nach ihr gesucht, heute laufen wir für sie. Dieser SeelenLauf findet statt, um zu zeigen, dass Trauer etwas Bewegtes ist und niemals endet. Sie darf sein und Teil des Lebens bleiben. Gleichzeitig dürfen Glück und Freude da sein. Das eine schließt das andere nicht aus. Außerdem laufe ich gegen Gewalt an Frauen und bitte jeden Teilnehmer, heute hier zehn Euro zu spenden, die vollständig an das Frauenhaus Tirol gehen«, führe ich weiter aus.

Ich blicke einen Moment still in die Runde, bevor ich erneut ansetze.

»Wahnsinn. Ich bin gerade sprachlos. Der Lauf findet zum dritten Mal statt, angefangen hat das Ganze aus einer spontanen Eingebung heraus, und nur ein paar meiner engsten Freunde sind damals mit mir gelaufen. Und jetzt sind wir heute schon mehr als 40 Menschen. Ich laufe 27 Kilometer, so gut es geht und mich mein Knie trägt, das leider gerade entzündet ist. Wenn es anfängt wehzutun, dann gehe ich den Rest. Viele fragen mich ja immer, warum ich denn die Anzahl der Jahre laufe, wie alt Larissa werden würde, anstatt nur die 21 Jahre zu laufen. Ganz einfach. Auch wenn sie physisch nicht mehr da ist, hat sie mich bis heute jeden Tag begleitet, und das wird sie auch in Zukunft tun, nämlich in meinem Herzen. Sie inspiriert mich tagtäglich, meine Liebe zu ihr ist noch immer dieselbe. Ohne sie würde es den SeelenSport gar nicht geben. Sie ist der Grund, warum ich dieses Konzept entwickelt habe. Deshalb verdient sie es, dass ich die weiteren Jahre über ihren Tod hinaus auch laufe.«

Nachdem ich noch den weiteren Ablauf erklärt habe, wärmen wir uns zu Lieblingsliedern von Larissa auf. Ich lache und weine dabei, singe laut mit. Danach starten wir den Lauf. Die Route besteht aus einer 3,2 Kilometer langen Runde, die von der Brücke bis zu einer anderen reicht und auf der anderen Uferseite wieder zurückführt. Knapp über acht Runden sollen es werden, um die 27 Kilometer zu schaffen.

Kurz nach dem Start joggt eine Frau mit ihrer besten Freundin an meine Seite: »Vor zwei Tagen habe ich auf Facebook von deinem Lauf gelesen und dachte: Da muss ich einfach mitmachen. Ich komme aus der Nähe von Augsburg. Im April habe ich meinen Partner verloren. Vielleicht gibt mir der Lauf Hoffnung und Mut. Ich möchte 22 Kilometer für 22 gemeinsame Jahre laufen.«

»Wow, das ist schön, dass du das heute bis hierher geschafft hast. Da kannst du stolz auf dich sein. Gemeinsam schaffen wir das heute. Ich freue mich, dass du da bist!«, antworte ich ihr.

Drei Runden später beginnt mein Knie schrecklich zu schmerzen, sodass ich nur noch gehen kann.

Ist zwar schade, aber perfekt, um mit noch mehr Menschen ins Gespräch zu kommen, denke ich mir.

An der Versorgungsstation ertönt laut meine 16-Stunden-Party-Playlist, die ich am Vortag noch zusammengestellt habe. Ich schnappe mir ein Getränk und einen Happen zu essen. Dasselbe Lebensmittelgeschäft, das uns bereits während der Suche nach Larissa unterstützt hat, versorgt uns auch beim Lauf. Benni und eine Freundin betreuen die Station und klatschen uns zu, um uns zu motivieren. Ich schlucke den letzten Bissen hinunter, und weiter geht es in eine neue Runde.

Meine Großcousine Miriam spaziert neben mir und fragt mich, wie es denn gerade mit dem Buchschreiben vorangehe. Miriam weiß schon seit unserer gemeinsamen Zeit in Sri Lanka, dass ich die Erlebnisse nach Larissas Tod auf Grundlage der Notizen aus meinem Larissa-Notizbuch in Buchform niederschreiben möchte. Jetzt, einige Jahre später, arbeite ich gerade an der Endfassung. Bald wird das Buch endlich bei einem Verlag erscheinen, um anderen Menschen die Möglichkeit zu geben, aus dem, was ich erlebt habe und erleben musste, zu lernen.

»Ganz gut eigentlich«, antworte ich Miriam. »Ich merke, wie viel Spaß mir das Schreiben und Erzählen macht, auch wenn es manchmal emotional nicht ganz so leicht ist.«

»Hm, Wahnsinn, wenn man zurückdenkt, wie du das alles so geschafft hast und was alles daraus entstanden ist. Was hast du eigentlich am ersten Geburtstag von Larissa gemacht?«, erkundigt sie sich.

»Ich war mit Marie-Christine an der Stelle. Wir haben ein Radler auf Larissa getrunken, geweint und gelacht und an sie gedacht.«

»Ah, okay. Das war dann ja kurz nach der Verhandlung damals. Irre, einfach irre, wie du diesen Weg dann gegangen bist.«

Ich finde keine Worte und nicke nur. Schweigend gehen wir unseren Weg weiter. Bereits zehn Kilometer liegen hinter uns. Ich denke an den ersten Geburtstag zurück und an all das, was danach gekommen ist.

Im Sommer 2014 habe ich mich meiner Trauer ganz hingegeben, ich habe viel geweint und noch mehr trainiert. Letzteres gab mir die Kraft, die noch ausstehenden Seminararbeiten und Prüfungen zu bewältigen. Im September war meine letzte Prüfung, die ich erfolgreich bestand. Allerdings waren da noch meine zwei Bachelorarbeiten, die ich schreiben musste, um das Studium abzuschließen. Und ich schrieb.

Zwischendurch brauchte ich dann jedoch dringend eine Auszeit. Ich beschloss, einen Monat nach Sri Lanka zu fliegen,

Miriam begleitete mich. Die Zeit dort verbrachte ich erneut intensiv mit meiner Trauer, meinem Körper und dem ersten Kapitel dieses Buchs, von dem ich noch nicht wusste, wohin es mich führen würde. Ich war mir aber sicher, dass ich diese Geschichte niederschreiben wollte. Also musste ich einfach damit anfangen.

Zurück aus dem Urlaub, schrieb ich noch drei Monate an meinen Bachelorarbeiten. Im März 2015 erhielt ich schließlich mein Bachelordiplom. Als ich damit aus der Universität marschierte, wusste ich bereits, dass ich nicht im historischen Bereich arbeiten wollte. Ich wollte etwas mit Sport machen, doch ich hatte noch keine Ahnung, wie oder wo oder auch was. Also zog ich nach Wien.

»Weil wir es doch so wollten, kleine Schwester. Für dich, für uns und unseren Traum«, schrieb ich Larissa in ihr Buch.

Ich verkaufte mein ganzes Mobiliar und reiste Ende März in die Landeshauptstadt. Ich zog zu meinem damaligen Freund, den ich im Sommer 2014 bei einem Wien-Besuch kennengelernt hatte. Alles schien sich endlich zu fügen. Allerdings zerbrach die Beziehung wenige Wochen später gleich wieder. Wir hatten einfach nicht zusammengepasst, und ich fühlte mich nicht wohl mit ihm. Durch Zufall fand ich ein Zimmer in einer WG mitten in Wien und ganz in der Nähe des Studios, wo ich seit dem Umzug arbeitete.

Es war ein kleines Fitnessstudio, das keinerlei Ausbildung verlangte. Ich arbeitete mit Frauen, die verzweifelt mit ihren Problemen aus dem Alltag zu mir kamen und sich und ihren Körper nicht mochten. Am Ende eines jeden Trainings spürte ich, wie dankbar sie waren und wie viel mutiger sie ihren Heimweg antraten. Diese Arbeit schenkte mir viel Freude und Halt.

Wenn ich nicht gerade arbeitete, trainierte ich selbst. Die Standardübungen aus dem Krafttraining mit eigenem Körpergewicht wandelte ich nach und nach ab. Ich fügte Bewegungen hinzu oder verband mit ihnen positive Affirmationen, die ich teilweise aus meiner Psychotherapie kannte oder von denen ich gelesen hatte. Sie halfen gegen meine Ängste, die mich immer wieder überfielen, gleichzeitig gaben sie mir das Gefühl von innerer Stärke.

Bis Ende des Sommers 2015 arbeitete ich weiter in dem Studio. Anschließend wechselte ich in ein Versicherungsbüro, weil die Bezahlung als Trainerin so schlecht war, dass ich inzwischen fast pleite war. Außerdem wollte ich Ausbildungen in unterschiedlichen Sportarten machen, um meine gute Praxis auch theoretisch zu untermauern.

Doch vorher musste ich Geld verdienen – und ich verdiente gut. Außerdem fühlte ich mich langsam angekommen in der Stadt, weshalb ich den Ausbildungsgedanken zunächst einmal hinten anstellte.

Erst einmal ein bisschen sparen, dachte ich.

Ende 2015 lernte ich meinen Freund Benni kennen. Obwohl er mir von Beginn an mit Respekt begegnete und mir vertrauenswürdig erschien, dauerte es Wochen, bis ich mich ganz auf ihn einlassen konnte.

Anfang 2016 begann die Büroarbeit mir immer mehr zuzusetzen. Die Kombination aus langem Sitzen und der Tatsache, dass ich quasi ständig meine Gefühle kontrollieren musste, saugte die Kraft aus mir heraus. Zudem war mein Chef streng und ruppig in seiner Art und Weise, was mich triggerte. Jeder weitere Monat, der verging, brachte mich hin zu finanzieller Sicherheit, aber weg von mir selbst und meiner Vision, mich voll und ganz dem Sport zu widmen und etwas Neues aufzubauen. Beinahe täglich weinte ich nach der Arbeit und träumte von diesem Leben, das mir so nah und doch so fern erschien.

Im August des Jahres 2016 brach ich zusammen. Ich hatte keine Kraft mehr für Dinge, die das Leben aus mir heraussaugten. Und ich wollte keine Energie mehr in etwas derart Sinnloses stecken. Ich nahm meinen ganzen Mut zusammen und kündigte. Noch nie hatte ich mich derart frei und erleichtert gefühlt. Ich wusste, nun gab es kein Zurück mehr. Nur noch ein Nach-vorne, und zwar Vollgas, wie es Larissa oft ausgedrückt hatte.

Ich meldete mich arbeitslos und erzählte den Mitarbeitern vom Arbeitsamt von meiner Vision, einen Sport zu schaffen, der für Menschen gedacht ist, die Verluste erlebt haben und sich mit ihren Gefühlen auseinandersetzen wollen.

»Wieder so a Fitnessmädel«, wurde ich belächelt, und sie versuchten mir Ausbildungen in der Metallbranche anzudrehen, weil dort doch Frauen fehlten. Eine Dame aber glaubte an mich und sagte mir zu, mich zu unterstützen, während ich die Weiterbildungen im Sportbereich absolvierte. Ich suchte mir eine passende Akademie, bestellte mir zig Bücher rund um Sport, psychische Auswirkungen von Bewegung und physische Folgen von Trauer. Ich las, schrieb, trainierte, konzipierte, führte Gespräche mit Sportlern, Therapeuten, Ausbildern – und lernte. Ich war wie ein Schwamm, der alles Wissen aufsog. Langsam gewann ich meine innere und äußere Kraft zurück und spürte Tatendrang und Glück. Alle sportbezogenen Ausbildungen absolvierte ich mit Auszeichnung und quetschte dazwischen noch die zur Trauerbegleiterin mit rein.

Während meines zweiten Jahrs in Wien zog es mich vermehrt in meine Heimat Tirol. Ich beschloss, nach meinen Abschlüssen nach Innsbruck zurückzukehren. Kurz davor wollte ich mir noch eine Auszeit nehmen, um mich mit mir und meiner Trauer zu beschäftigen. Ich besuchte eine sechswöchige Reha im Burgenland. Am Ende meines Aufenthalts stand der Name für meine zukünftige Sportart fest: SeelenSport.

Mit diesem Begriff und neuer Motivation im Gepäck zogen Benni und ich Ende März 2017 nach Innsbruck. Einen Monat später ging mein Blog online, der Texte rund um Trauer und Bewegung beinhalten sollte. Ich nahm am Gründerprogramm des Arbeitsmarktservices teil und bereitete mich auf die Selbstständigkeit vor. Die Medien wurden schnell aufmerksam, und ich gab Interviews über meine Vision und mein Konzept. Durch eines der Gespräche entstand spontan die Idee zum SeelenLauf, und ich lief 25 Kilometer, ohne mich speziell darauf vorzubereiten. So fit war ich inzwischen geworden – auch wenn ich danach den Muskelkater meines Lebens hatte.

Rund um die Uhr tüftelte ich an meinen Übungen. Am 1. September 2017 fand die emotionale Eröffnungsfeier in meinem damaligen Trainingsraum statt.

»Ist das alles gerade wirklich wahr?«, konnte ich es kaum fassen, als ich meinen ersten Vortrag hielt.

Der Anfang war hart. Ich habe viele »Fehler« gemacht und dadurch einiges an Geld verloren. Ich erlebte Widerstand und Absagen, aber genauso oft bekam ich Zusagen und erhielt positives Feedback. Auf Letztere konzentrierte ich mich. Ab 2018 bezeichnete ich meine Übungen nach Sternbildern und anderen Symbolen, ich veranstaltete meine ersten Workshops. Die Idee einer Erholungswoche für trauernde Menschen und der Plan, eine Ausbildung für SeelenSport-Trainer anzubieten, wurden aufgrund der großen Nachfrage geboren. Die ersten SeelenSport-TrainerInnen durfte ich 2019 zertifizieren. Ich habe endlich einen Verlag für dieses Buch gefunden und es fertig geschrieben.

Und heute laufe ich diese 27 Kilometer.

Fast wie im Film, wie so oft in meinem Leben, denke ich und muss schmunzeln.

Es ist kurz vor elf, und meine restliche Familie sollte gleich da sein. Sie sind um neun von Reutte gestartet. Wir biegen nach der Brücke um die Ecke zur Versorgungsstation und hören wieder lautes Kreischen und Getöse.

»Ah, endlich seid ihr da! Perfekt!«, rufe ich, während ich meine Familie auf uns zukommen sehe. Ich umarme jeden kurz und drehe mich zur restlichen Menge: »Alle sind nun da, und ich möchte gerne die 27 Kniebeugen gemeinsam machen.«

Von Anfang an hat diese Beinübung für mich ein Auf und Ab in der Trauer symbolisiert, ein Sich-hochdrücken-Können, auch wenn es noch so schmerzvoll ist. Sie steht durch und durch für eine bewegte Trauer.

»25 ... 26 und 27! Super! Danke!«, lobe ich und beklatsche alle, die mitgemacht haben.

Die nächsten Runden gehe ich mit meinen Eltern und Schwestern. Wir lachen und erinnern uns an Larissa. Tränen fließen keine, noch nicht.

Als wir die letzte Runde geschafft haben, schaue ich auf meine Laufuhr: »Also, knapp einen Kilometer haben wir noch. Wir werden nun 500 Meter in diese Richtung gehen, dann umdrehen und die 500 Meter zurück, sodass wir bei den 27 Kilometern ins Ziel laufen.«

Wir marschieren gemeinsam los, kehren nach der Hälfte um und stolzieren mit erhobenem Haupt Richtung Ziel. Wenige Schritte davor rennt Benni auf uns zu, die große Musikbox in seiner Hand, aus der laut plärrt: »*And we danced, and we cried, and had a really, really, really good time …*«

»Naaa, nicht das Lied, oder?«, schaut mich Nina verdutzt an, und Tränen fließen.

»O mein Gott. Mann, wie krass ist Benni denn!«, bin ich genauso erstaunt und fest im Glauben, dass er das Lied mit Absicht angemacht hat. Ich muss ebenfalls losweinen.

»27 Kilometer! Wir haben es geschafft!«, brülle ich nach hinten. Alle klatschen und jubeln los.

Benni stürmt auf mich zu und erklärt aufgeregt: »Ich habe das Lied nicht angemacht. Es ist einfach gekommen, genau da, als ihr kurz vor den 27 Kilometern wart.«

»Was? Ehrlich?«, antworte ich, und alle Dämme brechen. Ich schluchze und ringe nach Luft.

»Dieses Lied. Dieses verdammte Lied kommt genau jetzt, wo wir im Ziel sind. Es ist das Lied, zu dem ich wenige Stunden vor Larissas Tod mit ihr getanzt habe. Eine 16 Stunden lange Playlist, und dieses Lied läuft genau jetzt! Ist das nicht einfach unglaublich?!«, rufe ich. Nach und nach umarmen mich die einzelnen Teilnehmer und Teilnehmerinnen, während kein Auge trocken bleibt.

Viel Dank und Lob erreicht meine Ohren, was mich noch mehr weinen lässt. Ich umarme meine Familie, spüre die Sonne in meinem Rücken.

»Ich bin so stolz auf euch alle!«, sage ich jedem von ihnen.

Ich wende mich kurz ab, schaue in den blauen Himmel.

»Du bist da, du bist immer da! Ich spüre dich. Happy Birthday, kleiner Schmetterling. Ich liebe dich!«, flüstere ich, wische meine Tränen aus den Augen und kehre mit einem Lächeln zurück zu der Menge.

DANK

Der größte Dank gebührt meiner Schwester Larissa, und es zerbricht mir das Herz, dass ich diesen Dank nicht persönlich an sie richten kann. Wenn sie bloß wüsste, was sie hier initiiert hat ...

Auch meinen beiden Schwestern Anna und Mara möchte ich aus tiefstem Herzen danken. Ihr habt immer an mich geglaubt und mir gut zugesprochen! Und auch wenn wir Konflikte hatten, haben wir immer wieder zueinandergefunden. Ein Danke allein reicht nicht, um zu beschreiben, was ich euch aus tiefster Liebe sagen möchte! Das Gleiche gilt auch für meine Eltern. Ich danke euch für eure Offenheit und Bereitschaft, unseren ganz persönlichen Weg für so viele Menschen zu öffnen, um ihnen zu helfen und sie auf ihren Wegen zu inspirieren. Ihr habt mich zu dem Menschen gemacht, der ich heute bin. Danke für eure stetige Begleitung durch mein abenteuerliches Leben.

Ganz besonders möchte ich auch meinem Partner Benni danken. Er musste die letzten Jahre, auch während des Schreibens, diese wilde emotionale Achterbahnfahrt miterleben, hat immer an mich geglaubt, auch wenn ich es mal selbst nicht getan habe, und ist niemals von meiner Seite gewichen. Du bist eines der größten Geschenke in meinem Leben und ein mächtiger Grund dafür, dass es dieses Buch heute in dieser Form gibt.

Ich bedanke mich ebenso bei all meinen Freunden und Bekannten, die im Buch vorkommen, aber auch bei allen anderen, die mich durch diese schwierige Zeit begleitet haben, mir Mut zugesprochen und vor allem stets meine Trauer ausgehalten haben. Danke für eure Liebe und euer Sein!

Zudem möchte ich mich an alle öffentlichen Einrichtungen wenden, die uns den Weg als trauernde Familie erleichtert haben. Ich sage Danke für eure professionelle Unterstützung und Begleitung. Hierzu zählen Polizisten, Beamte, Anwälte, aber auch unsere Therapeutinnen und Therapeuten.

Ein großes Dankeschön richtet sich auch an all diejenigen, die sich in den ersten zwei Wochen an der Suche nach Larissa beteiligt haben, die Menschen, die mitgefühlt haben und uns geschrieben und unterstützt haben. Ihr habt bewiesen, was es heißt, zusammenzuhalten.

Ich danke dir, liebe Leserin und lieber Leser, dass du dich auf dieses emotionale Buch eingelassen hast und damit auch auf deine eigene Gefühlswelt. Das ist nicht leicht und beweist viel Mut!

Danke an meine SeelenSport-Community, die während der Entstehung des Buches über die sozialen Medien mitgefiebert hat und mir immer wieder Mut zugesprochen hat. Ihr seid die Besten!

Ich danke meinen Kolleginnen Eva Terhorst und Silke Szymura, die mir bei der Verlagssuche beigestanden haben und mich immer wieder aufgepäppelt haben, wenn ich nur schwarzgesehen habe. Danke auch an meine Kundin Flurina, die sich fest dafür eingesetzt hat, dass dieses Buch einen Verlag findet, und durch die ich meine Agentin Mascha Vassena kennenlernen durfte. Danke an dieser Stelle auch an Mascha und Diana Itterheim von litmedia.agency, die von Beginn an dieses Buch geglaubt haben und immer ein offenes Ohr hatten, wenn ich nicht weiterwusste.

Schlussendlich möchte ich noch ein riesengroßes Danke an den Piper Verlag aussprechen, insbesondere an Anja Hänsel, meine Lektorin, die von Beginn an für mich, meine Geschichte und den SeelenSport brannte. Danke für deine Geduld während der Manuskriptarbeit, für die Antworten auf die konfusen Fragen, die ich hatte, für deine herzliche Art und den sensiblen Umgang mit diesem Thema. Danke, dass ich dieses Herzensbuch bei euch veröffentlichen darf!

www.seelensport.at
www.katrin-biber.com

LITERATUR

Auf folgende Bücher wird im Text Bezug genommen:
Nicholas Sparks, *Weg der Träume*, München 2001.
Stephen King, *Das Leben und das Schreiben*, München 2011.
Edgar Allan Poe, *Mesmerische Offenbarung* (Mesmeric Revelation), 1844.

Bücher, die dir im Trauerfall helfen können:
Roland Kachler, *Meine Trauer wird dich finden. Ein neuer Ansatz in der Trauerarbeit*, Freiburg im Breisgau 2017.
Barbara Pachl-Eberhart, *Warum gerade du? Persönliche Antworten auf die großen Fragen der Trauer*, München 2014.
Silke Szymura, *Ein Teil von mir. Meine Trauer umarmen und weiterleben. Für Menschen nach dem ersten Trauerjahr*, Ostfildern 2018.
Eva Terhorst, *Das erste Trauerjahr. Was kommt, was hilft, worauf Sie setzen können*, Freiburg im Breisgau 2015.
Eva Terhorst, *Das erste Trauerjahr. Das Praxisbuch*, Freiburg im Breisgau 2019.
Mechthild Schroeter-Rupieper, *Für immer anders. Das Hausbuch für Familien in Zeiten der Trauer und des Abschieds*, Ostfildern 2016.

Links, die dir im Trauerfall/nach Gewalttaten helfen können:
https://in-lauter-trauer.de/
https://www.trauer.de/
https://www.weisser-ring.at/ (Österreich)
https://weisser-ring.de/ (Deutschland)

Angst hat viele Gesichter.

*Cover- und Preisänderungen vorbehalten

Antonia Wille

Angstphase

Warum ich meine Angst annehmen
musste, um wieder frei und
selbstbestimmt zu leben

Piper Paperback, 240 Seiten
€ 15,00 [D], € 15,50 [A]*
ISBN 978-3-492-06161-2

Antonia Wille leidet seit ihrem elften Lebensjahr an einer
Angststörung. Auf Klassenfahrten, Urlaube, Partys und so
manches Jobangebot musste sie verzichten, weil die Angst
sie krank machte. Wie sie meistens problemlos ihren Alltag
meistert und weshalb sie manchmal lieber verzichtet als ihre
Panik zu überwinden, erklärt sie in diesem Buch, das zugleich
ihr Coming-out als Angsterkrankte ist. Offen teilt sie ihre
Erfahrungen, gibt wertvolle Tipps und spendet entlastende
Worte für andere Betroffene.

Leseproben, E-Books und mehr unter www.piper.de